Ursel Bucher

Das Geheimnis der Partnerschaft

12 Thesen für ein erfülltes Leben zu zweit

Klett-Cotta

Klett-Cotta

Printed in Germany
Schutzumschlag: Finken & Bumiller, Stuttgart
Gesetzt aus der 10,5 Punkt ITC Legacy Serif
von Offizin Wissenbach, Höchberg bei Würzburg
Auf säure- und holzfreiem Werkdruckpapier gedruckt
und gebunden von Kösel, Krugzell
ISBN 3-608-96005-8

Dritte Auflage, 2005

Meinen Eltern nach 70-jähriger liebevoller Partnerschaft in Hochachtung gewidmet.

Inhalt

Zu diesem Buch

Jedes Paar hat seine eigene Geschichte. Es liegt mir fern, ein Handbuch für alle Lebenslagen zu erstellen. Dies würde den von mir geplanten Umfang bei weitem überschreiten. Mein Wunsch war es, ein überschaubares Buch anzubieten, das Ratsuchenden Lust macht, es zu lesen. Die Absicht dabei ist klar: Ich möchte mit meiner beruflichen und persönlichen Erfahrung dazu beitragen, daß noch mehr Menschen eine langjährige Beziehung als machbar, erstrebenswert und als Bereicherung erleben. Den Klischees über glückliche Beziehungen will ich widersprechen, weil die Erwartungen oft so hoch geschraubt werden, daß mancher daran zu ersticken droht.

Dabei helfen die Fallbeispiele. Ich habe die Fälle so verändert, daß sie keinen Hinweis auf die Identität der Betroffenen zulassen und mich auf einige typische Verhaltensmuster beschränkt. Ich bin keineswegs erschöpfend auf die einzelnen Zusammenhänge und psychodynamischen Hintergründe eingegangen. Die Serie der Schwierigkeiten im Zusammenleben zweier Menschen ließe sich schier endlos fortsetzen.

Ich hoffe zuversichtlich, daß der Leser oder die Leserin einiges für sich entdeckt, das zumindest zum Nachdenken anregt. Mir ist bewußt, daß es für diejenigen schmerzlich ist, mehr über langjährige Beziehungen zu erfahren, die zwar beziehungswillig, aber in der unerwünschten Lage sind, daß der Partner oder die Partnerin nicht am gleichen Strang zieht. Dennoch möchte ich dazu einladen, den Ausführungen zu folgen. Es ist ebenso wichtig verstehen zu lernen, warum etwas schief gegangen ist. Vielleicht gibt es ja auch eine andere, nächste Partnerschaft.

Eine Beschränkung habe ich mir beim Schreiben auferlegt, um jegliche Fachnomenklatur zu unterlassen. Immer wieder mache ich die Erfahrung, daß unsere deutsche Sprache reich genug ist, jede Sachlage und jeden Zustand zu beschreiben. Mit einer Schwierigkeit bin ich allerdings nicht sehr befriedigend fertig geworden: Da ich meist von Mann und Frau spreche, müßte ich, um mich korrekt zu verhalten, immer die männliche und die weibliche Schriftform verwenden. Also: Der Partner, die Partnerin. Das macht aber den Text sehr trocken. Darum habe ich oft die im Sprachgebrauch üblichere Form, nämlich nur die männliche, verwendet. Sehen Sie mir dies bitte nach.

Mein Dank gilt dem Verlag Klett-Cotta, besonders Herrn Dr. Heinz Beyer und Frau Rosel Müller, für das große Vertrauen, das mir entgegengebracht wurde, und für die konstruktive Zusammenarbeit. Auch meiner Freundin Regina Steinberger danke ich sehr für wertvolle Denkanstöße, ebenso meiner Schwiegertochter, Frau Dr. Martina Bucher. Sie als junge Frau hat mir manchen wichtigen Hinweis geben können. Mein besonderer Dank gilt Frau Silvelin Kaiser. Ihre Ermutigung und ihre kritische Begleitung meiner Texte haben mir gutgetan. Darüber hinaus ist es mir ein Bedürfnis, all denen Dank zu sagen, die mir ihre Geschichten anvertraut haben. Sie waren meine besten Lehrmeister. Besonders dankbar verbunden bin ich meinem Partner und Freund Hans, der mit der Preisgabe unserer gemeinsamen Geschichte vorbehaltlos einverstanden ist. Auch für ihn ist es wichtig, dadurch anderen Menschen Mut zu machen.

Langjährige Beziehung lohnt – ein Plädoyer

Es war am 8. März 2000, unserem 37. Hochzeitstag. Hans und ich saßen beim Frühstück, als das Telefon klingelte. Die befürchtete Bestätigung des Chefarztes, daß Hans Krebs hat, hat unser Leben schlagartig verändert. Seither ist nichts, wie es einmal war.

Wie gelähmt starrten wir uns an, um dann allmählich zu begreifen: Es ist wahr, alle unsere Vorstellungen von gemeinsamer Zukunft, alle unsere unerfüllten Wünsche nach mehr Freiheit aus Verpflichtungen schrumpften auf die Frage zusammen, wie viel Zeit bleibt uns noch, wie können wir sie nutzen? Neben den vordergründigen Dingen um das medizinisch Notwendige drehten sich die nächsten Aktivitäten um all das, was jetzt Vorrang hat, was es noch zu erledigen gibt. Ganz stark spüren wir beide den Wunsch, eng zusammen zu rücken. Es ist uns seither wichtiger denn je, in nahem Kontakt mit unseren Kindern und Freunden zu sein.

Tiefe Gefühle füreinander kommen an die Oberfläche, lassen sich nicht mehr, wie zuvor, bändigen. Gefühle der Liebe, Gefühle der Sorge und Angst und Gefühle der Trauer sind jetzt plötzlich unbeherrschbar. Aber auch Wut erlebe ich. Wut, daß es einen von uns erwischt hat und daß er mich zu früh verlassen wird. Gleichzeitig erfahren wir eine Intensität des Zusammenseins, die uns beglückt. Manches kann jetzt gesagt werden, was früher so schwer gefallen ist. Wie: »Ich liebe Dich« oder »Verlaß mich nicht, Du bist mir so wichtig«. Und Fragen tauchen auf, die sich schwer vertreiben lassen, wie: Was ist noch möglich, was wird sich ändern? Was kann alles nicht mehr sein? Plötzlich scheint sie vorbei, die Zukunft, die wir geplant hatten! Manches muß jetzt zur Seite gelegt werden, was zuvor so wichtig schien. Und ohne schlechtes Gewissen wählen wir das für uns aus, was uns persönlich am Wertvollsten scheint. Die Zeit ist noch viel kostbarer geworden, und die Augenblicke übereinstimmender Zweisamkeit sind köstlicher denn je! Und schneller als wir uns vorstellen konnten, trennt sich Wesentliches von Unwesentlichem, werden Prioritäten neu gesetzt, verändert sich die Dimension des Daseins.

Glücklicherweise geht das Leben weiter, obgleich es zunächst aus allen Fugen zu geraten schien. Glücklicherweise geht es Hans im Moment so gut, daß wir, allen Unkenrufen zum Trotz, voller Pläne sind wie nie zuvor. Wir haben sogar inzwischen unseren Traum verwirklicht und sind mit unserem Wohnmobil über ein Jahr auf dem Landweg nach Singapur und zurück gefahren. Etwas, das uns zu früheren Zeiten unmachbar vorkam. Trotz aller Schwierigkeiten, die naturgemäß bei so einem Abenteuer zu überwinden sind, haben wir die Zeit und den Weg gut bewältigt. Trotz aller Sorge um den Krankheitsprozeß haben wir uns nicht geschont. Ich bin sicher, das war das Beste, was wir tun konnten. Auch, um zu erfahren, daß behindert sein nicht automatisch Schonung heißt. Geschweige denn, abgemeldet von der Lebensbühne. Dennoch, alles, was einstmals selbstverständlich schien, hat eine andere Bedeutung, einen anderen Klang. Hinter vielen Momenten steht die dankbare Feststellung, »Wie oft dürfen wir solche Augenblicke noch erleben?« Und diese Erfahrung gibt unserem Leben eine andere Farbe, einen neuen, tieferen Gehalt.

Ich hatte schon lange vor, über reife Beziehungen zu schreiben, weil ich von dem Wert aber auch der Möglichkeit langjähriger

Beziehungen sehr überzeugt bin. Aber so ein Ereignis, wie es in unsere Partnerschaft hereingebrochen ist, gibt jeder Aussage, jeder Erfahrung, aber auch jeder Bewertung der Dinge, die eine feste Bindung untermauern, einen anderen, einen besonders intensiven Stellenwert. Natürlich gab es auch in unserem Leben Zeiten, in denen die Trennung näher rückte als das Alter. Natürlich hat auch jeder von uns beiden immer mal wieder von anderen Partnern geträumt, die uns die totale Erfüllung schenken sollten. Natürlich gab es Situationen, in denen ich den anderen nach Honolulu gewünscht hätte. Wir haben uns gestritten, ja, aber wir konnten uns verzeihen für manchen Schmerz, den wir uns zugefügt haben. Und haben einen Neuanfang gewagt. Wir haben uns zusammengerauft, haben wohl beide begriffen, daß auch eine nächste Bindung nicht das Paradies bringen kann. Und, daß eben schon vieles gewachsen ist, was bei einem Neubeginn verloren gehen wird. Wir konnten erleben, daß die Liebe trotz aller Verletzungen in der Vergangenheit vieles vergeben kann. Es scheint, als ob wir jetzt die Ernte einfahren dürfen.

Deshalb möchte ich alle, die ihre Partnerschaft lebendig erhalten und gestalten wollen, dazu einladen, gemeinsam entstehende Krisen zu überwinden anstatt davonzulaufen. Krisen, die alle Paare – jüngere wie ältere – in ihrer Zweisamkeit erschüttern können. Beziehungsarbeit lohnt sich allemal. Denn erst nach der schönen Zeit des Verliebtseins beginnt die wahre Partnerschaft. Sie zu erfahren ist ein kostbares Gut!

Dieses Buch soll keine Anklage sein, es soll auch nicht moralinsauer mit dem Finger auf diejenigen weisen, die sich am Ende eines langen Kampfes gegen die Fortsetzung ihrer Bindung entschieden haben. Jeder hat sich mit Sicherheit bei diesem Schritt zur Trennung schwer getan und gute Gründe dafür gehabt. Es gibt Beziehungen, deren Fortsetzung vergeudete Zeit wäre. Manchmal ist eine Trennungserfahrung auch erst die entscheidende Grundlage für eine neue, reife Bindung.

Mein Anliegen ist es, denjenigen Mut zu machen, die es wissen wollen oder an einer Durststrecke in ihrer Beziehung sind; Mut zu machen, daß diese Krisensituation die wichtigste Zeit in einer Beziehung sein kann. Mut zu machen, nicht zu früh aufzugeben, sondern nach neuen Wegen beim Miteinander Ausschau zu halten. Mut zu machen, immer wieder diese Beziehung anzuschauen und bereit zu sein, sie zu beleben. Zu sehen, daß gerade das gemeinsame Bestehen schwieriger Zeiten eine feste Grundlage für die Zukunft sein kann. Mut zu machen, nicht davonzulaufen, sondern die mühselige aber lohnende Beziehungsarbeit auf sich zu nehmen. Aber auch Mut zu machen, sich von Ballast zu trennen.

Mut zum Abschiednehmen

... und sich trennen! Nicht im Sinne von Scheidung, sondern sich trennen von alten Vorstellungen und unerfüllten Wünschen; sich trennen von alten Geschichten, die wehtun und die deshalb nicht selten immer wieder hervorgezaubert werden. Trennung auch von zu starker Konzentration auf den Partner. Sich lösen aus zu enger Bindung, aus zu viel Beharren auf Gemeinsamkeit. Eine innere Trennung ist notwendig, um seine Eigenständigkeit zu behalten und die Neugierde auf den Partner nicht zu verlieren.

Wir sind in der langen Zeit, die wir miteinander verbracht haben, dem Partner gegenüber unaufmerksam geworden – nicht aus Bösartigkeit, sondern weil wir uns so gut zu kennen glauben. Weil wir vielleicht aufgehört haben, uns dem anderen zuzuwenden. Wir glauben, alles vom anderen zu wissen.

So, als könnten wir wie von einem Bildschirm bereits von seiner Stirn ablesen, was er fühlt, denkt oder antworten wird.

Gerade, wenn die Fältchen bei beiden tiefer geworden sind, ist es notwendig, die Partnerschaft nicht im Einheitsgrau der Gewohnheit versinken zu lassen, sondern Abstand zu bewahren. Dadurch wird auch die Neugierde auf den anderen erhalten werden können. Eine Neugierde, die unserer Unachtsamkeit vorbeugt und den Respekt vor der Einmaligkeit des Partners nicht verloren gehen läßt.

Da geschieht es öfter, daß jemand nur noch im »Wir-Ton« spricht. Das Du des anderen wird automatisch einbezogen, verinnerlicht. Der andere wird gedanklich vereinnahmt, ohne daß er gefragt wurde. Seine Antwort wird vorweggenommen.

Die aktuelle Begegnung wird so versäumt, das Einzige, was es wirklich zu erleben gilt. Denn die Antwort, die der andere im voraus zu wissen glaubt, entstammt vergangener Erfahrung. Jetzt, in diesem Moment, könnte es anders sein! Und diesen Moment verpassen wir, wenn wir keinen Abstand einhalten.

Das Zusammensein hat uns reich gemacht

Wenn wir den Reichtum, den wir gemeinsam erworben haben, nicht aus den Augen verlieren, kehrt auch immer wieder etwas von der alten Liebe zurück, die verloren zu gehen droht. Nicht den materiellen Reichtum meine ich natürlich, sondern den Erfahrungsschatz, den wir gewinnen konnten, weil wir eine so lange Strecke miteinander gegangen sind.

Wir haben auf diesem Weg so vieles erlebt, Kinder und Freunde, aber auch Existenzsorgen, Unsicherheit, Angst und Kummer. Wir konnten uns gemeinsam und auch getrennt in so unterschiedlichen Lebenslagen wiederfinden. Wir kennen unsere Schätze. Wir sind vertraut geworden mit dem Umgang unserer Schwierigkeiten und Lebenswünsche, die im Alter nicht geringer werden. Und wir wissen, daß wir uns aufeinander verlassen können. Wir sind das große Abenteuer eingegangen, uns füreinander zu entscheiden.

Und der Zusammenhalt konnte wachsen, weil wir unsere Liebe leben konnten.

Eine Liebe, unabhängig von dem, was an den üblichen Vorstellungen darüber in den Köpfen der anderen herumgeistert. Eine ganz persönliche Liebe, die nur mir und dem Partner gilt. Seinen Händen, seiner Stimme, seiner positiven Lebenshaltung. Und eben dem, was er an mir mag. Am Ende einer manchmal mühselig erscheinenden Strecke kann dann eine ganz andere, eine viel tiefere Ebene in der Zweisamkeit erfahren werden. Und darum geht es mir!

Gerade, weil wir in einer Zeit leben, in der es überall um uns herum und auch oft in der Beziehung turbulent zugeht, brauchen wir mehr denn je Zuverlässigkeit und Stabilität. Und diese in der Partnerschaft zu wissen, gibt Kraft für all die anderen Dinge, die täglich auf uns hereinstürzen. Wenn das so ist, können wir uns auch wieder großzügiger Bewunderung und Respekt zollen, anstatt uns voneinander abzuwenden oder uns nur noch miteinander zu langweilen. Bewunderung und Achtung, die jeder von uns braucht wie das tägliche Brot: Gaben, die wir nur allzu oft zurückhalten aus Angst, der andere könne damit leichtfertig umgehen.

Damit können wir uns reich beschenken. Und bei aller Freiheit, die jeder braucht, ist es wichtiger denn je, dann einen Freund an seiner Seite zu haben, wenn uns die Mühsal des Älterwerdens, Krankheiten, Bedrohungen von außen oder Sorgen um unsere Kinder quälen. Mein Anliegen ist, die Zeit für die wesentlichen Dinge genutzt zu wissen, um Träume oder Kleinkrämerei zu überwinden. Dann können wir für die konstruktiven Momente wach sein. Erst sie ermöglichen Neues und damit Lebendigkeit und Lust aufeinander. Wir erleben eine reife Partnerschaft.

Die hohe Zahl der Scheidungen, gerade auch nach vielen Jahren, schmerzt mich. Ich weiß, daß es Ehen gibt, die zur Hölle werden können und bei denen Trennung Not tut. Ich bin aber überzeugt, daß manches anders hätte laufen können, wäre nur rechtzeitig Hilfe von außen zur Stelle gewesen.

Freilich scheinen oft die Kirschen in Nachbars Garten süßer zu sein. Aber auch sie würden im eigenen Gärtle nicht anders schmecken, als das, was bereits gewachsen ist. So lohnt es nicht immer, über die Mauer zu steigen. Statt dessen das eigene Beziehungspflänzlein mehr pflegen, dann macht die Ernte um so mehr Freude. Das geht allerdings nicht ohne den guten Willen beider Partner. Und es gilt, Abschied von Träumen zu nehmen.

Absage an Illusionen

Ich möchte anhand von 12 Thesen Grundlagen einer langjährigen lebendigen Partnerschaft entwickeln. Dabei spreche ich viele Wunschvorstellungen an, die Beziehungen eher belasten können. Sie entsprechen oft Idealen über Gemeinsamkeiten und Beziehungen, die nicht einklagbar sind, die aber in unseren Köpfen herumschwirren, uns nicht selten eingeredet werden oder tiefen Sehnsüchten entsprechen. Sehnsüchten, die als unerfüllte Bedürfnisse aus früher Kindheit auf die Beziehung übertragen werden können, ohne daß sie uns bewußt sind.

Bei der Partnerwahl schließlich tauchen jene alten Wünsche und auch die vielen falschen Bilder wieder auf, die wir vermittelt bekamen. Verlieben wir uns, glauben wir, endlich das zu finden, wonach wir uns sehnen. Dabei gehen wir in diese Zweisamkeit mit Einstellungen, die wir vielleicht von unseren Eltern oder auch von der Gesellschaft übernommen haben. Erwartungen allerdings, die nicht der nüchternen Wirklichkeit standhalten können. So führen sie leider zu Zweifeln an uns und unserer Beziehungsfähigkeit, anstatt daß wir uns auf das besinnen, was möglich ist.

Die von mir aufgestellten Thesen erheben keinesfalls den Anspruch auf Vollständigkeit. Sie sollen helfen, die falschen Bilder, die uns treiben, bewußt zu machen und wenn möglich zu korrigieren. Vorstellungen, die entstehen, weil unsere tiefen, unbewußten Wünsche durch die Unehrlichkeit geschürt werden, mit der unsere Gesellschaft geglückte Beziehungen darstellt und vermarktet. Auch, weil die Medien die Lüge von der »heilen Welt« nur zu gerne verbreiten und die Werbung unsere Sehnsucht nach ihr mißbraucht. So bekommen wir Phantombilder vom anderen geliebten Wesen vermittelt, die unsere Illusion schüren, ohne daß unsere Wünsche erfüllt werden können. Denn auch der andere zehrt von jenen Sehnsüchten, ist ebenso bedürftig. Auch das andere begehrte Wesen bleibt mit seinen Vorstellungen auf der Strecke. Und über kurz oder lang kehrt Unzufriedenheit ein.

Der Alltag, meine persönlichen Erfahrungen, aber auch die Begleitung von vielen Menschen, die sich mir anvertraut haben, hat mir sehr deutlich gezeigt, daß diese überhöhten Erwartungen zu einem Absturz führen können, der unendlich tief verletzt. Deshalb will ich verdeutlichen, woher unsere Unzufriedenheit kommt. Nicht wir versagen in unserer Beziehungsfähigkeit, sondern wir haben die falschen Bilder in uns, wie es sein könnte oder sollte. Das macht es schwer, sich oder den anderen nicht in Frage zu stellen. Statt dessen beginnen wir einen hoffnungslosen Kampf, in unserer Partnerschaft idealen Vorstellungen entsprechen zu wollen. Die Unzufriedenheit ist vorprogrammiert und fordert ihre Opfer: Wir werden Weltmeister im Nörgeln oder »Bruddeln«, wie der Schwabe sagt. Und: Wir versäumen, uns auf das einzulassen, was möglich und gegeben ist.

Es gibt immer wieder die Optimisten unter uns, die glauben, wenn ich mich sehr bemühe, wird der andere doch endlich begreifen, was ich brauche. Schließlich werde ich es schaffen, ihm oder ihr mein Bedürfnis nahe zu bringen. Dahinter steht natürlich die Erwartung, der andere würde sich ändern. Das ist eine Illusion. Meine Erkenntnis: Der andere ändert sich nicht, weil ich mich anstrenge, sondern er ist, wie er oder sie ist. Er ändert sich allenfalls, wenn er es will und zu seiner Zeit. – Ich kann also niemals den anderen, sondern nur mich selbst ändern.

Damit bekomme ich nicht, was ich mir einmal erträumt habe. Es erspart mir aber viele künftige Enttäuschungen, wenn ich den Stoff erkenne, aus dem die Träume gewoben wurden. Träume, die der Realität nicht standhalten können und deshalb nicht einklagbar sind. Allerdings müssen wir bereit sein, uns den Realitäten zu stellen. Dazu gehört, daß wir nicht auf Wunder warten, sondern bereit sind, gemeinsam Durststrecken zu überwinden und nicht zu schnell auseinander zu laufen.

Auch wenn im Laufe der Jahre die Gewohnheit viele einstmals gepflegte zärtliche Gefühle verschlissen hat, kann es Spaß machen, sich in anderen Rollen wieder neu zu entdecken. Und anstatt uns und unsere Partnerschaft ständig in Frage zu stellen, können wir riskieren, alles nicht so ernst zu nehmen. Sollten wir Angst haben, dabei den Vorstellungen anderer nicht gerecht zu werden, können wir diese Sorge ruhig zu den Akten legen. Denn nur wir selbst entscheiden über unser Lebensglück. Nur unsere eigene Liebe können wir leben.

Und dazu ist es wichtig, daß uns eine gewisse Leichtigkeit des Seins erhalten bleibt. Die Leichtigkeit, die wir erleben können, wenn wir »Ja« sagen zu dem, so wie es ist. Bei genauerem Hinschauen werden wir schließlich tausend Dinge entdecken, die unseren Alltag bereichern. Vielleicht gelingt es uns dann auch, uns endlich entspannter mit dem Menschen zufrieden zu geben, mit dem wir sowieso beschlossen hatten, zusammen zu leben. Und das hat nichts mit Resignation zu tun.

Manchmal ist Trennung Selbstschutz

Schmerzlich wird es immer dann, wenn nur einer in der Zweisamkeit diese Herausforderungen annehmen will. Schmerzlich allemal, wenn es bereits zu spät ist oder der andere nichts begriffen hat. Sollten Sie, liebe Leserin oder lieber Leser, zu denjenigen gehören, die bereit zur Fortsetzung der Partnerschaft wären, der andere aber nicht, könnten die nachfolgenden Ausführungen wie Hohn klingen. Das ist mir sehr wohl bewußt. Erlebe ich doch sehr häufig den Kummer derer, die gerne an ihrer Beziehung arbeiten würden, wenn der andere nur bliebe und mitmachte. Da bleibt nur das Wissen, daß wir Reisende nicht aufhalten können. Auch, wenn es vielleicht nicht der richtige Zeitpunkt zu sein scheint. Wir müssen in diesem Fall den anderen loslassen können, so schmerzlich das auch ist. Es gibt Partnerschaften, da hat das Zusammensein keinen Sinn mehr.

Wenn zu viele Verletzungen immer wieder aufs Neue geschehen, müssen wir uns davor bewahren. Manchmal ist es nachgerade höchste Zeit, ein Martyrium zu beenden. Aber auch dann ist es wichtig, verstehen zu lernen, wie es so weit kommen konnte. Für den Zurückgelassenen wird eine neue Beziehung unzweifelhaft eine andere Qualität bekommen. Er konnte seine unbewußten Sehnsüchte kennenlernen, weiß nun besser damit umzugehen. Und vielleicht sind die Erwartungen andere geworden, ist Nüchternheit eingekehrt. All das kann einer reifen Partnerschaft nur gut tun. Wichtig bleibt, auch in Zukunft den Mut nicht zu verlieren, einen Neuanfang zu wagen.

Wo ist unsere Liebe geblieben?

Wir hatten ja damals Gründe dafür, zum anderen »Ja« zu sagen. Gründe, die vielleicht in Vergessenheit geraten sind, auf die zu besinnen es sich aber lohnt:

Waren es die gemeinsamen Zielvorstellungen oder einfach das Maß an Zärtlichkeit und Zuwendung, das auf uns so anziehend wirkte? Oder waren es Zeichen des Wiedererkennens einstmals geliebter Personen? Könnte es sein, daß der andere auch deshalb so begehrenswert schien, weil er oder sie Seiten an den Tag legte, die ich selbst gerne gehabt hätte? Fühlte ich mich vielleicht ganz einfach beim anderen geborgen und verstanden?

Was auch immer es gewesen sein mag, diese begehrten Anteile des anderen haben im Laufe der Jahre von ihrer Anziehungskraft verloren. Warum ist das so? Vielleicht sind sie nur durch die Durststrecken, die es in jeder langjährigen Beziehung gibt, in den Hintergrund getreten. Weil wir damit beschäftigt waren, auf die Erfüllung unserer Wünsche durch den anderen zu warten, anstatt uns selbst zu beglücken. Oder haben wir im Laufe der Zeit möglicherweise damit begonnen, den anderen in seiner Einzigartigkeit zu entwerten? Zu entwerten, weil wir ihn zu kennen glauben und zu wissen meinen, was für ihn besser ist? Haben wir ihn unmerklich in unser Denken und Fühlen einverleibt? Ihn sozusagen eingemeindet bei so viel Gewohnheit im Alltag, weil wir uns so gut kennen? Haben wir deshalb schon lange verlernt, einander wirklich zuzuhören? Haben wir an Achtsamkeit dem anderen gegenüber verloren, weil wir sowieso vorauszusehen glauben, was der Partner denkt, fühlt oder sagen will? Oder will ich den Partner gar biegen, wie ich ihn gerne hätte, habe ich den Respekt vor seiner Andersartigkeit verloren?

Wenn Paare älter werden

Viele ältere Paare haben nach einer langen Zeit des Zusammenlebens bereits äußerlich eine ähnliche Körperhaltung oder Aussehen angenommen, haben sich auch in der Kleidung angeglichen. Das ist kein Zufall, sondern die Folge stetiger Anpassung und damit eines immer enger werdenden Spannungsbogens. Bis die beiden Pole, die sie einmal waren, so nah zusammengekommen sind, daß dazwischen kein Spannungsfeld mehr existiert.

Vielleicht ist das für die Betroffenen erstrebenswert. Eine scheinbare Einheit, die aus zwei Persönlichkeiten ein Wesen machen will, um den Verlust des Partners zu verhindern. Dies würde unserer tiefen Sehnsucht nach Vereinigung auf Dauer entsprechen. Dann ist die Zweisamkeit vielleicht friedlich, aber auch langweilig und schlaff, weil jede Auseinandersetzung und damit Anziehung fehlt. Sexualität ist in solchen Beziehungen kein Thema, weil es ja keine Anziehungskraft mehr gibt.

Im Laufe der Jahre kann die Beziehung auch deshalb müde geworden sein, weil wir vielleicht früher einmal vom anderen tief verletzt wurden. Nun sind wir nicht bereit, alte

Wunden heilen zu lassen. Vielleicht sehen wir den Partner deshalb immer noch mit kritischer Distanz? (Vielleicht auch ein wenig, weil Rache süß ist?) Haben wir schon lange, um des lieben Friedens willen, aufgehört zu streiten und nörgeln statt dessen ständig am anderen herum, wissen alles besser? Hat die Beziehungsfalle, die Gewohnheit heißt, verhindert, dem anderen mit Respekt zu begegnen, ihn wie früher zu achten?

Wenn unsere fünf Sinne rebellieren

Wußten Sie, daß bei allzu nachlässigem Umgang mit dem anderen nach langer Zeit des Zusammenseins, die fünf Sinne, die wir haben, rebellieren können? Daß dadurch die Aufmerksamkeit schwinden muß? Schließlich kann das einstmals so geliebte Wesen nicht mehr *gesehen, gefühlt, gerochen, geschmeckt* oder *gehört* werden.

Wenn beispielsweise zu Hause die vertraute Nähe des anderen zu Nachlässigkeiten führt, die den Partner vergrault. Man begegnet sich nicht mehr so gepflegt wie anfangs. Das Bemühen läßt nach, sich sauber und adrett zu kleiden. Mancher läuft dann ungepflegt und in alten, unansehnlichen Klamotten rum. Oder nur noch den ganzen Tag im Jogginganzug. Ungute Signale werden gesendet, die nicht gerade von Respekt dem Partner gegenüber zeugen. Bei allzu großer Nachlässigkeit kann dem anderen die Botschaft vermittelt werden: Es ist mir egal, ob Du mich siehst oder nicht. Und dessen Reaktion könnte sein: Ich mag Dich nicht mehr *sehen*! Eine Begegnung wird gemieden statt gesucht.

Wird die Zärtlichkeit auf Sparflamme gehalten, wird der Partner den anderen nicht mehr *fühlen*. Er wendet sich ab, sucht nach Ersatz. Mangelt es sogar an der persönlichen Körperpflege, kann die Reaktion sein, daß der andere ihn nicht mehr *riechen* kann. Er geht auf Abstand. Sind die Eßsitten langsam verroht, unappetitlich geworden, kann das Gegenüber nicht mehr *schmecken*. Der Appetit vergeht. Und wird der Partner nur noch für Monologe mißbraucht, kann der andere ihn nicht mehr *hören*. Er hört nicht mehr zu.

All das schleicht sich unmerklich ein. Die Lust auf den anderen, auf Sexualität, nach Nähe und Zärtlichkeit, wird bald erloschen sein. Wie soll da noch das Feuer entflammt werden, das unter jener Asche der Gewohnheit verborgen ist?

Wir müssen uns niederlassen, um anzukommen

Manche Leute (sicher nicht Sie, sonst würden Sie sich nicht dieser Lektüre widmen) haben den Gedanken nicht losgelassen aufzuspringen, wenn der »Richtige« vorbeikommt. Sie leben immer noch in der Illusion, das nächste Mal kommt der Traumprinz, die Traumprinzessin vorbei. Damit sind sie aber nicht bereit für diese Partnerschaft, hier und jetzt. Sie sind »Reisende«, die nur Station machen, sich aber nicht niederlassen. Das hindert sie, anzukommen. Weder lassen sie sich auf die Beziehung noch auf die Arbeit an ihr ein. Sie sind nicht bereit, ein gemeinsames Fundament zu bauen, auch nicht, sich in dieser Bindung ganz hinzugeben.

Aber ist es nicht viel sinnvoller, mit demjenigen, mit dem so viel Vertrautheit gewachsen ist, Neues zu probieren, sich auf ihn einzulassen statt davonzulaufen? Wir könnten doch die alten Zöpfe abschneiden, die uns nicht mehr gefallen, anstatt mit den üblichen Mustern in eine neue Beziehung zu gehen, die möglicherweise bald die alten Probleme kreiert. Denken Sie auch mal daran, daß unsere Lebenszeit endlich und deshalb manches nicht so wichtig ist, wie es uns im Moment scheint!

Das sind Gedanken, wie sie auch Ihnen schon durch den Kopf gegangen sind? Dann ist es Zeit, sich der bestehenden Partnerschaft zu widmen und den anderen zur Beziehungsarbeit einzuladen.

Zunächst ist es hilfreich und zugleich spannend, sich vorzustellen, wie es wäre, ihm oder ihr heute, bei einem Rendezvous zum ersten Mal zu begegnen, wie damals, als wir zusammenfanden. Vielleicht können wir auch wieder mal herzlich über uns lachen, beispielsweise, wenn wir alte Fotos von damals zusammen anschauen? Indem wir uns an den Anfang unserer Zweisamkeit erinnern, können wir spüren, wie viel Liebenswertes immer noch vorhanden ist. Nur nehmen wir es längst als Selbstverständlichkeit hin, anstatt uns darüber zu freuen. Sicher schaffen wir es nicht, vor uns selbst davonzulaufen, plötzlich alles anders zu machen. Aber der Versuch ist allemal spannend, die Herausforderung in der bestehenden Zweisamkeit anzunehmen.

Die Wirklichkeit annehmen

Ich erlebe leider häufig, daß Menschen an einer Stelle ihrer Zweisamkeit aufgeben wollen, der der wichtigste Moment in einer dauerhaften Partnerschaft sein kann. Dann bin ich froh, wenn sie Rat einholen, um sich nicht vorschnell zu trennen.

An dieser Stelle wäre es korrekt, die Statistik zu bemühen, um eine genaue Aussage über die Häufigkeit von Scheidungen nach wie vielen Jahren zu bringen. Da ich aber Zahlen als meine persönlichen Feinde erlebe, weil sie eben nichts, aber auch gar nichts über das einzelne Schicksal aussagen, will ich mich hier mit der Erfahrung begnügen, daß viel zu viele Ehen an einem Punkt scheitern, der unter Umständen ein ganz wichtiger Zeitpunkt war. Denn möglicherweise kann erst durch diese Krise eine Wende zu etwas Neuem gelingen.

Oft ist es doch so, daß die Enttäuschung über diese Verbindung, die nicht mehr den Erwartungen standhält, vielleicht der erste ehrliche Augenblick war. Wir sehen jetzt zum ersten Mal Schwachstellen am anderen, die wir nicht für möglich gehalten hätten. Wir sehen ihn vielleicht zum ersten Mal so, wie er wirklich ist. Wie Schuppen kann es dann von den Augen fallen, und es können Seiten am Partner erkannt werden, die nicht für möglich gehalten wurden. Schmerzlich, aber wahr – wieder wird kein Traumprinz oder keine Traumprinzessin an unserer Seite sein!

Dieser Augenblick der Enttäuschung wird auch in jeder neuen Beziehung nicht zu verhindern sein. Die Phase des Verliebtseins überdauert nicht. Manchmal nach vier Wochen, aber spätestens nach zwei Jahren geht der erste Glanz verloren.

Vielleicht ernüchternd, aber ehrlicher sehen wir jetzt das Du. Und wir müssen erkennen, daß wir wieder nicht all das finden, wovon wir einmal zu Zeiten des Verliebtseins geträumt haben. Wenn wir ehrlich sind: Haben wir das nicht schon am Anfang des Zusammenseins gewußt oder geahnt? Haben wir vielleicht nur gehofft, den anderen noch hinbiegen zu können?

Spätestens wenn die Zweifel oder der Ärger da sind, lohnt sich es, genau hinzuschauen und gemeinsam ernüchtert zu überlegen, welches Fundament diese Beziehung jetzt haben kann. Daß das oft weniger ist, als wir einmal erträumt haben, gehört zu den Realitäten, die uns bestätigen, daß wir nicht im Paradies, sondern Teil dieser wundervollen Welt sind. Möglicherweise haben wir aber im Laufe der Zeit, in der der Verdacht oder die Enttäuschung wuchs, vieles von dem, was wir früher reizvoll am anderen fanden, aus den Augen verloren. Vielleicht war es uns nicht mehr genug, weil eigene Vorstellungen, wie unser gemeinsames Glück aussehen sollte, den Blick getrübt haben? Wir sehen den anderen jetzt ohne Illusionen, das ist wahr. Aber das ist kein Grund zu verzweifeln oder gar davonzulaufen. Jetzt ist es an der Zeit, hinzuschauen, was an wertvollen Gemeinsamkeiten noch vorhanden ist. Ich möchte wetten, es ist mehr, als wir im ersten Unmut sehen. Wie hätten wir sonst so lange zusammensein können?

Die Sehnsucht nach Nähe und Distanz

Wie kann es weiter gehen? Schauen wir doch mal, was sich alles durch die Zweisamkeit geändert hat. Vor allem auch, was liegengeblieben ist, nicht mehr möglich war. Viele Dinge außerhalb dieses Zusammenseins haben wir vernachlässigt oder unterlassen. Mancher Außenkontakt, manches Hobby, ja manche berufliche Laufbahn wurde der Familie zuliebe aufgegeben, der Beziehung geopfert. Der anfängliche Wunsch, nur noch gemeinsam durchs Leben zu gehen, verhinderte manch eigene Aktivität. Spätestens jetzt scheint es an der Zeit zu sein, nicht mehr alle Hoffnungen auf die Beziehung zu konzentrieren. Das ist allemal ergiebiger, als sich in Tagträumereien zu flüchten.

Vor allem die Frauen meiner Generation haben viel Eigenständigkeit einer vermeintlichen Familienidylle geopfert, anstatt sich ihre innere Unabhängigkeit zu bewahren. Nicht ganz uneigennützig, denn die Hoffnung, der Partner möge ebenso selbstlos sein, schwingt immer mit. Aber auch da, wo beide berufstätig sind, gibt es Schwierigkeiten, das rechte Maß an Unabhängigkeit und Bindung zu finden. Geht nämlich jeder nur noch seinen eigenen Interessen nach, entsteht die berechtigte Frage, wozu eine Partnerschaft noch sinnvoll ist. Es ist schwer, die Waage zwischen dem Wunsch nach Zusammensein und Außenaktivitäten im Gleichgewicht zu halten. Denn in jedem von uns gibt es eine Ambivalenz zwischen der Verwirklichung von Nähe und gleichzeitigem Abstand. So stark die Sehnsucht nach dem anderen ist, so sehr gibt es in uns gleichzeitig eine Tendenz zu fliehen. Beides ist Teil unseres Menschseins.

Dadurch entsteht eine Unsicherheit, die es manchmal schwer macht, den richtigen Abstand zu bewahren. Die Frage: Bleibe ich als Mutter zu Hause oder übernehme ich Pflichten am Arbeitsplatz, spiegelt dies wider. Die traditionelle Rolle der Frau gibt uns Entscheidungshilfen vor, ob diese aber mit unserer inneren Stimme übereinstimmen, muß jeder für sich klären.

Diese Ambivalenz stellt niemals eine endgültige Stabilität her. Sie hält uns und damit die Beziehung in Bewegung und damit in Spannung, so lange wir leben. Und weil jedes Individuum seine eigenen fliehenden und gleichzeitig anziehenden Kräfte besitzt, ist der für beide Partner befriedigende Abstand zwischen Nähe und Distanz ein bleibendes Thema, jeden Tag aufs Neue. Denn es geht ja darum, seine eigenen Bedürfnisse und die des Partners zu respektieren. Ein spannendes Abenteuer also, das uns niemals losläßt.

Da sind Kompromisse notwendig. Sie werden für jede Beziehung anders aussehen. Wichtig bleibt, daß keiner von beiden auf der Strecke bleibt, daß jeder zu Abstrichen bereit ist. Und dennoch jeder sein Selbst leben kann. Klappt es zeitweise nicht, ist das kein Grund, die Beziehung in Frage zu stellen. Sondern sehr wohl ein wichtiger Grund, über das eigene Rollenverständnis und mögliche Kompromisse neu zu diskutieren. Dann könnten aus solch schmerzlichen Auseinandersetzungen, aus der entstandenen Krise, wertvolle Fundamente für ein bewußtes und befriedigendes Miteinander entstehen.

Oder wollen wir alles über Bord schmeißen, was einst so hoffnungsvoll begonnen hat? Würde sich nicht auch in der nächsten Zweisamkeit irgendwann ein ähnliches Problem stellen? Wir nehmen ja unsere Wünsche und Hoffnungen mit. So wird auch die neue Bindung eines Tages unsere Illusion zerstören, daß alles so sein wird, wie es der Erwartung entspricht. Oder glauben Sie immer noch an den Traum vom großen Glück?

Sind wir nicht beziehungsfähig?

Was ist falsch an unserer Beziehungsfähigkeit, wenn so viele hoffnungsvolle Bindungen scheitern? Warum kommt es so häufig zur Trennung, die selbstverständlich nicht nur die Betroffenen belastet, sondern auch die Kinder? Sind wir nicht mehr fähig zur Liebe oder geraten wir unentwegt an den oder die Falsche?

Tatsache ist, wir haben falsche Bilder im Kopf, wenn wir den Traum einer glücklichen Partnerschaft träumen! Es sind unsere überhöhten Erwartungen an uns, den anderen oder unser Lebensglück, die die Beziehungen ungerechterweise belasten. Aber auch die allgegenwärtigen Medien, heute die offensichtlich wichtigsten Ratgeber für viele, verbreiten das Hochglanzbild einer Partnerschaft, das fern jeder Wirklichkeit ist.

Unsere Leistungsgesellschaft macht also anstrengende Vorgaben, wie eine glückliche Beziehung sein soll: Da wird die immer adrette, strahlend glückliche Ehefrau und Mutter genauso zum Streßfaktor wie der allzeit besorgte und karrierebewußte, sportliche Ehemann und Vater, der nichts anderes im Sinn hat, als seiner väterlichen Aufgabe gerecht zu werden. Jung und leistungsbereit gehört scheinbar ebenso zum Glück beider wie erfolgreich, schlank und niemals müde. Daß in der Sexualität nur reine Wonne in einer guten Beziehung herrscht, paßt fugenlos in das landläufige Klischee, wie auch ständige Verliebtheit ineinander.

All dies hat nichts, aber auch gar nichts mit einer tragfähigen, reifen Partnerschaft zu tun. Erst wenn wir bereit sind, solche Allgemeinvorstellungen, die uns als Muster einer guten Beziehung von den Eltern oder Medien vorgelogen werden, zu hinterfragen, können wir uns auf eine Partnerschaft einlassen, die sicher nicht alles Glück auf Erden verspricht, aber mehr Zufriedenheit und Gelassenheit zuläßt. Eine Beziehung, die sich an den kleinen Dingen des Alltags orientiert, sei es nun Lust oder Unlust. Und die dafür stabiler und weniger anstrengend ist, weil sie weniger erwartungsvoll ist. Am Ende entsteht eine Partnerschaft, in der wir die täglichen Freuden aber auch das Leid miteinander selbstverständlicher teilen. Eine Zweisamkeit, in der Ruhe und Gelassenheit einkehren können, und in der wir uns endlich genug sein können.

Die Voraussetzung ist allerdings, daß beide bereit sind, füreinander da zu sein. Sonst besteht die Gefahr, daß einer nimmt und der andere in die Opferrolle verfällt. Darüber wird später, bei den Fallbeispielen, noch zu reden sein. Voraussetzung ist aber auch - bei allem Wunsch nach einer langjährigen, tragfähigen Bindung -, daß wir bereit sind, Trauerarbeit zu leisten, um uns von unseren einstmals gepflegten Träumen zu verabschieden. Und das heißt, die Trauer zuzulassen, die unweigerlich entsteht, wenn wir Abschied von Hoffnungen nehmen müssen, die niemals erfüllt werden. Eine Trauer, die vielleicht schwer fällt, weil oft der Machbarkeitswahn unserer modernen Gesellschaft bewußten Verzicht nicht positiv bewertet. Die aber notwendig ist, um den Erwartungsdruck aus der Partnerschaft zu nehmen und sich entspannt auf das einzustellen, was möglich ist.

Und selbstverständlich haben wir uns dann nach langen Jahren der Partnerschaft auf den Lebensabschnitt vorbereitet, in dem die Fältchen zunehmen und der Gang langsamer wird. Auf eine Zeit, in der wir vielleicht viel Geduld brauchen, um Zärtlichkeit und Wärme füreinander zuzulassen und zu genießen. Aber auch Freude an einer Zweisamkeit haben, die uns vertrauensvoll vorwärts gehen läßt.

Weil wir einen Freund an unserer Seite wissen, der es gut mit uns meint.

Die Vertreibung aus dem Paradies

Immer wieder, in meiner Sprechstunde und auch hier, bemühe ich das für mich so treffende Bild aus der Bibel von der

Vertreibung von Adam und Eva aus dem Paradies. Ein Bild, in dem ich ganz klar den typischen Verlauf einer Paargeschichte vom Zeitpunkt des Verliebtseins bis zur Ernüchterung erkenne. Eine Geschichte, in der schon deutlich die Krise sichtbar wird, die nach Veränderung ruft. Und den dadurch erzwungenen Schritt in die Wirklichkeit.

Adam und Eva sind im Paradies. Ohne Störung leben sie ihre Träume vom ewigen Glück. Die beiden Menschen haben alles, wonach Verliebte sich sehnen: Friede und Freude ohne Ende, ein anderes Wesen, das ständig an ihrer Seite ist. Sie haben einen Partner, der in einem beglückenden und harmonischen Miteinander das Leben teilt, denn im paradiesischen Dasein trüben weder Schmerzen noch Sorgen die Tage, die ohne Grenzen zur Verfügung stehen. Aber auch Adam und Eva konnten diese paradiesischen Zeiten nicht auf Dauer festhalten. Deshalb war es notwendig, daß die Schlange der Versuchung Eva und sie ihrerseits Adam dazu verführte, von dem Baum der Erkenntnis zu essen. Eva ahnte wohl, daß das Paradies nicht alles war, was zum menschlichen Dasein gehört. Sie war neugierig und gleichzeitig mutig genug, gegen das göttliche Verbot zu verstoßen.

Ich sehe in ihrer Haltung nicht die verwerfliche Verführerin, sondern ich erkenne in ihr all die Frauen wieder, die meist eher als ihre Partner genau spüren, daß sich etwas ändern muß, es so nicht weitergehen kann. Die mit ihrem Einfühlungsvermögen deutlich wahrnehmen, daß mehr möglich wäre. Und die auch risikobereit genug sind, zuerst unbekanntes Land zu betreten. Sie sind es oftmals, die die Lähmung spüren, die durch das alltägliche Zusammensein die Lust aufeinander geschmälert hat. Sie erkennen die Falle der Gewohnheit und fangen an zu grübeln, was los sein könnte. Und sie nehmen schließlich ihr Schicksal in die Hand, sie handeln.

Sie versuchen, mit dem Partner darüber zu reden oder setzen Signale, die aber oft von ihm nicht wahrgenommen werden. Manchmal fangen diese Frauen sogar nur deshalb eine Außenbeziehung an, um den Partner darauf aufmerksam zu machen, daß etwas fehlt. Und schließlich suchen sie den Rat von Fachleuten.

Und die Schlange? Sie steht nicht, wie immer behauptet wird, als Symboltier für das Böse. Sie leitet den Schritt ein, die beiden Menschlein aus ihren Träumen zu reißen und ihnen die Augen für die Wirklichkeit zu öffnen. Ihr Gift ist fein dosiert heilsam, wie auch in der Medizin Giftstoffe in der richtigen Dosierung zur Gesundung beitragen können. Es handelt sich um das Gift der Unzufriedenheit und der Versuchung, lähmende Sattheit zu überwinden. Und es ist das Gift der Neugierde auf eine wirkliche, lebendige Welt, das sie im Apfel Eva reicht. Und jene verführt Adam, wie so oft in unserer Realität. Vielleicht hat Adam diese Lähmung nicht so wahrgenommen. Denkbar ist, daß er zu beschäftigt war mit anderen Dingen, möglicherweise spürte er nicht so deutlich, daß etwas Wichtiges fehlte. Durch Evas Handeln aber werden beide wachgerüttelt. Erst jetzt können sie erkennen, welchem Irrtum sie unterliegen, wenn sie glauben, das Paradies sei das Leben.

Es steht in der Bibel geschrieben: »Als sie von dem Apfel gegessen hatten, sahen sie, daß sie nackt waren, sie schämten sich und *sie erkannten sich*.«

Eine Erkenntnis, die notwendig ist, um nach Zeiten des Verliebtseins und der Träumereien schließlich den Schritt ins Leben, in die Wirklichkeit zu gehen. Und damit Adam und Eva sich erkennen können, ist es zunächst einmal notwendig, sich genauer *anzuschauen*: Zum ersten Mal sehen sie sich nackt, ohne den Zauber der Illusionen, des Verliebtseins.

In der biblischen Symbolsprache bedeutet *sich erkennen*, sich sexuell vereinigen. Erst also, wenn wir uns dem anderen zuwenden, uns ihm auch öffnen, können wir ihn erkennen, ihm nahe sein. Ohne diese Zuwendung bleibt ein verschwommenes Bild vom Partner, das möglicherweise mehr unseren Wünschen als seiner wahren Natur entspricht. Wird es in seiner Unvollkommenheit erkannt, das geliebte Wesen, ist der Schmerz aber auch die Enttäuschung unendlich groß. Dies zeigt, wie notwendig es für eine stabile Partnerschaft ist, sich auf den anderen wirklich einzulassen. Ihn so zu nehmen, wie er ist und nicht, wie er sein sollte. Ihn in seiner Eigenständigkeit zu respektieren, die wir erkennen können, wenn wir uns die Neugierde auf ihn erhalten. Wenn wir bereit sind, ihn in seiner Herkunftsgeschichte zu verstehen und ihm Aufmerksamkeit und Anerkennung zu schenken. Aufmerksames gegenseitiges Zuhören und Verstehen lernen, gepaart mit Anerkennung und Respekt, kann dann ein Fundament der Liebe werden!

Bei Adam und Eva entstand die Liebe erst durch den angeblichen Sündenfall. Ein Gnadenakt aus meiner Sicht. Erst durch den Apfel, den sie verbotenerweise aßen, wurden beide von Gott gezwungen, das Paradies zu verlassen und sich dem realen Leben und sich selbst zuzuwenden. Alles, was sich im Paradies abspielte, war dagegen ein Leben ohne Bewußtsein. Ein Leben also jenseits dieses Lebens. Sie mußten aus ihren Träumen gerissen werden, wenn sie das irdische Dasein erfahren wollten. Denn im Paradies fehlte, was uns im Diesseits wachsen läßt: die Auseinandersetzung mit den Schattenseiten.

Erst die Schattenseiten fordern uns heraus

Die Wahrheit ist, daß wir uns nur dann über das Geschenk des Lebens freuen können, wenn wir dessen Schattenseiten kennengelernt haben und sie annehmen. So, wie wir uns über unser Wohlbefinden nur deshalb freuen können, weil wir den Schmerz erfahren haben. Diese Schattenseiten sind es, die wir so oft verdammen oder aus unserem Alltag gerne weggezaubert hätten. Auch die dunklen Seiten, die wir ständig in uns selbst bekämpfen, weil wir gelernt haben, daß sie unfein, nicht erwünscht sind. Manchmal ganz einfache Dinge wie Müdigkeit, Aggression, Lustlosigkeit, Neid oder Frustration.

Unsere Schattenseiten im Zusammenleben, das sind die Schwierigkeiten im alltäglichen Miteinander, die wir als Mühle des Alltags beklagen. Sie aber zwingen uns gerade, kreativ jeden Tag neu zu gestalten. Schließlich werden wir gezwungen, uns selbst auf den Weg zu machen, damit es uns gut geht. Keiner wird uns diese Arbeit abnehmen können!

Dazu gehört auch, nicht in Resignation zu verfallen, sondern mit ein bißchen Mut und viel Kreativität aus den unabänderlichen Gegebenheiten das Beste zu machen. Wir erfahren unsere eigenen Kräfte, und wir können uns daran freuen.

Es gibt Schwierigkeiten, an denen wir unsere Kräfte messen können und dabei die wichtige Erfahrung machen, daß wir mit uns zukünftig besser umgehen können. Das kann die Absage an zu viele Anforderungen sein, das kann genauso gut eine neue Aufgabe sein, die uns fordert aber auch beglückt. Die Arbeit an uns selbst ist es, die uns wachsen läßt.

Ein übervoller Terminkalender ist zum Beispiel für viele Paare ein Problem. Auch oft ein Grund, nicht genügend Zeit für ein genüßliches Miteinander einzuplanen. Die Herausforderung kann sein, so zu planen, daß sie dennoch Zeiten der Muße genießen können. Das erfordert manchmal Verzicht auf etwas anderes und auch eine gute Zeiteinteilung. Gelingt dies aber, ist die Freude an der gewonnenen Zeit besonders groß. Erst diese seltenen und kostbaren Momente tragen zu einem intensiven Erleben bei.

Und doch sehnen wir uns immer wieder nach den paradiesischen Zuständen, die in Zeiten der Verliebtheit nahe schienen. Nach Zeiten, in denen alles wie von selbst läuft. In denen jeder immer genau weiß, was der Partner will. Auch Zeiten, die ohne Mühe ein liebevolles Miteinander auf Dauer ermöglichen.

Um in dem Bild der Bibel zu bleiben, kann beispielsweise der Wunsch nach unbegrenzter Zeit paradiesisch erscheinen. Allerdings wäre die Erfüllung dieses Wunsches über längere Zeit mit Sicherheit das Ende einer glücklichen Bindung. Denn dann käme Langeweile auf und noch mehr Erwartungen an den anderen.

Viele Sehnsüchte in einer dauerhaften Partnerschaft würden den Alltag also nicht beglücken, seien sie auch noch so verlockend.

Beziehung ist alles andere als immerwährende Glücksverheißung

Eine Beziehung ist eine ständige Herausforderung durch die Auseinandersetzung mit einem anderen Wesen, das oft auf einem anderen Stern lebt oder von einem anderen Stern kommt, das aber bereit ist, mit mir den Alltag zu teilen. Dann können wir uns der Realität zuwenden, die spannender sein kann als jedes unerfüllbare Hirngespinst. Ein schöner Sonnenuntergang zum Beispiel ist Realität, und er kann beglükken. Er kann uns aber nur dann erfreuen, wenn wir uns im Hier und Jetzt befinden; wenn wir nicht damit beschäftigt sind, auf die Erfüllung unserer Träume zu warten oder über Vergangenes zu hadern. Dann versäumen wir den Moment. Und nur in diesem findet das Leben statt.

Es bleibt mir festzustellen, daß eine langjährige Beziehung lohnt, auch wenn der allgemeine Trend ein anderer zu sein scheint. Dies setzt aber voraus, daß beide Partner bereit sind, sich aufeinander einzulassen und die vorsorglich offen gelassenen Hintertüren zu schließen. Hintertüren, die beispielsweise die Flucht in eine andere Beziehung oder die Hoffnung auf ein Wunder bedeuten können. Hintertüren also, die uns daran hindern, uns mit den realen Gegebenheiten, auch mit uns selbst, so wie wir sind, zufrieden zu geben. Hintertüren, die uns nicht ermöglichen, uns gemeinsam genau da niederzulassen, wo wir beide sind.

Die Heirat ist eine Gelegenheit, Hintertüren zu schließen. Das Ja zum Partner wird besiegelt – ein symbolischer Akt, der mehr ist als eine Formalie. Oft habe ich erlebt, daß nach jahrelanger Beziehung irgendwann der Wunsch zu heiraten entstand. Und schnell stellt sich dann heraus, daß plötzlich für das Paar das Zusammensein eine andere Qualität bekommen hat. Jetzt ist auch durch die formale Bekräftigung der Fluchtweg zu. Sie zwingt die beiden Heiratswilligen, sich auch innerlich ihr Ja zum Partner zu vergegenwärtigen und zu bekräftigen. Damit wird bei den meisten Paarwilligen der Wunsch nach Beständigkeit und Zuverlässigkeit verfestigt.

Manchem macht dieser Schritt mehr Angst, als er bereit ist zuzugeben. Plötzlich ist der Druck da, berechenbar und beständig in der Beziehung sein zu müssen und zwar auf Dauer. Ganz heimlich schleicht sich Angst ein, dieser Aufgabe nicht gewachsen zu sein. Viele Fragen stellen sich, die die Zukunft betreffen, und nicht immer läßt sich eine Antwort finden. So bleibt der Entschluß ein Abenteuer, das zuvor nie erprobt wurde. Ich ermutige dennoch Paare zu diesem Schritt, gerade wenn Bedenken auftauchen. Es wird sowieso ganz anders werden als in den Vorstellungen davon. Aber das Abenteuer lohnt!

Wichtig ist, sich Offenheit und Neugierde auf den anderen zu bewahren. Die Bereitschaft, sich immer wieder auf Neues einzulassen, erzwingt dabei allerdings Selbständigkeit und Toleranz. Wenn wir dazu bereit sind, können die nachfolgenden Ausführungen zu den zwölf Thesen und die vorgestellten Beispiele eine Hilfe sein, den eigenen Weg zu finden.

12 Thesen

für ein erfülltes Leben zu zweit

1. Die Krise ist oft der erste ehrliche Moment

In einer Beziehungskrise scheint das Ende der Zweisamkeit nahe. Gerade dann aber sehen sich beide, vielleicht zum ersten Mal, im wahren Licht. Wer jetzt nicht gleich aufgibt, sondern Abschied nimmt von Träumen, und sich der Realität und damit dem Leben stellt, kann eine beglückende Partnerschaft erfahren.

Immer wieder und viel zu oft ist der Seitensprung in einer festen Bindung der Grund für eine schmerzliche Beziehungskrise oder gar Trennung. Die Erfahrung aber, daß gerade diese tiefe Verletzung zu einem ehrlichen und intensiven Austausch in der Partnerschaft führen kann, macht Hoffnung. Die Intensität in Krisenzeiten und die erforderliche Ehrlichkeit ergeben die Chance für ein neues Miteinander in der alten Bindung.

■ Ulrike und Florian führten seit 10 Jahren eine, auch von Freunden bewunderte, glückliche Ehe. Sie hatten zwei wundervolle Töchter, die der ganze Stolz und die Freude der Eltern waren. Florian befand sich beruflich im Außendienst, kompensierte aber die verlorene Freizeit durch ein intensives Familienleben, wenn er zu Hause war. Ulrike unterstützte ihren Mann im eigenen Büro zu Hause, so daß die beruflichen Erfolge gemeinsame Erfolge waren.

Durch Zufall, wie so oft, wurde Ulrike mit der Tatsache konfrontiert, daß Florian, sobald er das häusliche Umfeld verlassen hatte, auch außerhalb der Ehe regelmäßige sexuelle Kontakte pflegte. Es wurde offensichtlich, daß er seit geraumer Zeit ein zweites Leben führte, von dem Ulrike nicht die Spur einer Ahnung hatte. Denn nichts deutete in ihrer Ehe darauf hin, daß sie Grund zu Mißtrauen haben müßte. Eine heile Welt brach für sie zusammen. Ihr wurde zum ersten Mal deutlich, daß sie über Jahre an einem Familienbild und einer Beziehung gewebt hatte, die so nie stimmten. Sie begriff, daß der Wunsch nach der heilen Welt ihr lange Zeit den Blick für die Wirklichkeit getrübt hatte. Und sie erkannte erst jetzt, daß viele eigene Bedürfnisse nach anderen Kontakten oder beruflicher Eigenständigkeit einer Idylle geopfert wurden, die es so nie gab. Schmerzlich erlebte sie ihren geliebten Florian in einer ungeahnten, fremden Rolle. Ihre Träume und Wünsche wurden entzaubert.

Sie träumte von einer einmaligen Beziehung, in der echte Partnerschaft und Vertrauen zum obersten Prinzip gemacht wurden. Sie träumte, wie so viele Menschen, von einer Familie, in der Offenheit und Zuverlässigkeit, auch den Kindern gegenüber, vorgelebt werden konnten. Und sie träumte davon, die einzige Auserwählte ihres Mannes zu sein. All dies stimmte nun nicht mehr.

Zu ihrer Herkunftsgeschichte: Ulrike kam aus einer großen Familie, in der Gastfreundschaft groß geschrieben wurde. Als drittes von vier Mädchen allerdings mußte sie alles mit den Geschwistern teilen, es gab wenig eigenen Spielraum. Persönliche Aufmerksamkeit erhielt sie nur durch ihren Fleiß zu Hause. Früh begann sie, sich ihr Taschengeld dazuzuverdienen, um aus der familiären Abhängigkeit herauszukommen. Ihr unbewußter Wunsch in einer späteren Bindung war, endlich einmal die Einzige zu sein. Die große Zahl der »Konkurrentinnen« unter den Geschwistern schürte ihre Sehnsucht, ungeteilt Zuwendung zu erlangen. Sie war gewohnt, viel für andere zu tun. Die Bewunderung ihrer Freunde und die Aufmerksamkeit waren ihr Lohn. Ihr Einsatz für ihre eigene Familie entsprach diesem Lebensmuster. Die Bereitschaft, für andere da zu sein, erfüllte sie solange mit Zufriedenheit, wie sie ihr Ziel erreichen konnte, im Mittelpunkt der Familie zu stehen. Aber ihre schmerzlichste Seite wurde jäh getroffen. Nämlich die, nicht die einzige Geliebte zu sein.

Ulrike verstand, daß ihre Wünsche und Gedanken nicht automatisch die des anderen sind. Auch ihre »Opferbereitschaft« für die Familie begriff sie schließlich als Vorauszahlung für ihre eigenen Glückserwartungen. Je mehr sie die Familie umsorgte, um so größer war wohl die Hoffnung auf Erwiderung der Wohltaten. Zukünftig wird sie aufhören müssen, darauf zu warten.

Auch für Florian kommt es zu einem bitteren Erwachen, nachdem ihm jetzt erst klar wurde, daß er Ulrike und auch die Kinder verlieren könnte. Hatte er doch bis zu dem Zeitpunkt der Krise aus dem vollen gelebt, in der Illusion, daß diese Schritte außerhalb der Beziehung nichts mit dem Leben zu Hause zu tun haben. Er war überzeugt, daß sein intensiver Einsatz für das Wohl der Familie die Extratouren rechtfertigte. Darum seien sie nicht rechenschaftspflichtig, schon gar nicht unredlich. Auch seine Herkunftsgeschichte gab Auskunft über die inneren Zusammenhänge seines Vorgehens: Florian verlor sehr früh seinen Vater durch den Tod. Ohne Geschwister groß geworden, war er schon bald der einzige Vertraute seiner Mutter. Früh begann er, die Rolle des Partners zu übernehmen, anstatt Kind sein zu können. So wurde er zwar sehr verwöhnt, aber nie geliebt, wie Kinder es brauchen. Statt kindlicher Freiheit war er Stütze seiner Mutter. Statt Geborgenheit wurde seine Fürsorglichkeit ausgenutzt. Genau das war es, was er wohl in seiner späteren Beziehung nachzuholen suchte: eigene Freiheiten, die fern von häuslichen Pflichten gelebt wurden und eine Partnerin, die ihn dennoch umsorgte und ihm Geborgenheit vermittelte.

Erst durch die erschütternden Ereignisse in der Ehe offenbarten sich den beiden Zusammenhänge, die ihnen so nicht bewußt gewesen waren. Sie konnten erkennen und schmerzlich begreifen, warum sie gerade in diesen Partner ihre Zukunftshoffnungen investiert hatten. Sie verstanden, daß – anders als erwartet – sich zwei bedürftige Menschen ineinander verliebt hatten. Bedürftig deshalb, weil jeder von ihnen die unbewußte Hoffnung in diese Zweisamkeit mitbrachte, daß all das, was sie als Kinder als Defizit erfahren hatten, jetzt endlich nachgeholt werden könne. Diese verlustreichen Kindheitserfahrungen führten aber statt zur Heilung alter Wunden zu einer gewaltigen Erschütterung in der Ehe. Nachdem sie dieses Beziehungsgeflecht durchschaut hatten, konnten sie beginnen, als zwei erwachsene Menschen Entscheidungen darüber zu treffen, was Wunsch bleiben muß und was Wirklichkeit werden kann. In kleinen Schritten wurde neues eingeübt und von alten Gewohnheiten Abschied genommen.

Die alten Muster boten für beide große Vorteile, die erst aufgegeben werden mußten. Ob Ulrike und Florian auf Dauer dazu bereit sind, hängt von dem Ausmaß des Leides ab, das sie durch die drohende Trennung erfuhren. Denn nur, wenn der Schmerz groß ist, wächst die Bereitschaft zur Aufgabe vertrauter und auch gewinnbringender Verhaltensmuster.

Die Wunden, die Florian Ulrike zugefügt hatte, werden trotzdem noch lange schmerzen. Dennoch mußten sie sich darin üben, nicht ständig in der Vergangenheit zu wühlen, weil das den Blick nach vorne trübt. Auch wenn das Rachebedürfnis von Ulrike verständlicherweise groß war. Deshalb, um ein neues Kapitel aufschlagen zu können, war es für Ulrike unabdingbar, daß Florian als »Wiedergutmachung« versprach, mehr Verantwortung im gemeinsamen Haushalt zu übernehmen. Auch, um Ulrike mehr Freiraum zu ermöglichen. Und freiwilliger Verzicht auf außereheliche Abenteuer war Florians Beteuerung für die Fortsetzung der Ehe. Natürlich wird er nicht mehr so viel für sich beanspruchen können, wie er selbstverständlich nahm. Wie er auf Dauer mit diesem Anteil in ihm, der wohl mehr Männer beherrscht als wir Frauen glauben mögen, umgeht, bleibt abzuwarten. Vielleicht kann er lernen, daß es noch viele andere Möglichkeiten gibt, sich Lust und Bewunderung zu holen. Die Bestätigung »der Manneskraft durch andere Weibchen« ist ja ein uraltes, archaisches Verhalten, das vielleicht in moderner Zeit durch andere Potenzen ersetzt werden kann. Offenheit und Nähe zwischen zwei Partnern, ohne daß die eigene Freiheit verloren geht, waren nach heftigen Auseinandersetzungen wichtige Fundamente eines Neuanfangs.

Auch Ulrike mußte ihren Part dazu beitragen. Es wurde höchste Zeit, aus dem gemeinsamen Büro zu gehen und ihre eigenen beruflichen Aktivitäten zu beginnen. Sie mußte ihre kleine »heile Welt« verlassen, um sich neuen Herausforderungen in einer fremden geschäftlichen Umgebung zu stellen. Sie befreite sich aber dadurch endlich aus einem Leben aus zweiter Hand. Gleichzeitig gewann sie Unabhängigkeit und erntete persönliche Erfolge, die ihr Selbstbewußtsein stärkten. Und indem sie sich nach außen wandte und ihre Fähigkeiten an ganz anderer Stelle gebraucht und gewürdigt wurden, kam soviel Anerkennung zurück, daß nun Florian in Aufbruchstimmung geriet und eifersüchtig reagierte. Das tat beiden gleichermaßen gut. In einer Abmachung versprachen beide, die alten Wunden nicht ständig als Waffe wieder zu beleben. Sie brauchten schließlich Zeit, damit Vertrauen wieder wachsen konnte. Schwierig aber notwendig war für Ulrike, dem Partner wieder die Achtung zuzugestehen, die notwendig war, um sich aneinander zu freuen. Denn Verachtung ist der größte Feind der Liebe.

Bewußt haben sich die zwei aufs neue für diese Beziehung entschieden. Dazu waren Kompromisse mit schmerzlichen Zugeständnissen notwendig. Auf Dauer konnte die Beziehung aber nur befriedigend gelebt werden, weil Ulrike und Florian endlich angefangen hatten, miteinander zu reden oder auch zu streiten. Jedenfalls, weil sie sich dem anderen zuwandten. Ehrlicher und tabuloser, als es beiden in der Vergangenheit möglich war. Dazu gehörte auch, daß sie in Kauf nehmen mußten, sich zu verletzen. Denn ohne Verletzung gibt es keinen ehrlichen Austausch. Sie mußten lernen, ihre alltäglichen Wünsche, aber auch Bedenken dem anderen gegenüber auszusprechen, anstatt sie mit sich herumzuschleppen. Vor lauter Sehnsucht nach einem liebevollen Miteinander wagten sie in der Vergangenheit keine Kritik. Daraus entstand ein Rucksack voll mit Ungesagtem, der dann schließlich so schwer wurde, daß er zu erdrücken drohte.

Jetzt begriffen sie, wie wichtig es war, sich zuzuhören, um mehr voneinander zu verstehen, anstatt sich mit Aktivitäten »voll zu dröhnen«. Am Ende der Beratungszeit zerplatzte manche Seifenblase des erträumten Glückes. Aber grade dadurch kann mit gutem Willen der zwei ein zuverlässiges und berechenbareres Band entstehen. Und beide konnten gewinnen.

Sie werden miteinander wachsen. An den eigenen Schwierigkeiten, aber auch an den Schieflagen des anderen. Dazu war es allerdings notwendig, sich zu verzeihen für Vergangenes. Das gemeinsame berufliche Werk, die gemeinsamen Kinder, aber auch die vergangenen Jahre, in denen die beiden Menschen sich liebevoll begegnet sind, ermöglichten eine Wende aus der Krise, die schließlich nach zäher und oft auch harter Beziehungsarbeit statt des Auseinandergehens eine Partnerschaft wachsen ließ, die sich den Realitäten stellte. Und die schmerzlichen Erfahrungen, die jene Krise heraufbeschwor, ermöglichten für die Zukunft einen ernüchterten, aber auch ehrlicheren und behutsameren Umgang miteinander.

Ulrike und Florian hatten noch einen langen Weg vor sich. Sie erlebten eine schwierige Zeit, in der es auch zum Bruch der Beziehung hätte kommen können. Aber sie erfuhren eine Nähe zueinander, die sie nie zuvor so intensiv erlebt hatten. - »Es ist, als ob wir nicht mehr ohne den anderen können, wie frisch verliebt!«, so beschrieb es Florian. ■

Es ist wertvoll, daß zu Beginn einer Zweisamkeit so vieles möglich scheint. Und es ist der natürliche Gang der Dinge, daß die Enttäuschung über eine Partnerschaft in dem Tempo zunimmt, in dem das Verliebtsein nachläßt. Anfänglich wird manche Energie und Phantasie darauf verwendet, eine Auseinandersetzung mit dem geliebten Wesen zu vermeiden. Und dann entsteht erst durch eine aktuelle Krise - wie bei Ulrike und Florian - eine Auseinandersetzung, die vielleicht schon lange fällig gewesen wäre.

Die Angst, den Frieden und die Träume zu zerstören, die Angst vor dem Konflikt, aber auch die Angst, nicht beziehungsfähig zu sein, läßt manchen die Augen vor der Wahrheit verschließen. Manchmal eben so lange, bis ein Ereignis die Liebenden aus ihren Träumen reißt. Immer aber erfahren beide in diesen Konfliktsituationen Wahrheiten, die sie so zuvor nicht sehen wollten oder auch konnten. Erst jetzt stehen sich zwei Menschen ehrlich gegenüber. Sie verlieren ihren Glanz, mit dem sie in Zeiten des Verliebtseins umgeben waren. Aber nach der ersten großen Enttäuschung besteht nun die Möglichkeit, ein ehrliches Konzept für ein künftiges Miteinander zu weben. Schade, wenn sie jetzt auseinanderlaufen; gut, wenn sich beide Zeit genug geben, tragfähige Entscheidungen für eine gemeinsame Zukunft zu treffen. Denn erst durch die Krise erfahren sich die Partner in einem ehrlichen Licht.

Bindungsangst

Zu dieser Paargeschichte gehört noch ein weiterer Aspekt, die Bindungsangst, die bei Florian eine große Rolle spielte. Weil diese Angst in so vielen Partnerschaften die Beziehungen belastet oder erschwert, muß sie wohl in besonderem Maße Teil unserer gesellschaftlichen Realität sein. Sie reift inzwischen nachgerade zu einer Katastrophe heran, immer mehr Menschen sind davon betroffen. Die Folge sind zunehmend »Lebensabschnittpartnerschaften«. Unverbindliche Beziehungen also, die von vornherein nicht auf Dauer angelegt sind. Belastbarkeit und Tragfähigkeit der Zweisamkeit ist damit in Frage zu stellen. Denn die Fluchtwege sind offen, und Leidtragende sind die Kinder.

Statt eine Krise zu bewältigen, werden die Partner ausgetauscht. Die Schwierigkeiten aber wechseln mit. Häufiger als Frauen ergreifen Männer Reißaus vor zu viel Nähe im Zwischenmenschlichen Bereich. Sie haben nicht gelernt, in ihrer Männerrolle damit umzugehen. Oft sind auch bittere Erinnerungen durch eine besitzergreifende Mutter im Spiel. Damals mußten sie auf der Hut sein, um nicht vor lauter Liebe vereinnahmt zu werden. Das ist die Liebe in einer Zweisamkeit, die »zum Auffressen gern hat«. Eine vermeintliche Liebe, die den anderen als hilfloses pflegebedürftiges Wesen versteht, das man ständig unter seine Fittiche nimmt. Der ungefragt in die Rolle eines Menschen gedrängt wird, von dem Frau weiß, was für ihn gut ist und dessen Wünsche und Bedürfnisse dem untergeordnet werden. Der oft als Kind-Ersatz bemuttert wird, ohne daß er sich dagegen wehren kann. Jede Gegenwehr würde als Absage mißdeutet und diejenige, die es doch so gut meint, bleibt beleidigt zurück. Eine Falle also, der sich zu entziehen Mut und Klarheit erfordert. Aber auch rechtzeitig die Erkenntnis des so Bemutterten, daß aus dem großen Jungen, will er wirklich eine Partnerschaft, endlich ein Mann werden muß.

Frauen dagegen sehnen sich nach Nähe, weil sie vielleicht als Kinder nicht genug davon bekommen haben. Standen sie doch immer in Konkurrenz zur Mutter. So wollen sie vielleicht mehr vom Partner haben, als dieser zu geben in der Lage ist. Sie bemühen sich, ihn ihren Wünschen entsprechend fest zu halten.

Wie eine Bedrohung des eigenen Ichs erscheint dann der Versuch, den Partner vereinnahmen zu wollen. Die beiden extremen Pole, die sich einstmals gegenseitig anzogen, drohen zu einem gemeinsamen Ganzen zu verschmelzen, ohne daß Grenzen spürbar bleiben.

Das macht den Männern verständlicherweise Angst. Sie ziehen sich zurück. Auch deshalb, weil die Frauen für manchen Mann in ihrem neu gewonnenen Selbstbewußtsein bedrohlich wirken. Und die Frauen sind enttäuscht, haben sie doch auf einen Partner gehofft, der Nähe und Zärtlichkeit will und dennoch stark sein kann.

Wie kann die Angst überwunden werden?

Immer mehr Menschen geben schließlich die Beziehung auf. Und nach deren Scheitern haben sie keinen Mut mehr, es noch einmal zu versuchen. Das führt zu Vereinzelung und Verfallserscheinungen der Familien, ohne daß dies die wahren Wünsche und auch Bedürfnisse der Betroffenen sind. Denn im tiefsten Inneren sehnt sich wohl jeder Mensch nach Liebe und Geborgenheit. Weil die Sehnsucht danach so groß ist, aber ungünstige Erfahrungen die Angst geschürt haben, wird die Panik vor dem Verlust des geliebten Menschen erdrükkend. So wird die nächste Bindung lieber vermieden oder sehr unverbindlich gestaltet. Ist diese Bindungsangst sehr massiv, wird sich der Betroffene überhaupt nicht mehr auf eine tiefe Bindung einlassen können, um sich vor neuen Wunden zu schützen und die gefürchtete Abhängigkeit von einer einzigen Person auszuschließen.

Die Angst vor dem Verlust und dem Scheitern der Beziehung veranlaßt am Ende immer mehr Paarwillige, das Abenteuer Partnerschaft gar nicht mehr einzugehen. Besser wäre es, seine tiefen Ängste zu erkennen und gemeinsam darüber zu sprechen, damit der andere die Fluchttendenzen verstehen kann. Denn diese Ängste haben ihre Geschichte: Wer in seiner Herkunftsgeschichte bereits einen geliebten Menschen verloren hat, sei es durch innere Ablehnung, Trennung oder Tod, wer schon als Kind Unverbindlichkeit statt liebende, zuverlässige Zuwendung erfahren mußte oder verlassen wurde, wer von seiner, oft alleinstehenden Mutter zu sehr festgehalten und als Partner mißbraucht wurde, anstatt Liebe und dennoch persönliche Freiheit gleichzeitig zu erleben, wer in einer wichtigen Beziehung verletzt oder abgelehnt wurde oder wer mißbraucht wurde, der kann auch in seinem späteren Leben immer wieder in einer festen Bindung mit dieser Angst konfrontiert werden.

So kommt es immer häufiger zu Zerwürfnissen gerade auch in Partnerschaften, die als intakte Familie erscheinen. Natürlich laufen diese Prozesse meist unbewußt und damit unerkannt ab. Deshalb kann nur, wer seine Ängste hinterfragt, einen Teil seiner Geschichte verstehen lernen. Dadurch, daß über die Beziehung zu Vater und Mutter und deren Umgang mit Zärtlichkeit und Nähe sowie unsere kindlichen Erfahrungen miteinander gesprochen wird, haben wir die Möglichkeit, unser und das Verhalten des Partners besser zu verstehen. Erst dann kann mit den Schwierigkeiten, die durch das Zusammentreffen zweier unterschiedlicher Herkunftsmuster entstanden sind, bewußt umgegangen werden. Die Lösung kann dann zwischen klarer Abgrenzung und Mut zur Hingabe bestehen, die neue Erfahrungen in alten Rollen zuläßt. Jeder nimmt sich in seinen Wünschen und Ängsten mehr zurück. Das Wichtigste bleibt aber ein ständiger Austausch über die neu gemachten Erfahrungen.

Im beschriebenen Fall wird Ulrike sich mit ihrem Wunsch nach mehr Nähe und Gemeinsamkeiten zurücknehmen, Florian wird Mut aufbringen müssen, Ulrike und der Familie mehr Nähe zu schenken, ohne gleich davonzulaufen. Durch die neu gewonnenen Erkenntnisse können sich so Wunden aus der Vergangenheit verringern.

Natürlich hat diese zunehmende Bindungsangst auch etwas mit unseren hohen Leistungsansprüchen an Perfektion und Machbarkeit zu tun. Es hat sich in unserem beruflichen und geschäftlichen Umgang eine Unverbindlichkeit und Wegwerfmentalität durchgesetzt, die es schwer macht, noch auf andere Werte als den Erfolg zu vertrauen. Wie können wir vor den Augen der Welt bestehen, wenn wir nicht genauso erfüllt unsere tägliche Beziehung leben, wie die vielen Vorbilder, die uns die Medien ungefragt ins Haus liefern? Eigene Ängste sind da ungebetene Gäste. Damit wird die Geschichte nicht einfacher: Negative Beziehungserfahrungen, gekoppelt mit gesellschaftlichen Zwängen, erfordern von der jüngeren Generation deshalb großen Mut, noch an den Bestand und Wert einer festen Partnerschaft oder Ehe zu glauben.

Wie kommen wir heraus aus diesem Dilemma? Mittelfristig sind es die Mütter, die noch mehr darauf achten müssen, ihre geliebten Buben nicht so festzuhalten. Gerade dann, wenn sie allein zurückgeblieben sind mit ihren Kindern. Andererseits aber kann auch den erwachsenen Söhnen mehr Selbsteinsicht und Mut zugetraut werden, ihre eigenen Beziehungsschwierigkeiten zu bearbeiten anstatt davonzulaufen.

Auch die Frauen müssen von ihren hohen Erwartungen an den anderen Abschied nehmen, den Partner mehr lassen können. Denn diese Ansprüche und Erwartungen schlagen manchen vorzeitig in die Flucht. Gerade eine Partnerschaft kann eine Chance sein, miteinander die Schwierigkeiten zu erkennen und daran zu wachsen. Es gibt professionelle Berater, die bei solchen Fragestellungen hilfreich sind. Diese Paar- oder Eheberater sind in kirchlichen Ehe- oder Familienberatungsstellen zu finden oder bei freien Trägern, wie Pro Familia. Es gibt auch niedergelassene Paartherapeuten. Sollten diese nicht in Ihrer Nähe sein, kann vielleicht der Hausarzt Ansprechpartner nennen. Vielleicht können die Paarwilligen im Gespräch mit Außenstehenden einen neuen Umgang miteinander erfahren. Aus der entstandenen Krise kann durch die Erkenntnis der Hintergründe und Zwänge sowie durch Regeln, die das Zusammensein erleichtern, eine Langzeitpartnerschaft wachsen, die beglückt.

Schließlich gibt es eine Zeit des Zusammenseins, in der noch einmal Zusammengehörigkeit und Vertrauen, vielleicht wie nie zuvor, alle anderen Wünsche an das Leben in den Schatten stellen. Und da ist es gut, einen Partner an seiner Seite zu wissen, mit dem wir längst Frieden geschlossen haben. Mit dem wir eine Beziehung leben, in der wir uns gut genug sind.

2. Liebe kann wachsen

Viele glauben, wenn es nicht mehr kribbelt im Bauch, ist alles, was einmal so schön begonnen hat, vorbei. Es ist ein Fehler, dann davonzulaufen. Anfängliches Verliebtsein hat nichts mit einer reifen Partnerschaft zu tun, in der Liebe erst wachsen kann. Offenheit und Achtung vor dem anderen sind wichtige Voraussetzungen, um sich ganz – ohne innere Abwehr – den Gegebenheiten zuzuwenden. Das Ja für den anderen schließt Fluchtwege aus.

Manche Ehen zerbrechen in einem Moment, in dem für Außenstehende die Welt noch in Ordnung scheint. Mag es ein Satz sein, der den anderen ins Mark trifft oder einfach Überdruß, der zu ständigen Nörgeleien oder Streit unter der Gürtellinie führte. Oft stehen am Ende Resignation und Ratlosigkeit darüber, warum alles so gelaufen ist. In meiner Sprechstunde beginnen die Klienten nicht selten folgendermaßen: »Eigentlich war soweit alles in Ordnung, aber wir lieben uns halt nicht mehr, und wir haben beschlossen, uns zu trennen.«

Die Liebe in den Alltag retten

■ Seit acht Jahren waren Edith und Rainer ein Paar. Sie waren verliebt, und zunächst schien der Himmel voller Geigen. Als sie zum ersten Mal zu mir kamen, war sie 32 und er 35 Jahre alt.

Rainer arbeitete bei einer Computerfirma, Edith war dort in der Buchhaltung tätig. Nach der gemeinsamen Entscheidung zusammenzuleben war sie ausgeschieden und arbeitete freiberuflich. Beide pflegten ihre sportlichen Hobbys ebenso mit Freude wie ihren Freundeskreis. Und sie konnten sich aufeinander verlassen.

Trotzdem, irgend etwas fehlte, so daß sie »seit einiger Zeit häufiger streiten, als miteinander gut zu sein.« Auch die Frage der Familiengründung wird aufgeworfen, zu seinem Ärger reagierte sie aber mit Ablehnung. Sie fühlte sich nicht reif dazu, überlegte, ob sie überhaupt ein Kind mit ihm zusammen will. »Eigentlich«, so sagte sie, »ist das das Ende von allem, denn dann kann ich mich nicht mehr auf eine andere Beziehung einlassen. Und das kann es doch nicht gewesen sein, daß ich ein Leben lang mit einem Menschen an meiner Seite lebe, den ich zwar schätze, aber nicht mehr liebe.«

Zunächst versuchte ich mit beiden herauszufinden, seit welchem Ereignis und zu welcher Zeit es möglicherweise zu einem Bruch in der Beziehung kam. Dabei kam einiges zutage: Edith schmerzte es gewaltig, ihren Arbeitsplatz so schnell aufgegeben zu haben. Sehr vermißte sie seither den Kontakt zu ihren Kolleginnen. Ein Wort des Dankes oder der Unterstützung von Rainer hätte ihr in dieser Situation gut getan. Leider war Rainer zu dieser Zeit so beschäftigt, daß er die ersten Signale nicht wahrnahm. Statt dessen stieg er beruflich sehr schnell eine Leiter höher. Und Edith war eifersüchtig. Ihr hätten wohl ähnliche Lorbeeren zugestanden, wäre sie nicht der Beziehung zuliebe in den Hintergrund getreten. Anstatt das anzusprechen, begann Edith sich offensichtlich nicht mehr für Rainers berufliche Belange zu interessieren. Was ihn wiederum stark verunsicherte. Demonstrierte Interesselosigkeit war für Edith wohl leichter, als sich Eifersucht oder Neid einzugestehen.

Im Laufe der Zeit verlor Edith ihre Frische und Lebendigkeit. Sie wurde muffig und hatte viel an Rainer auszusetzen. Schließlich konnte sie sich wohl selbst nicht mehr richtig leiden. Dies war der Zeitpunkt, wo Edith sich auch sexuell lustlos und überfordert fühlte. Aus Angst, ihm eine Absage erteilen zu müssen, vermied sie zunehmend körperlichen Kontakt und den Austausch von Zärtlichkeiten. Ihren früheren Gepflogenheiten, eng umschlungen einzuschlafen, entzog sie sich durch ein früheres Zubettgehen. Sie zog sich zurück.

Rainer erlebte dagegen die wachsende Aggressivität von Edith und ihre Absagen im Bett als Kränkung. Er konnte damit nicht umgehen und stürzte sich deshalb noch mehr in die Arbeit, um nicht in dieser häuslichen Atmosphäre zu ersticken. War er zu Hause, unternahm er große Anstrengungen, es Edith recht zu machen, »die Beziehung auf Trab zu halten«. Er erreichte das Gegenteil. Der Rückzug und schließlich das Nein von Edith, ein gemeinsames Kind zu haben, entsprangen wohl jener verweigernden Haltung. ■

Oft wird die sexuelle Hingabe dann besonders schwer, wenn Abhängigkeit und Unterlegenheit als Ungleichgewicht in der Beziehung erlebt werden. Der Rückzug und die Verweigerung in der Sexualität kann dann ein Mittel sein – meist von Frauen praktiziert –, die eigene Macht am Partner auf einer anderen Ebene einzusetzen. Da aber nicht nur der Partner, sondern letztlich auch diejenige, die sich entzieht, Verlust erlebt, ist es ein uraltes, aber sicher auf Dauer untaugliches, oft auch selbstzerstörerisches Mittel. Besser wäre es gewesen, von vornherein darüber zu sprechen, notfalls auch zu streiten, was Edith an der veränderten Situation stört. Aber es ist halt sehr schwer, eigene Schwächen wie Neid oder Eifersucht einzugestehen. Auch Rainer hätte es möglicherweise leichter haben können, hätte er etwas mehr von Ediths Schwierigkeiten verstanden. Dagegen brachte sein beruflicher Übereifer als Reaktion auf die muffige Atmosphäre zu Hause das Machtgefüge in eine noch größere Schieflage. Und dabei meinte er es doch gut, sah mit großer Kraftanstrengung den Entwicklungen in der Partnerschaft ohne Widerspruch zu.

Das ist es so oft: Da bemühen sich zwei Menschen, vernünftig miteinander umzugehen. Sie vermeiden Streit und große Dramen. Jeder versucht, seinen Part tapfer zu spielen. Aber die knisternde Spannung und die Energie gehen dabei verloren. Auch im Bett. Die Spannung und damit die Lust aufeinander schwinden. Schließlich wird das sexuelle Zusammenspiel schleichend weniger oder zur wöchentlichen Pflichtübung abgestempelt.

Bis zu diesem Punkt war das eine Paargeschichte, die häufig so laufen kann.

Und eben auch ein Zeitpunkt, an dem leider viele Beziehungen auseinander gehen. Die ungleiche finanzielle oder auch persönliche Abhängigkeit ist für den »unterlegenen« Partner nicht selten ein großes Problem. Einerseits fühlte sich Edith ihrer Unabhängigkeit durch die berufliche Veränderung beraubt, andererseits sehnte sie sich unbewußt nach Fürsorge und Hingabe. All dies war aber Edith zunächst nicht klar. Und als sie begriff, was sie drückte, konnte sie ihre Bedürfnisse nicht äußern.

Die beiden mußten erst mal lernen, sich auseinanderzusetzen, zu streiten. Eine Schwierigkeit, die ganz viele Paare miteinander haben. Das rührt daher, daß wir ja als Kinder immer wieder ermahnt wurden, lieb zu sein, nicht zu streiten. Andererseits haben Frauen und Männer von ihren familiären Vorbildern gelernt, unterschiedliche »Waffen« einzusetzen, die ein konstruktives Streiten erschweren. Frauen können emotional offener sein, weinen und keifen, vielleicht sind sie auch beim Argumentieren und Ausdruck der Gefühle schneller. Männer dagegen haben vielleicht gerade gelernt, Frauen sind zerbrechlich, man darf ihnen nicht zu nahe kommen. Und verbal ist der Schlagabtausch für sie mühsamer, weil es nicht in das männliche Klischee paßt, sich ohne körperliche Gewalt auseinanderzusetzen oder gar Gefühle zu zeigen. Und bis heute mangelt es an Vorbildern, die uns lehren könnten, konstruktiv mit dem Partner zu streiten (s. hierzu auch Kapitel 4, übers Streiten).

■ Nachdem eine Reihe von Mißverständnissen geklärt wurden, versuchten Edith und Rainer offener mit ihrem Ärger und ihren Wünschen umzugehen. Sie übten fleißig, ihrem Unwillen und ihren unterschiedlichen Bedürfnissen mehr Ausdruck zu verleihen. Und dies auf verbaler, nicht mehr auf der körperlichen Ebene. Das alles führte zwar für eine Weile zu einem friedlicheren Zusammenleben, aber nicht zu der erwarteten Rückkehr der Gefühle, die beide einstmals füreinander hatten. Um einer endgültigen Trennung vorzubeugen, schlug ich beiden deshalb eine »Sendepause« von sechs Monaten vor. Eine Trennung auf Zeit, die für beide noch einmal die Möglichkeit eröffnen sollte, sich über ihre Wünsche und Entscheidungen klar zu werden. Und da geschah etwas, was nicht selten in Zeiten bevorstehender Trennung passieren kann: Edith stellte fest, daß sie schwanger ist. ■

Immer wieder ist zu erleben, daß bei einer anstehenden Trennung der Körper noch einmal mit lustvoller Vereinigung reagiert. Die Betroffenen wundern sich darüber, daß gerade jetzt so intensive Gefühle erlebt werden können. Es scheint, als ob das Unbewußte den bevorstehenden Verlust durch die Verschmelzung in der sexuellen Vereinigung zu verhindern trachtet. Nicht zufällig entsteht zu diesem Zeitpunkt eine Schwangerschaft, die natürlich alles andere als trennend erlebt wird. Eine Botschaft, die die Sehnsucht der Körper nach Einssein und Zusammensein sichtbar zum Ausdruck bringt. Die Sehnsucht auch nach Fortbestand einer Beziehung, in die so viel Hoffnung und Glaube an die Zukunft investiert wurde.

Sicher ist das sexuelle Zusammensein auch deshalb intensiver, weil jetzt die Luft rein ist, die Differenzen endlich auf einer anderen, verbalen Ebene, ausgetragen werden konnten. Durch die Auseinandersetzung sind die Dinge ausgesprochen, jeder hat seine Position bezogen. Es entwickelt sich eine spürbare Polarisierung, die wieder Spannung entstehen läßt. Und je größer das Spannungsfeld, um so intensiver ist die Anziehungskraft. Jetzt können die zwei endlich einmal wieder ohne indirekte Botschaften für den anderen miteinander schlafen, ihren körperlichen Gefühlen freien und lustvollen Lauf lassen. Deshalb wird in dieser offenen Situation Sexualität häufig mit einer sehr intensiven, vitaleren Färbung erlebt.

■ Jetzt, als sich die beiden entscheiden sollten, wie es ohne den anderen weitergehen könnte, als Rainer und Edith noch einmal an die Grundfesten ihrer Beziehung kamen, um zu sehen, wie tragfähig diese sind, komplizierte eine ungeplante Schwangerschaft das Zweiergefüge. Nach anfänglicher Überraschung für beide entschied sich Edith jedoch für das Kind und für diese Beziehung. Rainer war vor Glück aus dem Häuschen. Die Schwangerschaft verlief gut. Beide freuten sich auf ihre wachsende Familie, obwohl Edith auch jetzt immer noch der Frage nachging, ob das, was in dieser Beziehung vorhanden war, für ein ganzes Leben reicht. In den begleitenden Gesprächen machte ich immer wieder deutlich, daß das eine Frage ist, die niemand beantworten kann. Aber daß die Frage sich in dem

Moment nicht mehr stellt, in dem beide sich für eine Beziehung entscheiden, die den überschaubaren Zeitraum von fünf Monaten bis zur Geburt des Kindes nicht überschreiten muß. ■

Kein Mensch kann in wesentlich längeren Zeiträumen planen, weil wir alle ja gar nicht wissen, wie es uns in ein paar Wochen geht. Und da die Menschen zunehmend unter Bindungsängsten leiden, wird eine unüberschaubare Zeit in der Partnerschaft nicht selten als nicht vorstellbar empfunden. Eine Zusage auf unbegrenzte Dauer überfordert uns. Vor allem, wenn die Angst vorherrscht, daß diese Beziehung Fähigkeiten von uns fordert, die wir uns nicht auf Dauer zutrauen. Oder uns Gefühle abverlangt, die natürlich nicht immer aufrechterhalten werden können. Und das ist nur zu verständlich, denn als aufgeklärte Menschen wissen wir um die Flüchtigkeit der Liebe. Diese Ängste, eine bindende Zusage zu machen, herrschen bei denjenigen besonders vor, die bei ihren Eltern große Beziehungsschwierigkeiten miterleben mussten. Bereits im vorangegangenen Kapitel habe ich dazu Ausführungen gemacht, und ich werde immer wieder auf dieses Thema zurückkommen müssen.

Zeitliche Begrenzung der Beziehung ist übrigens eine Empfehlung, die ich nicht nur Unentschiedenen gebe. Ich setze es auch in meiner eigenen Beziehung immer wieder ein, um zuversichtlich sein zu können. Ich halte es für unehrlich, Versprechungen fürs ganze Leben zu machen, nach dem Motto: Bis daß der Tod Euch scheidet. Niemand von uns weiß, was bis dahin alles passiert, wer wir am Ende einer so langen und unüberschaubaren Strecke sind. Und es nimmt uns die Luft zum Atmen.

Für eine kleine Strecke des Weges aber können wir uns ganz für den anderen entscheiden und wenn es nur bis morgen ist. Wir haben danach jederzeit die Freiheit zu gehen oder erneut für den anderen da zu sein. Die Tatsache, daß wir uns immer wieder aufs Neue für unseren Partner entscheiden können, macht uns frei, nimmt viel von der Erdenschwere unseres Daseins. Sie zwingt natürlich auch dazu, immer wieder über unsere Beziehung nachzudenken, anstatt die Dinge endlos laufen zu lassen. Und sie zwingt uns, zum Partner in dieser Zeit ganz und gar Ja zu sagen – mit allem, was uns freut und kränkt. Das ist die unabdingbare Voraussetzung dafür, daß mit dem anderen und mir selbst kein falsches Spiel getrieben wird.

Die Hintertüren schließen

Ohne dieses totale Ja bleibt immer eine Hintertür offen, die als Fluchtweg gedacht ist. Als Hintertür bezeichne ich beispielsweise die Überlegung, daß vielleicht noch was Besseres zu finden ist, oder die Hoffnung, der andere wird sich noch ändern. Das Schließen der Hintertür dagegen befreit Kräfte, die nutzlos verbraucht wurden, um zu zweifeln, zu hadern, möglicherweise zu versuchen, etwas am Partner zu verändern oder nach einem anderen Ausschau zu halten. Erst bei geschlossener Hintertür sind wir vielleicht zum ersten Mal gezwungen, uns ganz auf den Partner einzulassen, so wie er nun mal ist. Wir sind genötigt, uns ihm zuzuwenden, anstatt uns von ihm abzuwenden. Wir müssen deshalb versuchen, in dieser Situation all unsere »aufgefahrenen Geschütze« von Bord zu nehmen, um auch dem anderen den Zutritt zu erlauben. Solange gibt es keinen Notausgang.

■ Zum großem Kummer von Edith und Rainer kam zur erwarteten Zeit ein behindertes Kind zur Welt. Nachträglich betrachtet, war das erschütternde Ereignis jedoch, bei aller nachvollziehbaren Sorge, der Anfang einer neuen, einer reifen Liebe zueinander. Edith erlebte die Zuverlässigkeit und das Verantwortungsgefühl von Rainer als eine unschätzbare Stütze. Ihre Liebe zu dem Kind und zueinander bekam eine neue Qualität und Erfüllung. Die beiden bekamen in den folgenden Jahren noch zwei gesunde Buben. Inzwischen sind sie eine große Familie geworden. Indem sie sich auf ihre wachsende Familie einstellten, wurden fast automatisch alle Fluchtwege, die sogenannten Hintertüren, geschlossen. Und viel unwesentlicher Kleinkram verlor an Bedeutung. So konnten sie viel Neues und Fruchtbares in ihrer Beziehung entdecken, das ihnen half, den nicht immer leichten Alltag miteinander zu bewältigen, ohne den Respekt voreinander zu verlieren. Sowohl Edith als auch Rainer bestätigen nach jetzt fast 20 Jahren des Zusammenseins, daß Liebe auch nach vielen Jahren der Partnerschaft noch wachsen kann. Und die Freundschaft zueinander macht das Zusammensein reich.

Ihr Leben, ihre Aufgaben, aber auch ihre Erwartungen haben sich anders entwickelt, als sie einmal erträumt hatten. Der berauschenden anfänglichen Liebe und dann der Enttäuschung ist Tatkraft und Verantwortungsbewußtsein für eine ganz andere Lebensaufgabe gefolgt. In der schwierigen Situation mit einem behinderten Kind und einer wachsenden Familie hat jeder seinen Part übernommen, ohne vom anderen zu viel zu erwarten. Das Meistern dieser Lebensaufgabe und die Freundschaft, die daraus zwischen den beiden Menschen entstand, hatte nichts mit dem anfänglichen Verliebtsein zu tun. Jetzt sind ganz andere Qualitäten im Vordergrund ihrer Zweisamkeit. Nähe und Zärtlichkeit werden genährt von dem Vertrauen und der Achtung, mit der Edith und Rainer sich begegnen. Und sie wissen um den Kampf in der Vergangenheit, dieser Bindung auf Dauer ein neues Gesicht zu geben. Sie haben erlebt, daß eine wunderbare

Beziehung entstehen kann, die beinahe gescheitert wäre. Und mit Verwunderung stellen heute beide fest, daß die Qualität dieser gewachsenen Bindung eine viel reichere und beglückendere ist. ■

Kinder können keine Beziehung kitten

Um Mißverständnissen vorzubeugen, muß an dieser Stelle deutlich gesagt werden: Kinder können eine scheiternde Beziehung nicht dauerhaft kitten. Wird nämlich eine Beziehung nur um der Kinder willen aufrechterhalten, fehlt das entscheidende Ja zum anderen, so wie er oder sie ist. Dann ist diese Beziehung nicht lebensfähig. Oder, sie dümpelt als Zweckgemeinschaft vor sich hin, ohne daß die zwei Menschen Freude aneinander hätten. Und natürlich ist dann die Neugierde aufeinander sehr begrenzt.

Das wußten Ulrike und Florian, hatten sie doch bereits zuvor Zeiten erlebt, in denen die Frage nach einer echten Partnerschaft gestellt und nicht sehr befriedigend beantwortet worden war. Zu einer Zeit nämlich, in der der Unmut auf den anderen quälte, ohne daß sie darüber sprechen konnten. Erst nach der klaren Entscheidung füreinander waren sie bereit, sich ganz aufeinander einzulassen.

Auch bei Edith und Rainer gibt es, wie in jeder Paarbeziehung, Schattenseiten, die den Alltag diktieren. Natürlich gibt es Müdigkeit oder Sorgen, Frustration, Lustlosigkeit, Aggression und Zweifel am Dasein. Und vor allen Dingen keine Garantie für den Bestand der Partnerschaft. Auch diese beiden stellen ihre Entscheidung immer wieder in Frage. Nur mit dem Unterschied, daß sie sich bewußt füreinander entschieden haben, und damit nicht mehr ständig der Frage nachlaufen, ob dieser Partner der oder die Richtige ist.

Meine Erfahrung ist, wenn man oft genug die Fristen verlängert hat, wird die Frage bis zum nächsten Mal immer schneller beantwortet werden können, weil der Boden der Gemeinsamkeit ständig wächst. Am Ende einer langen Wegstrecke mit vielen Fragezeichen kann ich bestätigen, daß die Antwort immer leichter fällt. Dann sind die kleinen und größeren Reichtümer des Alltags der Grund zu Zufriedenheit und Freude. Und das ist genug!

3. Vor mir selbst kann ich nicht davonlaufen

Die Hoffnung, endlich denjenigen zu finden, »der zu ihm paßt«, treibt manchen immer wieder in neue Bindungen. Jeder von uns aber hat seine eigene »Sollbruchstelle«, nimmt seine eigenen Schwierigkeiten mit. Diese und die des anderen zu kennen und bewußt damit umzugehen, erfordert Respekt, Wachsamkeit und Arbeit an sich selbst. Wir können davonlaufen – oder an den Schwierigkeiten wachsen.

Der Trend zur Zweit- oder Drittehe scheint ungebrochen. Nicht selten wiederholen sich aber nur schmerzliche Erfahrungen. Wir können zwar aus einer schwierigen Situation, aber niemals vor uns selbst davonlaufen. Es werden sich so lange immer wieder die gleichen oder ähnliche Probleme in der nächsten Bindung zeigen, bis wir uns selbst auf die Schliche gekommen sind.

Wie von unsichtbaren Kräften angezogen, landen wir, bevor wir uns erkannt haben, immer wieder in ähnlichen Schwierigkeiten. Da hilft kein nächstes Mal.

So, wie Adam und Eva erst durch den Sündenfall ihre Unterschiedlichkeiten erfahren mußten, sind auch wir gefordert, unsere eigene Geschichte zu verstehen. Und die des anderen. In dem Augenblick, wo Adam und Eva den anderen und sich selbst erkannten, fern von Illusionen, wurde das Zusammensein entzaubert. Das Miteinander bekam eine ganz andere Qualität. Auch wir werden mit den unterschiedlichen Wünschen, Vorstellungen und unbefriedigenden Gegebenheiten in unserer Beziehung nur dann Frieden schließen können, wenn wir bereit sind, unser Beziehungsgeflecht anzuschauen, anstatt auf die Suche nach dem zu uns Passenden zu gehen, den es niemals als »Blankoscheck« geben wird. Dann wird vieles sich ändern, es wird nicht automatisch leichter, aber sehr viel spannender. Die Flucht aus einer Beziehung bei auftauchenden Schwierigkeiten gleicht dagegen einem Davonstehlen. Es hat keine Auseinandersetzung stattgefunden. Eine Chance wird vertan. Und die Probleme werden sich in der neuen Bindung in ähnlicher Weise wiederholen.

Beim zweiten Anlauf von Erfahrungen profitieren

Manchmal aber ist eine Trennung dennoch sinnvoll. Sicher dann, wenn nur einer von beiden die Fortsetzung der Partnerschaft will. Und auch dann, wenn kein gemeinsames Fundament herzustellen ist, das diese Zweisamkeit in Zukunft trägt. Und ganz sicher ist Trennung sinnvoll, wenn das Leid für den einen oder gar beide die Vorteile überwiegt. Immer aber ist es hilfreich, vor einer neuen Bindung verstehen zu lernen, warum die bisherige Beziehung scheitern mußte. Denn nur dadurch kann in Zukunft mit den unerfüllten Wünschen in einer Partnerschaft anders umgegangen werden. Und dafür ist niemals nur einer allein verantwortlich.

Es gibt beglückende und stabile Bindungen, die nach gescheiterten Beziehungen erst im nächsten Anlauf gelingen. Wurden die vorangegangenen Erfahrungen aufgearbeitet, können diese Menschen mit anderen Voraussetzungen in die neue Zweisamkeit gehen. Sie sind sich ihrer Schwierigkeiten bewußt geworden. Die neuen Bindungen sind belastbarer, weil beide nach dem Auseinandergehen verstanden haben, warum das Zusammensein scheitern mußte. So wird die neue Partnerschaft mit weniger Erwartungen an den anderen, aber auch mit größerer Achtsamkeit gelebt.

Hier gehen zwei Erwachsene, reife Menschen einen Bund ein, der nicht mehr unter Vorstellungen vollzogen wird, die niemals erfüllt werden können. Diese Bindungen wurden eingegangen, nachdem beide durch bitter gemachte Erfahrungen längst Abschied von dem Wunsch genommen haben, daß der andere für das eigene Lebensglück zuständig sei. Und sie kennen ihre Geschichte. Sie haben verstanden, daß Beziehung ein Geschenk ist, das täglich neu erworben werden will. Ein Geschenk, das nur dann gegeben ist, wenn zwei Menschen begonnen haben, die eigenen und die Verletzlichkeiten des anderen verstehen und respektieren zu lernen. Auch die Kompromisse, die in jeder Zweisamkeit unerläßlich sind, werden wohl nicht mehr, wie in anfänglicher Erwartungshaltung, als Opfer für den anderen verstanden. Sie sind die selbstverständliche Bringschuld, um das Miteinander freudiger zu gestalten. Davon profitiert jeder der Beteiligten!

Den Umweg der Trennung verhindern

Sind zwei Menschen zur Beziehungsarbeit bereit, können sie gemeinsam ihre unbewußten Verhaltensmuster anschauen. Nur so können sie Einfluß auf ihr Verhalten nehmen. Ich betone: auf das eigene Verhalten, nicht auf das des anderen! Zunächst sieht sowieso alles gut aus: Wir haben so gute Vorsätze. Und auch der Partner ist guten Willens. Über die Jahre aber vergeht der Glanz des Neuen. Langsam bröckelt es. Die Unzufriedenheit wächst. Die Zukunftsperspektiven haben sich durch den anstrengenden Alltag verengt. Gewohnheit hat die Neugierde auf das Du verdrängt. Gemeinsame Ziele sind verloren gegangen. Das erhoffte Glück scheint wieder nicht zur Stelle. Und die Sicht durch die rosa-rote Brille, die den Partner so begehrenswert machte, ist schon lange dem nüchternen Alltag gewichen. Verständlicherweise entsteht eine Unzufriedenheit, daß trotz des eigenen Einsatzes die Erwartungen nicht erfüllt werden. Schnell sind die Beziehungswilligen dabei, sich selbst die Schuld zu geben. Oder auch dem anderen etwas in die Schuhe zu schieben. Dabei liegt es vielleicht nur an den immer noch zu hohen Erwartungen an das Zweierbündnis, das ihnen das Paradies zu versprechen schien.

Und die Liebe? Sie allein ist leider kein Garant für eine beglückende Zukunft. Sie ist störanfällig und nicht berechenbar. Ist der erste Zauber vorüber, kann sie flüchtig werden, sie braucht Pflege. Sie hilft uns, den anderen anzunehmen und zu bewundern, sie entläßt uns aber nicht aus unserer Pflicht, auf Dauer behutsam und bewußt mit dem anderen umzugehen. Auch in einer neuen Bindung bleibt das so – diese Erkenntnis kann manchen Umweg einer Trennung verhindern.

Partnerwahl ist kein Zufall

Die Partnerwahl hat viel mit Wünschen aus unserer Vergangenheit zu tun. Wir werden uns dadurch immer wieder von Sehnsüchten verleiten lassen, die wohl nie mehr erfüllt werden können. Diese werden, wenn wir uns verlieben, automatisch auf den späteren Partner übertragen. Derjenige erscheint dann besonders begehrenswert, der die Defizite von damals auszugleichen scheint.

Das kann beispielsweise so aussehen: Ein zu strenger, abweisender Vater läßt später einen besonders zärtlichen Partner in einem vergoldeten Glanz erscheinen. Die Enttäuschung ist allerdings dann groß, wenn die erwünschte Fürsorglichkeit gepaart ist mit Besitzansprüchen des so Begehrten. So muß statt der gewünschten Nähe vielleicht Zurückhaltung von dem geübt werden, der eigentlich gerne die Nähe hätte. Vielleicht war gerade das die Art der Zuwendung, die ihm als Kind zuteil wurde: eine Liebe, die den anderen beherrschen will, anstatt ihn so zu lassen, wie er ist. Dann hat er später Angst, vereinnahmt zu werden. Auch der zu zärtliche Partner wird sich schwer tun, die plötzlich entstehende Abweisung zu verstehen. Gehörte möglicherweise er gerade zu denen, die ausreichend Nähe als Kind genießen konnten. Daß auch das zu viel werden kann, paßt nicht zu seiner Erfahrungswelt.

Hier werden zwei entgegengesetzte Interessen zu einem Konflikt führen, der die Verbindung belastet. Aus jener Sehnsucht nach Zärtlichkeit heraus und der zeitgleichen Angst, vereinnahmt zu werden, entsteht dann eine Verbindung, die verletzt und verwirrt. Unklare Signale und mißverständliches Handeln sind die Folge. Am Ende geben möglicherweise beide auf, weil die Unsicherheit zu groß wird und keiner von beiden verstanden hat, warum alles so schwierig wurde. Sie hatten es doch so gut gemeint.

Dabei könnten sie sich ergänzen, wenigstens etwas von den Wunden der Kindheit könnte heilen: Wenn sie sich übten, zuzuhören und die Schwierigkeiten des Partners und auch ihre eigenen verstehen zu lernen. Vielleicht könnten sie dann begreifen, welche unterschiedlichen Kräfte sie in entgegengesetzte Ecken treibt, obwohl beide die Sehnsucht nach Nähe eint.

Sie könnten nun gemeinsam versuchen, behutsamer und liebevoller mit der eigenen Sehnsucht und gleichzeitigen Schwierigkeit des anderen umzugehen.

Wollen beide die Beziehungsarbeit beginnen, müssen sie Kompromisse finden zwischen der erhofften Nähe und der Angst, dadurch vereinnahmt zu werden. Und sie müssen immer wieder darüber reden, bis auch der andere deutliche Signale bekommt. Ohne diese bewußte Sicht der Zusammenhänge entsteht statt des erhofften Friedens Wut oder Resignation.

Wie kommen wir an unsere Kindheitserfahrungen?

Ich habe im Laufe meiner Beratungsarbeit immer wieder erlebt, daß viele persönliche Sehnsüchte, die nicht erfüllt sind, ungerechterweise der Beziehung angelastet werden. Mögen sie nun auf Grund positiver oder ganz negativer Kindheitserfahrungen entstanden sein. Der Weg aus diesen Schwierigkeiten kann ein bewußter Umgang mit unserer und der Geschichte des anderen sein. Ein offenes Gespräch beispielsweise über das, was uns gefehlt oder geprägt hat, auch über das, was uns in dieser Beziehung gut tut. So können wir neue Formen des Miteinanders finden. Solche Gespräche bedürfen aber großer Behutsamkeit und Aufmerksamkeit. Denn wir tauschen unsere persönlichsten Geschichten nur mit einem Menschen aus, dem wir sehr nahe sind, dem wir uns anvertrauen wollen. Dann kann es uns gelingen, rechtzeitig die Falle zu erkennen, in die wir beide geraten, wenn wir nicht achtsam mit uns und dem anderen umgehen. Das ist nicht immer einfach, manchmal geht es nicht ohne professionelle Hilfe.

Solange uns diese Wünsche aus Kindertagen nicht bewußt werden, führen die Fallstricke der Vergangenheit wieder und wieder zu Enttäuschungen. Und aus dieser Enttäuschung heraus wenden wir uns vielleicht ab. Wir suchen nach jemandem, mit dem es leichter wird, unsere Sehnsüchte zu stillen. Aber auch dieser bringt natürlich seine Geschichte mit, die meist genauso voll von Verletzungen ist. Auch in dieser Bindung werden wir auf Dauer nicht ohne Beziehungsarbeit glücklich. Deshalb bin ich der Meinung, wir könnten genauso gut mit demjenigen an die Arbeit gehen, mit dem wir bereits beschlossen hatten, zusammenzusein.

Wie gelingt es, die Herkunftsgeschichten ans Tageslicht zu holen? Wir können uns und dem anderen Fragen stellen, die die Erinnerungen aus der Kindheit betreffen. Die Betroffenen sollten ermuntert werden, so schonungslos zu erzählen, wie sie es erlebt haben, unabhängig von der historischen Wirklichkeit. Die empfundene Wahrheit mag sich von den Wahrnehmungen eines anderen Beteiligten, den Eltern oder Geschwistern beispielsweise unterscheiden. Aber nur die eigene Wahrnehmung zählt: Wie war das Verhältnis zu den Eltern, den Geschwistern? Wie viel Liebe haben wir jeweils zu Hause erfahren? Wurden wir verstanden? Wie wurde mit unseren eigenen Wünschen und Bedürfnissen umgegangen? Wie wurde die Nähe zueinander gelebt? Wie war es zwischen den Eltern? War es Liebe? War es Kampf? War jeder nur auf seinem Stern? Welche Botschaften wurden uns vermittelt? Waren wir glückliche Kinder? Und was ist passiert, daß der Partner an einer bestimmten Stelle so verletzlich ist? Schließlich, was bedeutet das jetzt für unsere erwachsenen Wünsche, für unsere Beziehung? Was machen wir daraus? Wie kommen unsere Seelen zusammen?

Beide sollten darüber miteinander reden, wie das Verhalten auf den anderen wirkt und sich davon verabschieden zu glauben, der andere wird schon wissen, wie es gemeint ist. Und sie müssen sich ihre Geschichte in aller Offenheit erzählen können. Nicht jeder hat leider die Zusammenhänge parat. Manchmal legt sich bei tiefen Verletzungen in der Kindheit ein Schleier des Vergessens über die Erinnerung, den nur ein Therapeut lüften kann. Dann tut sich der Gefragte schwer. Manchmal aber kommen bruchstückhafte Erinnerungen, wenn auch der Partner seine Schwierigkeiten artikuliert. Je vertrauensvoller die Verbindung ist, um so leichter läßt sich auch Unangenehmes aus der Versenkung holen. Und je interessierter wir den Ausführungen folgen, um so mehr wird der andere ermuntert, sich zu erinnern.

Beglückende Kindheitserfahrungen können allerdings auch dazu führen, daß man da in die Liebesfalle tappt, wo die Erinnerungen an schöne Zeiten der Vergangenheit gestreift werden: So wird eine erotisch erlebte Mutter einen Mann später veranlassen können, sich so lange in schöne Frauen zu verlieben, bis er sie ins Bett bekommen hat. Da aber bei einer tieferen Verbindung die Frau die Mutter nicht ersetzen kann, die eigene Bestätigung durch die Eroberung bereits erfolgt ist und auch die Angst vor zu viel Verpflichtung mit jedem Tag wächst, wendet sich der so Geblendete nach wenigen Schäferstündchen lieber wieder einem neuen, unverbindlicheren Abenteuer zu. Man nennt es das Casanovasyndrom. Bleibt nun dieser Casanova bei seiner Sucht nach Eroberung, wird er vielleicht eines Tages müde und enttäuscht seine Suche einstellen und überzeugt sein, die Passende nicht gefunden zu haben. Er hat aber nie die schwierige Beziehung zu seiner Mutter durchschaut und aufgearbeitet und konnte daher nie die eigenen Möglichkeiten ausschöpfen.

Was wird aus unseren Wünschen?

Es nützt also nichts, in der Hoffnung auf die eigene Glückserfüllung nach neuen Partnern Ausschau zu halten. Allein die Selbsterkenntnis und die Einsicht, daß der andere nicht für all unsere Defizite und Schwierigkeiten zuständig sein kann, helfen uns weiter. Wir müssen den anderen aus unseren Erwartungen entlassen und ihm nach erlebter Enttäuschung verzeihen, daß er uns nicht das Paradies bescheren wird. Statt dessen ist es wichtig, sich auf die Suche nach eigenen Feldern zu begeben. Nach Menschen, die nährend für uns sein können. Denn Nähe, Achtung, Aufmerksamkeit oder Bewunderung können wir ebenso von anderen Menschen in unserem Umfeld bekommen, sie müssen nicht ausschließlich dem Lebenspartner vorbehalten bleiben. Ich denke dabei nicht an eine »Ehe zu dritt«, sondern an Außenkontakte, in denen ein Teil von dem verwirklicht werden kann, was uns Freude macht, uns erfüllt. Das kann die Beziehung entlasten oder sogar den Partner neugierig machen, und es kann für denjenigen, der zuvor nur für die Beziehung da war, ein Gefühl der größeren Unabhängigkeit und Leichtigkeit vermitteln und so die panische Angst vor dem Verlust des Geliebten mindern. Diese Unabhängigkeit erspart uns die Enttäuschung, daß der Partner uns nicht alles geben kann, wonach wir Sehnsucht haben.

Viele Frauen geben freundschaftliche Bindungen der Partnerschaft zuliebe auf. Oft diktiert die Vorstellung, alles nur noch zusammen machen zu wollen, dieses Handeln. Manchmal stoppen sie berufliche Möglichkeiten, nur um mehr in der Nähe des anderen zu sein. Oder sie geben ihren Arbeitsplatz auf, wenn Nachwuchs da ist. In solchen Fällen konzentriert sich vieles von dem, was früher in den unterschiedlichsten Begegnungen erlebt wurde, auf den Partner. Das ist oft für den Mann zuviel, für die Frau zu wenig oder umgekehrt. Die klassische Situation ist die, daß in einer solchen Bindung der Mann häufig der Existenzsicherung nachgeht, die Frau aber zu Hause ihm »den Rücken frei hält«. Sie ist dann mit ihrem

Gesprächsbedarf ausschließlich auf den Partner angewiesen. Der aber hatte tagsüber unentwegt mit den verschiedensten Leuten Kontakt und ist deshalb zu Haus nur noch müde. Deshalb sollten beide ihre eigenen Kontakte pflegen. (Dazu weitere Ausführungen in Kapitel 11.)

Neue Fähigkeiten mit dem Partner entwickeln

Stärken des anderen helfen uns, eigene Schwächen auszugleichen. Das ist oft die Faszination am anderen. Wir können davon profitieren und sie, so sie in der Beziehung gepflegt werden, genießen. Umgekehrt werden wir genauso unsere Stärken einbringen. Es bleibt aber trotzdem eine lebenslange Aufgabe, nicht alles dem Partner zu überlassen, was jener besser bewältigt, sondern die eigenen Schwachstellen zu stärken. Es ist gut, immer wieder mal die verteilten Rollen in der Partnerschaft neu zu ordnen, um uns auch in Dingen zu üben, die normalerweise der Partner erledigt. Sei es nun die Steuererklärung oder der Gang zur Waschmaschine.

Im Laufe der Jahre, gerade wenn die Kräfte nachlassen, wachsen die Anforderungen an die Partnerschaft. Treten dann Schwierigkeiten auf, weil ein Partner an der einen oder anderen Stelle nicht mehr seinen Part erfüllen kann oder will, können Probleme entstehen, die das ohnehin mühseliger gewordene Leben überschatten. Diese Schwierigkeiten werden aber nicht dadurch behoben, daß nach einer neuen Bindung gesucht wird, sondern dadurch, dass die eigenen Möglichkeiten im Laufe einer langen Partnerschaft von beiden gepflegt und ausgebaut wurden. Erst dadurch werden wir frei, uns für denjenigen zu entscheiden, mit dem das Zusammensein reich ist.

■ Ute wurde in ihrer Herkunftsgeschichte von ihren Eltern für ihre zahlreichen kleineren Geschwister »gebraucht«, war besonders die Stütze der Mutter. Sie erhielt dadurch Anerkennung und Aufmerksamkeit. Als erwachsene Frau scharte sie viele Freunde und Familienmitglieder um sich. Ihre Bereitschaft einzuspringen, wo Hilfe angebracht war, wurde von allen sehr geschätzt. Nie konnte sie sich in der Rolle sehen, in der sie selbst einmal Hilfe brauchen könnte. Nach einigen Jahren wurde sie schwer krank. Sie litt an einer chronischen Krankheit, die mit Muskelschwund einherging. Sie quälte sich lange, ihren wirklichen Zustand kund zu tun. Sie wollte niemandem zur Last fallen. Es fiel ihr ungeheuer schwer Hilfe anzunehmen. War sie doch immer diejenige gewesen, die stark war, helfend für andere. So versuchte sie, so lange wie möglich alles selbst zu machen. Sie kämpfte mit ihren nachlassenden Kräften bis zur Erschöpfung. Und sie zog sich zurück, um niemanden, auch ihren Ehemann nicht, mit ihren Problemen zu belasten. Als es schließlich auch für Horst offensichtlich wurde, daß Ute ohne fremde Hilfe nicht mehr leben konnte, geriet er in Panik. Er konnte sich nicht vorstellen, mit einer kranken und pflegebedürftigen Frau zusammenzuleben. Er hatte Angst, die Hinfälligkeit sehen zu müssen und dann noch »lächelnd an ihrer Seite stehen zu müssen«.

Was war in Horst vorgegangen? Er war es gewohnt, von seiner Frau, wie ehedem von seiner Mutter, versorgt zu werden. Er beteiligte sich nie an häuslichen Arbeiten, und er hatte sich nie dafür interessiert, was seine Frau machte oder wie es ihr ging. Alles lief ja automatisch und ohne Reibung. Und je weniger er sich um seine Frau bemühte, um so mehr war Ute darauf aus, es ihm Recht zu machen. Es fiel ihm schwer, nun helfend an der Seite seiner Frau sein zu müssen. Vor allen Dingen glaubte er, einen unüberwindlichen Ekel vor Schmutzarbeiten zu haben. So verschloß er sich den Signalen nach Hilfe, die unübersehbar wurden. Es war wohl kein Zufall, daß er gerade zu dieser Zeit eine Beziehung mit einer jüngeren Frau anfing. Voller Entsetzen erfuhr Ute von der Geliebten und fühlte sich nun doppelt betrogen. Sie verlor durch ihr stilles Leiden nicht nur ihren Mann, sondern auch den Kontakt nach außen. Und sie hatte die Möglichkeit vertan, ihre eigene Geschichte zu begreifen und damit die Fürsorge anderer zuzulassen.

Wäre das eigene Verhalten aufgrund ihrer Herkunftsgeschichte Ute rechtzeitig bewußt geworden, hätte sie viel Neues und Fruchtbares ausprobieren können. Sie hätte auf ihre Schwierigkeiten aufmerksam machen und Unterstützung für sich einfordern können. Sie hätte dadurch die Erfahrung gemacht, daß es mehr Hilfswillige gibt, als sie glaubte. Gleichzeitig hätte sie erleben dürfen, wie schön es ist, selbst einmal versorgt zu werden, anstatt immer stark sein zu müssen. Und sie hätte erfahren, daß es Menschen um sie herum gab, denen es gut tat, wenn sie auch einmal für Ute da sein durften. Statt dessen erlebte sie pure Enttäuschung, gerade auch in der bis dahin sehr harmonischen Partnerschaft. Die Bitterkeit, daß sich niemand für ihr körperliches Gebrechen wirklich zu interessieren schien, vor allem aber der Schmerz über das Verhalten ihres Mannes, war unendlich groß. Als später ihre Mitmenschen von ihrem einsamen Kampf erfuhren, hatten viele Schuldgefühle, weil sie nicht früher auf das Leid dieser Frau aufmerksam wurden. So gab es nur Verlierer.

Ute war niemals aus ihrer Mutterrolle ausgestiegen, hatte die Beziehung nie als Partnerschaft begriffen. Sie litt still und aufopfernd wie eine »gute Mutter«, anstatt die Partnerschaft einzufordern. Horst floh aus seiner Verantwortung wie ein kleiner Junge. Insofern haben sich beide ergänzt: Ute in ihrer mütterlichen Rolle, Horst als der große Junge, der sich umsorgen läßt und schließlich davonläuft. Horst konnte sich abwenden, eine Jüngere suchen, bei der das Thema nicht brenzlig nahe kam. Aber er hatte nicht verstanden, woher seine Schwierigkeit rührte, und er hatte nicht versucht, damit umzugehen. Solange beide in der Mutter-Sohn-Bindung blieben, bekam jeder, was er wollte. Aber nicht das, was beide für eine reife Partnerschaft brauchten. Erst als die Rollen sich umkehrten, weil nun Ute versorgt werden mußte, kam das Beziehungsgebäude ins Wanken.

Gut, daß beide, bevor es zum totalen Bruch kam, meinen Rat suchten. Erst da verstanden sie ihr Verhalten als Folge ihrer Lebensmuster. Sie versuchten nun, dem anderen das zuzugestehen, was sie bis jetzt nicht gelebt hatten: Horst übernahm Verantwortung im Haus und in der Pflege, Ute mußte lernen, ihn ohne Kritik gewähren zu lassen und ihre Schwäche auszuhalten. Sie mußte Hilfe annehmen, um mit der Krankheit fertig zu werden, ohne andere mit Schuldgefühlen zurückzulassen. Horst versuchte behutsam, sich seiner Frau helfend zuzuwenden. Er begann mit Dingen, die für ihn nicht allzu schwer waren, wie kochen und einkaufen. Und er fing an, sich in dieser häuslichen Rolle wohl zu fühlen.

Fast zwanzig Jahre dauerte es in dieser Ehe, bis beide einen Teil ihrer Geschichte begreifen lernten. Es bedurfte für beide großer Überwindung, Neues auszuprobieren. Ihr großes Glück in dieser schwierigen Phase war ihr Humor, der ihnen über manch mißglückte Situation hinweghalf. War das Essen mißraten oder ertappte Horst seine Frau bei dem Versuch, sich alleine fortzubewegen, obgleich ihr das sehr schwer fiel und manchmal eben nicht ging, konnten beide in herzliches Lachen ausbrechen. Damit umschifften sie Anfangsschwierigkeiten und konnten zunehmend Freude aneinander gewinnen. Vor allen Dingen konnten beide durch Utes Krankheit an den neuen Aufgaben wachsen. Durch intensive Gespräche wurde es möglich, alte Ängste zu überwinden und neue Lebensmuster auszuprobieren. Wäre es in dieser Situation zum Bruch gekommen, wäre die schöne gemeinsame Vergangenheit, die sie hatten, von Wut und Schuldgefühlen überlagert worden. Die neue Verbindung wäre für Horst vermutlich noch mehr von Ängsten belastet, Helfender sein zu müssen. Auch Utes Lebensperspektiven wären sehr traurig. Die gemeinsame Zukunft aber konnte an Reife und Spannung gewinnen. ■

In dieser Paargeschichte haben beide wichtige Anteile ihres eigenen Ichs nie gelebt. Die Muster der Vergangenheit gaben ein Rollenverständnis vor, das, solange es im Gleichgewicht war, befriedigte. Aber beide konnten an ihren eigenen Schätzen und ihrem Selbst nicht wachsen. Erst als die Schieflage entstand, die beide aus ihrem alten Verhaltensmuster riß, konnten sie Freude an den neuen Herausforderungen entwickeln. Wäre es zur vorzeitigen Trennung dieser Langzeitbindung gekommen, hätten sie großen Kummer erlebt und nichts verstanden. Die nächste Bindung von Horst hätte ihn vielleicht in einer ähnlichen Rolle des verwöhnten Jungen gelassen, der alltägliche Situationen als unüberwindliche Hürden erlebt. Die Angst vor der Zukunft bliebe bestehen. Und Ute hätte ein Siechtum mit all der Bitterkeit erleben müssen, die sie empfunden hätte, weil sie sich von Gott und der Welt verlassen gefühlt hätte.

Wenn Lebensbezüge wegbrechen

Manche Langzeitbindung scheitert, ohne daß es jemand verstehen mag. Plötzlich bricht einer nach vielen Jahren des Zusammenseins aus der gewohnten Zweisamkeit aus. Ein neuer Partner, eine andere Partnerin tritt auf den Plan. Es sieht so aus, als wenn das neue Wesen die Rettung aus einer ausweglos scheinenden Bindung ist, die keine Perspektiven mehr für die Zukunft bietet.

Das passiert am häufigsten dann, wenn gewohnte Lebensbezüge wegfallen. Jetzt erst wird inne gehalten und längst fällige Fragen werden gestellt, wie »War das alles?« oder »Wo ist unsere Liebe geblieben?«, auch »Was beginnen wir mit dem Rest der Tage«? Das kann der Anfang vom Ende einer Langzeitbindung sein, aber auch ein fruchtbarer Neubeginn in der bestehenden Partnerschaft.

Im Fall von Ute und Horst konnte die Beziehung sich erst durch die entstandenen Fragen ändern. Veranlaßte die Krise doch beide, sich deutlich zu machen, was alles sich im Laufe eines langen Zusammenseins bewußt oder unbewußt eingeschlichen hatte und wie sie ihre Rollen bis dahin verstanden hatten. Daraus wurde klar, welche Versäumnisse der Vergangenheit sich jetzt rächten. Viele Jahre kann eine Lebensgemeinschaft gut funktionieren. Bricht aber bei einem von beiden ein wichtiger Lebensbezug weg, kommt das gesamte Beziehungsgebäude ins Wanken. Eine solche »Lebenskrücke« kann der Beruf sein, für den alle anderen Lebensperspektiven geopfert wurden oder die Kinder, die aus dem Haus gegangen sind, und auf die sich alle Fürsorge konzentriert hatte.

In diesem Zusammenhang ist immer wieder zu beobachten, daß der näher rückende Ruhestand eines Menschen Panik auslösen kann. Ein Lebensabschnitt, in dem viele gewohnte Lebensbezüge wegfallen und der Alltag vollkommen neu geordnet werden muß. Hatte jemand durch die berufliche Stellung viel Aufmerksamkeit und Respekt erfahren, droht manchmal am Ende dieser Lebensphase der Absturz, häufiger bei Männern als bei Frauen. Sie haben sehr oft ihr Selbstwertgefühl ausschließlich durch den Beruf definiert, sich privat wenig eingelassen. Weder die Beziehung noch Freunde oder

Hobbys wurden gepflegt. Alle Kraft galt dem beruflichen Erfolg. Dort war der Mann gewohnt, nach Bedarf bewundernde und dienende Geister um sich zu haben, konnte seine Ideen und seine Kräfte für Projekte einsetzen, die ihm Anerkennung und Achtung bescherten. Nicht selten wird dann am Ende einer solchen beruflichen Laufbahn eine Beziehung mit einem wesentlich jüngeren Wesen zur Beziehungsfalle. Natürlich in der vermeintlichen Hoffnung, noch einmal den Funken der Leidenschaft als Bestätigung für die eigene Herrlichkeit zu erleben. Weil aber niemand vor sich selbst davonlaufen kann, ist auch eine neue Liebe meist nur für begrenzte Zeit aufrechtzuerhalten. So gesehen bei vielen männlichen Politikern oder Stars, die im Glitzerlicht der Öffentlichkeit stehen. Auch in der folgenden Paargeschichte von Manfred und Sabine spielen diese Zusammenhänge eine Rolle.

Bei Frauen wiederum kann es der Partner oder die Familie sein, auf die alle Zukunftsperspektiven ausgerichtet wurden. Viele Seiten wurden durch den Partner gelebt, für ihn und durch ihn haben sie gewirkt und am Leben teilgenommen. Sie haben ihre Lieben gut versorgt, ohne je Verantwortung für ihre eigene Entwicklung zu übernehmen. Ein Leben also aus zweiter Hand, das sich ausschließlich durch die Kinder oder den Partner definierte. Nun sind die Kinder aus dem Haus und haben keine Möglichkeit, sich ständig um die zurückgelassenen Eltern zu kümmern. Es kann auch sein, daß der Partner nicht länger an der Seite der Frau ist, sei es durch Trennung oder Tod. Brutal werden die Betroffenen mit einer Wirklichkeit konfrontiert, die wenig Visionen für ein befriedigendes Älterwerden enthält. Da hilft kein Jammern oder hoffen auf Helfer, so lange nicht durch die Auseinandersetzung mit den eigenen Bedürfnissen und Fähigkeiten künftige Lebensperspektiven entwickelt werden. Frische Pfade müssen begangen werden – und das in einem Lebensalter, in dem viele Dinge nicht mehr so leicht von der Hand gehen.

Deshalb ist es so wichtig, sich schon rechtzeitig mit dem Älterwerden auseinanderzusetzen. Und auf die Suche zu gehen nach den eigenen Fähigkeiten, die vielleicht über lange Zeit vernachlässigt wurden. Nur so werden Resignation oder Einsamkeit die Zukunft nicht belasten. Nicht die neue Bindung, sondern unsere alten Geschichten geben uns den Schlüssel für unser Lebensglück in die Hand. In einer Langzeitpartnerschaft ist diese rechtzeitige Auseinandersetzung mit unserer Herkunftsgeschichte auch deshalb geboten, weil die Eigenheiten der Beteiligten sich im Laufe der Jahre verstärken. Wenn jetzt nicht gemeinsame Lebensbezüge für die Zukunft sichtbar werden, wird der Unfriede in dieser Zweisamkeit auf erschreckende Weise einkehren können. Und der Umgang mit Verhaltensmustern auf eingefahrenen Gleisen kann schwierig werden. Sind wir dagegen vertraut damit, wie die Empfindlichkeiten oder Unsicherheiten des anderen entstanden sind, können wir uns gegenseitig stützen, vor allem aber Respekt bewahren vor den Ängsten des Partners. Wir haben dann erkennen können, daß das Verhalten des anderen nicht gegen uns, sondern nur mit uns und unseren Eigenheiten zu einem neuen Lebensmuster werden kann. Und im besten Falle konnten wir uns gegenseitig Mut machen.

Auch Ute und Horst wären von der Krankheit nicht so aus der Bahn geworfen worden, wenn beide zuvor ihre kindlichen Sehnsüchte und deren Hintergründe erkannt hätten. Sicher wäre Horst aufmerksam geworden auf Utes Hilfsbedürftigkeit und hätte sich früher um Unterstützung bemüht. Ute hätte sich rechtzeitig Hilfe holen können und dadurch viel früher die Zuwendung und Nähe erfahren, die ihr so gut tat.

Neuorientierung für das Alter

In der Zeit nach der Familienphase folgt ein neuer Umbruch. Ein Lebensabschnitt, in dem die Neuorientierung für das Alter ansteht. Eine Zeit, die als Zeit der Ernte gemeinsamer Anstrengungen beglückender sein kann als alles zuvor. Im Grunde also eine wundervolle Zeit, die wir vor uns haben oder die wir durchleben: weil die beruflichen Anstrengungen uns nicht mehr so quälen, weil die Kinder aus dem Haus sind, ihre eigenen Wege gehen, weil wir uns keinen gesellschaftlichen Zwängen unterordnen müssen, die uns Kraft kosten. Auch weil unser Lebensprozeß langsamer geworden ist, wir deshalb mehr innere Ruhe gewinnen. Im günstigen Fall haben wir einen Partner an unserer Seite, mit dem wir das Abenteuer Partnerschaft leben durften und dürfen, und mit dem wir uns seit langem gut sind. Wir sind auch noch jung genug, vieles auszuprobieren. Für diese Zeit der Entpflichtungen müssen allerdings gemeinsam Ziele gesteckt werden: die Enkel, der Sport, Reisen oder anderen gemeinsamen Interessen nachgehen. Wichtig bleibt, sich rechtzeitig mit dem Partner darüber auszutauschen, um sich auf den dritten Lebensabschnitt zu freuen. Nur dann werden wir uns auf den anderen auch in schwierigen Lebenslagen einlassen können. Fehlen solche gemeinsamen Ziele, erscheint die Trübsal des Alters ohne Perspektiven. Ausbruchsversuche, in der Hoffnung, den Wünschen und Ängsten zu entgehen, führen dann leicht in eine Sackgasse.

■ Es war ein lauer Sommerabend, als Manfred, ein erfolgreicher Manager, 63 Jahre alt, seiner Frau Sabine, 60, einst Lehrerin von Beruf, aber seit jungen Jahren Hausfrau und Familienmutter, ohne Vorwarnung brutal eröffnete, daß ihre 40-jährige

Ehe nun beendet sei. Er beabsichtige, mit seiner 25 Jahre jüngeren Sekretärin zu leben. Es gab zuvor keinen Zwist oder Streit, keine Auseinandersetzung, nur der Hinweis, er liebe Sabine nun nicht mehr. Jeder Versuch von Sabine, nach Überwindung des ersten Schocks in einem ehrlichen Gespräch mit Manfred Bilanz zu ziehen und die vielen gemeinsamen Jahre nicht wie ein Stück Papier wegzuwerfen, scheiterte. Anfangs versuchte Sabine noch, zu beweisen, daß sie die »bessere« Frau ist. Indem sie weiter fürsorglich und liebevoll war, indem sie versuchte, den Alltag normal weiter zu leben, hoffte sie, Manfred zur Besinnung zu bringen. Das Gegenteil war der Fall: Je mütterlicher Sabine ihn umwarb, um so leichter sorgte sie für seinen geräuschlosen Abschied.

Sie verstand die Welt nicht mehr. Ob er sie verstand, muß offen bleiben.

Erst, als ihr bewußt wurde, daß sie ihre Selbstachtung zu verlieren drohte, entschied sie sich, die Hoffnung aufzugeben, sie könne ihn zur Rückkehr bewegen. Sie ging nun ihre eigenen Wege, anfangs tastend, dann mit immer mehr Mut und auch Erfolg. Schließlich begriff sie, wie viel sie in den vergangenen Jahren für die Beziehung von sich selbst aufgegeben hatte. Und sie verstand, daß sie ihren Teil dazu beigetragen hatte, daß Manfred sie mehr als seine Mutter erlebte und wohl auch brauchte denn als Partnerin. Nach dem Weggang der Kinder war Sabine weiter in der erprobten Rolle der fürsorglichen Hausfrau geblieben. So umsorgte sie Manfred mehr und aufopfernder denn je. Und vor lauter Verständnis und Bewunderung für ihn vermied auch sie jede Auseinandersetzung und damit eine Entwicklung, die einen partnerschaftlichen Umgang miteinander erst möglich gemacht hätte. Jeder Ansatz zu einer Aussprache wurde im Keim erstickt. Auch im Bett gab es schon lange kein befreiendes Miteinander mehr. Weil die Rolle der Bemutterung in der Beziehung als Hauptmuster überwog, konnte die Sexualität nicht lustvoll miteinander erlebt werden. Die gemeinsame Freude am Spiel verlangt eben nach gleichwertigen Partnern, existiert doch unbewußt zudem ein Inzesttabu zwischen Mutter und Sohn.

Nach dem Auszug von Manfred veränderte sich Sabine nach einer schwierigen Zeit der Trauer und der Verzweiflung sehr. Sie wagte einen Neuanfang, indem sie einen Computerkurs absolvierte. Mit wachsender Freude erprobte sie ihre Fähigkeiten und war fröhlich und unternehmungslustig. Das wiederum wirkte sich unmittelbar auf ihr Äußeres aus. Sie sah blendend aus, und sie hatte einen neuen Freund gefunden. Sie begann, viele Dinge auszuprobieren, die sie in ihrer Ehe nie gewagt hätte. Und sie entdeckte Seiten an sich, von denen sie keine Vorstellung hatte. Ihr ging es gut.

Manfred war wohl ein Leben lang in seiner beruflichen Chefrolle gefangen, in der ihn, wie auch zu Hause, viele bewundernd bedienten. Aber es war niemand da, der ihn als Partner zur Auseinandersetzung mit sich, seinem Leben und seiner Rolle zwang. Warum sollte er auch etwas verändern, wenn er doch offensichtlich all das bekam, was er brauchte: Zuwendung, Bewunderung und Unterordnung? Zum Ende seiner beruflichen Laufbahn allerdings reagierte er mit Panik, als ihm klar wurde, daß er in seinem Leben künftig ohne vieles auskommen mußte, was ihn wie eine Droge bisher befriedigen konnte. Indem er in die Arme einer wesentlich jüngeren Frau floh, konnte er sicherlich für kurze Zeit einen neuen Kick erleben. Es war aber nicht möglich, vor der eigenen Unfähigkeit davonzulaufen, sich mit der Tatsache des Alterns auseinanderzusetzen. Die Wirklichkeit holte ihn unweigerlich wieder ein. Er »verhedderte« sich in der Beziehung mit der wesentlich jüngeren Frau, die wohl nicht bereit war, auf Dauer die Mutterrolle für ihn zu übernehmen. So kam es, daß er allein blieb und sein eintretender Ruhestand ihm wenig Freude bescherte. Er wußte mit sich und seinem gekränkten Ego nichts anzufangen. Da half ihm auch der Alkohol nicht weiter. Sabine aber dachte nicht an Rückkehr. Die Ehe war endgültig ein Scherbenhaufen.

Beide haben ihren Teil dazu beigetragen, diese Ehe zum Scheitern zu bringen: Sie haben sich nicht schon früher damit auseinandergesetzt, was diese Beziehung für sie einmal in Zeiten der Entpflichtung bedeuten kann. Was wußten sie wirklich vom anderen? Wo waren die Gemeinsamkeiten geblieben? Nie haben sie darüber gesprochen, wie ihr gemeinsames Leben unter den veränderten Bedingungen einmal aussehen wird. Es blieb völlig ungeklärt, was sie dazu beitragen wollten, um die Beziehung zu beleben, wenn die äußeren Bedingungen andere geworden sind. Sie sprachen auch nicht darüber, was ihnen fehlte, um wieder Lust und Freude am Miteinander zu haben. Und sie haben viele Seiten in ihrem Leben vernachlässigt, ihre persönlichen Schätze nicht geborgen.

Sie entwickelten keine Perspektiven, diesen dritten Lebensabschnitt gemeinsam zu gestalten. Und zwar nicht nur in der Rolle der Großeltern, die ihnen in dieser Zeit zuwuchs, sondern gerade in der eigenen Beziehung, die noch viel Lebensqualität ermöglichte. Ihnen blieb unklar, welchen Part jeder schließlich im Laufe der Zeit in ihrer Ehe übernommen hatte, und es wurde nie ausgesprochen, ob dieses gemeinsame Leben noch einer Partnerschaft entspricht, die Entwicklung und Entfaltung zuläßt. Ihre eigenen Ängste und Schwierigkeiten haben sie lange unterdrückt. Nie haben sie ihr Verhalten vor dem Hintergrund ihrer Herkunftsgeschichten betrachtet. Auch Ärger, der sich im Laufe eines langen Zusammenseins eingeschlichen hatte, wurde nicht ausdiskutiert. Der »Kränkungsrucksack« war übervoll. Da wurde viel hineingestopft, was einzeln betrachtet unerheblich schien. Insgesamt aber sammelte sich über viele Jahre ein ganzes Arsenal von unausgesprochenen Vorwürfen, von denen der andere keine Ahnung hatte. Jede Menge Groll entstand, weil wohl keiner den anderen wirklich mehr wahrnahm, weil inzwischen alles selbstverständlich schien. Respekt vor dem anderen und Mitgefühl waren schon lange auf der Strecke geblieben.

Ratlos standen sie nach der Trennung da, weil sie die Vorzeichen nicht erkannt hatten. Weder konnten beide verstehen, was letztlich zur Trennung geführt hatte, noch wurde auf gemeinsame Lösungen hingearbeitet. Und Manfreds Versuch eines Neubeginns geschah zwar mit einer neuen Partnerin, aber unter den alten Vorzeichen. Zurück blieben neben der Verzweiflung viele offene Fragen, deren Beantwortung leider nicht gelang. ■

Entpflichtung im beruflichen und häuslichen Bereich, nachlassende körperliche oder geistige Beweglichkeit, aber auch Arbeitslosigkeit, Krankheit oder Tod sind zu erwartende Hürden auf unserem gemeinsamen Weg. Sie zwingen uns im Vorfeld zur Auseinandersetzung um neue Wege in unserer Langzeitpartnerschaft. Was gilt noch von den einstmals sinnvollen Lebensmustern, wenn inzwischen die Kinder längst aus dem Haus sind, viele Aufgaben sich verändert haben oder wenn das Lebenstempo ein anderes geworden ist?

Auch über die Angst vor Alter, Behinderungen oder Tod muß gesprochen werden. Wer allzu laut tönt, daß er oder sie damit keine Probleme hat, macht sich verdächtig. Verständlicherweise haben viele Menschen Angst, den Blick auf eine Zeit zu lenken, in der manches anders wird. Ist doch in unserer Gesellschaft unser Lebenskonzept mehr auf die Aufbaujahre ausgerichtet, weniger auf die Zeit, in der wir ruhiger werden und die Kräfte nachlassen. Und wir leben in einer Gesellschaft, in der das Alter nicht positiv bewertet wird. Der Jugendlichkeitswahn, der überall sichtbare Jugendkult, machen es schwer, die unschätzbaren Werte und das hohe Potential, die das Alter mit sich bringt, anzunehmen. Und Alter, Behinderung oder der Tod sind Tabus, an die zu rühren vielen schwer fällt.

Eine Diskussion über diese dritte Lebensphase, in der so viele einschneidende Veränderungen vorhersehbar sind, ist unerläßlich, um nicht im Laufe der Zeit auseinander zu driften. Das haben Sabine und Manfred in ihrer Beziehung versäumt. Zusammen neue Wege für die Zukunft zu suchen und Visionen zu entwickeln, kann spannend sein. Allerdings gehört dazu die Bereitschaft, sich zu öffnen und sich auch mit den Problemen, die auf uns zukommen können, zu befassen. Dazu müssen wir Wünsche und unsere tiefsten Ängste zusammentragen, um dann gemeinsam ein Konzept zu entwickeln, auf das wir uns einlassen können. Weil es aber so schwierig ist, zuzuhören und Tabus anzusprechen, findet erschreckend oft überhaupt keine gemeinsame Lebensplanung für das Alter statt, in der vermeintlichen Hoffnung, diesem Schicksal irgendwie zu entgehen. Schade, denn nur wer rechtzeitig plant, kann sich die Bedingungen wählen, die im Ernstfall eine zufriedenstellende Hilfe sind. Es geht dabei keineswegs nur um unerfreuliche Entscheidungen, sondern auch um die Qual der Wahl, wenn wir bereits im Vorfeld Pläne schmieden können für die Zeit »danach«. Dann wächst die Vorfreude auf die Zeit der Entpflichtung, anstatt diese als Anfang vom Ende zu sehen!

Der Generationenvertrag

Bei den Großfamilien vergangener Jahrhunderte oder auch heute noch in anderen Kulturen war es selbstverständlich, den großen Wohnbereich im Alter aufzugeben und in ein kleineres Refugium unter dem gemeinsamen Dach der Familie zu ziehen. Damit waren viele Fragen für das Alter beantwortet. Die jüngeren Familienmitglieder waren zuständig für die Versorgung der Alten, die ihrerseits bis zum Lebensende noch Aufgaben im Haushalt übernehmen konnten. Diese Strukturen sind bei uns bis auf wenige Ausnahmen zerschlagen. Dafür besteht heute eine wirtschaftliche Unabhängigkeit der verschiedenen Generationen, die eigenverantwortliches Handeln zwingend macht.

In meiner Sprechstunde erlebe ich häufig Klagen von den längst erwachsenen Kindern, die ihre eigenen Pflichten im Leben haben. Zusätzlich lasten durch die Starrsinnigkeit der Eltern viele Aufgaben auf ihren Schultern: Da sind Eltern nicht bereit, sich von ihrer zu großen Wohnung rechtzeitig zu trennen, obgleich nach dem Wegzug der Kinder, oft auch nach dem Tod des Partners, der Erhalt und die Pflege nur zur Last werden. Da müssen die Kinder Schnee schippen, den Garten richten, unbenutzte Räume verwahren, den Eltern bei der Überwindung der Treppen und beim Einkaufen helfen. Sie können nicht mit ihrer Familie in Urlaub fahren, weil die Alten sonst allein wären. Und sie sind in ihrer eigenen Familie, aber auch bei den Eltern zuständig für alle Maßnahmen, die das Leben erleichtern. Nicht selten beharren starrköpfige Alte darauf, nur von den Kindern gepflegt zu werden, anstatt auch professionelle Hilfe in Anspruch zu nehmen, in der irrigen Vorstellung, Kinder müßten bis zur Aufopferung den Eltern lebenslänglich dankbar und damit verfügbar sein.

Diese Dinge stünden möglicherweise nicht zur Bewältigung an, hätten die alternden Eltern sich rechtzeitig um eine adäquate Unterkunft gekümmert, die die wachsenden Beschwerlichkeiten des Alters berücksichtigt. Natürlich haben die erwachsenen Kinder den Eltern gegenüber Verpflichtungen. Diese gelten für den Fall, daß die Eltern in eine hilfebedürftige Situation geraten. Und ausschließlich dann. Hilfebedürftig ist aber jemand nur, wenn er auf Grund unvorhersehbarer Schwierigkeiten oder Krankheiten nicht mehr selbst handeln kann. Da aber das Alter mit seinen vielen Schwierigkeiten absehbar ist, haben Eltern selbst Verantwortung für ihr Leben und ihre Zukunft zu übernehmen. Die Erwartung, daß Kinder lebenslänglich dankbar und deshalb verfügbar seien, entbehrt jeder Grundlage: Auch die Eltern haben nur für einen begrenzten Zeitraum ihr Leben den Kindern zu widmen. Spätestens mit dem Erwachsenwerden ist diese Pflicht erfüllt. Was danach noch zusammen angepackt werden kann, geschieht freiwillig, solange es Freude macht.

So muß – bei aller Dankbarkeit und Liebe zu unseren Eltern – den viel zu sehr belasteten Frauen der »Sandwichgeneration«, die ihrerseits viele Jahre der Familie geopfert haben, endlich die Last der Fürsorge auch noch für die Eltern von den Schultern genommen werden. Und natürlich müssen künftig Männer ebenso Pflichten übernehmen. Die Zeiten, wo Frauen allein für die Familienarbeit zuständig waren, haben sich wohl überholt. Das bedeutet nicht, daß auf den Staat noch mehr Aufgaben abgewälzt werden sollen, sondern daß jeder für sein eigenes Alter rechtzeitig Vorsorge treffen muß, um solange wie möglich unabhängig bleiben zu können.

Schuldgefühle sind Relikte aus Kindertagen

Wenn ich von Last spreche, die den Frauen genommen werden muß, denke ich zunächst an all die Schuldgefühle, die Angehörige gegenüber ihren betagten Eltern haben, anstatt ihr eigenes Leben zu genießen. Schuldgefühle, die Relikte aus Kindertagen sind, in denen die Eltern die wichtigste Autorität waren. Damals gab es Botschaften von den Erwachsenen, die uns zu sagen hatten, was richtig ist und was nicht. Und es gab Strafen für die, die nicht den Vorgaben gehorchten.

Jetzt kann uns niemand mehr sagen, was wir zu tun und zu lassen haben. Als Erwachsene sind wir nur uns selbst Rechenschaft schuldig, niemandem sonst. Schuldgefühle haben also in unserem erwachsenen Dasein keine Berechtigung mehr. Sie können uns unsinnigerweise quälen, nur weil andere, früher unsere Eltern, heute die sogenannte »öffentliche Meinung« der Gesellschaft über uns entschieden haben. Als Erwachsene können wir uns ihrer entledigen.

Die dritte Lebensphase, die uns so viel Freiheit schenkt wie nie zuvor, kann die erfüllteste Zeit sein, die wir zusammen erleben dürfen: Wir können uns freuen auf mehr Zeit füreinander und auf die Ruhe, die bei jenen einkehren kann, die von dem Bild des ewig jugendlichen Menschen lassen können. Wir können neugierig auf Erfahrungen sein, die wir durch das Zusammensein über Jahre gewonnen haben. Wir erleben uns zusammen älter werden, können neben den Fältchen unsere Hobbys und Enkel genießen.

Und wir können Gelassenheit entdecken und unseren Alltag neu gestalten.

Wir profitieren von der Vertrautheit und dem Vertrauen, das nur in gemeinsamen Jahren wachsen kann. Und die Zärtlichkeit und Wärme erreicht eine neue Qualität, wenn wir körperlich langsamer werden. Schließlich erfahren wir eine kaum beschreibbare intensive Sinnlichkeit, wenn die Hektik des Alltags uns endlich losläßt. So können wir den Lebensstrom in seiner ganzen Tiefe genießen.

Diese Perspektiven ermöglichen das Öffnen von Fenstern in die Zukunft, in der die Sonne scheinen wird, und darauf können wir uns freuen.

4. Streiten heißt sich nahe sein, Vertrauen haben

Wir glauben, Streit zerstört die Liebe. Wer aber nicht streitet oder nicht streiten kann, versäumt eine Nähe zum Du, die nur durch eine ehrliche Auseinandersetzung möglich ist. Dazu sind Regeln notwendig, um sich dem anderen konstruktiv zuwenden zu können. Achtsamkeit und Respekt sind dabei die Grundlage.

Streit in einer guten Beziehung ist für manche wie das Ende einer Zweisamkeit. Deshalb wird alltäglicher Kleinkram oft zur Seite geschoben und verdrängt. Das Risiko einer ehrlichen Auseinandersetzung scheint im Verhältnis zum kleinen Ärger zu hoch. Also, lieber auf dem Groll hocken bleiben, als die Zerstörung zu riskieren. Der »Kränkungsrucksack« wächst unmerklich aber stetig. Dadurch aber bleiben wichtige Fragen offen und die Beziehung ungeklärt. Hinter der vordergründigen Harmonie stecken dann Aggressionen, die über lange Zeit angestaut werden. Irgendwann, wenn der Druck zu groß wird, kommt es zu einem Ausbruch. Die Folge kann Zerstörung sein, weil der Streit nun in unkontrollierten Bahnen abläuft.

Es geht nicht ohne Verletzungen

Deshalb ist eine zeitnahe Auseinandersetzung nach einer Kränkung unerläßlich. Nur durch einen ehrlichen Umgang können die Botschaften an das Gegenüber klar werden, sonst droht der Alltag, der immer auch Ärger beinhaltet, die Liebe zu überschatten. Was viele gar nicht wissen mögen: Durch Streit wird eine Nähe hergestellt, die mit zurückgehaltenem Ärger nicht zu erleben ist. Im Streit klärt sich die gewittrige Atmosphäre, durch Streit wird immer wieder die Spannung hergestellt, die lebendige Langzeitbindungen in Bewegung hält.

Dies geht aber nicht immer ohne Verletzungen. Das Klischee, daß es in guten Partnerschaften keine Verletzungen gibt, gehört zu jenen Trugbildern, die uns die Wirklichkeit erschweren. Die Verletzungen aber dürfen, so wir streiten wollen, nicht zerstören. Deshalb sind die verwundbaren Stellen des anderen zu beachten, und wir sollten respektvoll mit den Wunden der Vergangenheit in einer Partnerschaft umgehen. Spätestens die Reaktion des anderen zeigt uns seine empfindlichen Stellen. Es ist gut, darüber in Ruhe zu sprechen und sie dann zu respektieren, statt sie zu mißbrauchen. Nur so wird Vertrauen aufgebaut, nur so können strittige Punkte geklärt werden.

Wollen wir vertrauensvoll und konstruktiv streiten, müssen wir den anderen in seiner Art, wie und warum er so geworden ist, annehmen, nicht bekämpfen. Und wir müssen Regeln einhalten, um fair zu streiten. Erst dann können unterschiedliche Standpunkte ausgetragen werden, ohne daß es zur Katastrophe kommt.

Wir haben nicht gelernt zu streiten

Eine Zweisamkeit, in der unentwegt gestritten wird, ist natürlich nicht die reife Partnerschaft, die ich meine. Nicht Streit um jeden Preis und zu jeder Zeit, aber immer wieder notwendige Klärungsprozesse sind unabdingbare Voraussetzungen in einer ehrlichen Zweisamkeit. Streiten ist also wie das Salz in der Suppe gerade bei denen, die offen aufeinander zugehen wollen. Und die Botschaft an den Liebsten könnte gleichzeitig mit der Ankündigung des Streites lauten: »Ich sage dir das, weil ich dir vertraue! Denn mit einem Außenstehenden setze ich mich nicht in dieser Art auseinander.«

Leider konnten wir kaum von Vorbildern lernen, daß konstruktiv Streiten erlernbar und wichtig sein kann. Im Gegenteil, viele von uns haben von ihren Eltern damals eher erfahren, daß Streit die Liebe tötet. Wie können wir konstruktiv streiten, wenn wir nur selten positive Modelle in unserer Vergangenheit erleben durften? Wer hat uns gezeigt, daß Streit auch so verlaufen kann, daß am Ende eine gemeinsame Lösung statt eines Scherbenhaufens stehen kann? Wer wußte schon, daß Streiten Nähe herstellt und Trennung überwinden kann?

Dazu kommt die Angst vor Kritik oder Unterlegenheit, die schwer zu ertragen ist. Denn oft gibt es ein deutliches Ungleichgewicht, was die Streitkultur anbelangt. Meist sind die Frauen die wortgewaltigeren und emotionaleren, die Männer diejenigen, die geübter darin sind, sich mit dem Rivalen körperlich auseinanderzusetzen. Den Frauen gegenüber sind sie aber gelähmt und hilflos.

Für manche drohen durch den Streit solch tiefe Verletzungen, daß es für die Beziehung zur Zerreißprobe wird. Dann entzieht sich der Kontrahent sofort der Auseinandersetzung, »taucht ab«. Vielleicht ist es nur die Angst vor der Situation, sicher aber gab es dann Zeiten in der Herkunftsgeschichte, in denen Kritik und Widerspruch nicht erwünscht waren, weil jemand unangemessen darauf reagierte. Die Mutter zum Beispiel, die sich nach einem Widerspruch des Kindes beleidigt oder krank zurückzog.

Besonders schlimm ist Streit für jene Unglücklichen, die in ihrer Vergangenheit Gewalt als Mittel der Auseinandersetzung kennengelernt haben. Sie haben erlebt, wie zerstörerisch ein ungleicher Streit mit unangebrachten Mitteln sein kann. Ein Streit in der späteren Partnerschaft gleicht dann jedes Mal einer Katastrophe.

■ Helga hat in ihrer Kindheit viel körperliche Gewalt erlebt. Der Vater war Alkoholiker, und jedes Mal, wenn er betrunken nach Hause kam, gab es Streit. Der Vater prügelte auf diejenigen los, die ihm in den Weg kamen. Helga stellte sich häufig schützend vor ihre kleineren Geschwister und ihre Mutter. Die Mutter sorgte mit einem kleinen Gemüseladen für den Unterhalt der Familie. Schon vor Tagesanbruch mußte sie ihre frische Ware vom Großmarkt holen. Bis spät am Abend war sie in ihrem Laden beschäftigt. Nie, so schwor Helga sich, wird sie als erwachsene Frau in ihrer Nähe Streit dulden. Nie wird sie dulden, daß jemand die Hand gegen sie erhebt. Kam es in ihrer späteren Partnerschaft zu drohenden Auseinandersetzungen, schloß sie sich sofort in ihrem Zimmer ein, sobald ihr Partner nur die Stimme erhob.

Achim, ihr Mann, beschuldigte sie, jeder Auseinandersetzung aus dem Weg zu gehen. Er sehe keine Möglichkeit, vernünftig mit ihr über Dinge zu diskutieren, die dringend entschieden werden mußten. Oft ganz harmlose Dinge wie den nächsten Urlaub. Ein Streitgespräch über unterschiedliche Vorstellungen würgte Helga sofort ab, indem sie in Tränen ausbrach und verschwand. Lieber verzichtete sie auf die Durchsetzung ihrer Wünsche und Ideen, als sich mit dem Partner darüber ehrlich auszutauschen. Das wiederum machte Achim hilflos. Er wollte so gerne auch ihre Bedürfnisse einbeziehen.

Den beiden ging es erst besser, als Helga über ihre schlimmen Erlebnisse aus ihrer Kindheit sprechen konnte. Zum ersten

Mal übrigens. Sie sprach über ihre Ängste um ihre Mutter und Geschwister und über die vergiftete Stimmung, die jeden liebevollen Umgang zerstörte. In der Beratungsarbeit lernte sie dann behutsam, kontrollierte Auseinandersetzungen mit Achim auszuhalten. Zunächst in meiner schützenden Gegenwart, später nach ausgemachten Regeln. Schritt für Schritt lernte sie mit Achims Hilfe, ihre Position zu vertreten, ohne gleich die Notbremse durch Tränen oder Abtauchen ziehen zu müssen. Und sie konnte erleben, daß der völlig andere Umgang miteinander nicht automatisch zu einem Desaster führte. ■

Dadurch, daß Helga ihre schrecklichen Erfahrungen berichten konnte, wurde es für Achim möglich, behutsam mit ihr zusammen eine neue Form der Auseinandersetzung zu üben. Eine Form, in der trotz unterschiedlicher Positionen tragfähige Kompromisse gesucht wurden, die nicht in Kampf und Zerstörung endeten. Für Helga war das eine neue, eine heilsame Erfahrung. Aber auch Achim konnte von dem veränderten Umgang profitieren. Jetzt fühlte er sich als verständnisvoller Partner nicht mehr abgelehnt, sondern erkannte das Vertrauen, das Helga ihm geschenkt hatte.

Streit als Endlosschleife

Typische Abläufe in langjährigen Bindungen sind Streitereien, die sich ständig im Kreis drehen. Da werden beispielsweise immer wieder alte Klamotten aus der Vergangenheit belebt. Jeder versucht dem anderen vorzuwerfen, daß auch er Kritikwürdiges in der Beziehung findet. All die schon hundert Mal gesagten Dinge kommen immer wieder auf den Tisch, ohne daß etwas daran zu ändern ist. Dinge, die nicht auf der Tagesordnung standen. Sie tauchen unvermittelt auf, nur weil sich die Gelegenheit gerade bietet. Und das kann zuviel auf einmal sein. Das Faß läuft über, ohne daß die Auseinandersetzung zu einem Ergebnis führt. Beide fühlen sich am Ende ausgelaugt; wichtige Positionen, um die es eigentlich ging, können so wieder einmal nicht ausgetragen werden.

Besonders schwierig wird es, wenn die beiden Streithähne zwar ihren Ärger zum Ausdruck bringen, aber die kontroversen Positionen nicht ausgetragen werden können, weil die Auseinandersetzung in diesem Fall auf unterschiedlichen Ebenen abläuft, die Streitenden erreichen sich nicht mit ihrer Botschaft. Es ist, als ob zwei Schnellzüge aneinander vorbeifahren. Sie begegnen sich, aber jeder bleibt auf seinem Gleis. Damit ist ein Umsteigen nicht möglich. Jeder fährt in seine Richtung weiter, ein echtes Treffen kam nicht zustande. Dieses verteufelte Spiel wird dann ablaufen, wenn beispielsweise der eine über seine Gefühle spricht und diese auch zeigt, während der andere auf einer rationalen Ebene antwortet. Da wird keiner verstanden, die Intentionen gehen ins Leere. Enttäuscht geben beide auf, ihre Differenzen auszutragen.

■ Eva hatte ihren Partner wiederholt gebeten, seinen Mantel beim Nachhauskommen gleich aufzuhängen. Ralf hält sich nicht daran. Weil eines Tages die Waschmaschine überlief und alles unter Wasser stand, lagen Evas Nerven blank. Als Ralf diesmal nach Hause kam und seinen Mantel wieder achtlos in die Ecke schmiß, platzte Eva vor Wut. Sie warf ihm vor, keine Rücksicht auf ihren wiederholten Wunsch zu nehmen, den Mantel gleich aufzuräumen. Im übrigen sei sie es leid, seine Putzfrau zu sein. Er solle bleiben, wo der Pfeffer wächst. Ralf reagierte ebenso wütend und warf Eva vor, daß er immer, wenn er nach Hause kommt, von ihr bevormundet werde, sie solle ihre schlechte Laune woanders auslassen. Er sei die ständige Nörgelei leid. ■

Dieser Streit findet auf zwei Ebenen statt. Zunächst bittet Eva Ralf auf der Verstandesebene um mehr Ordnung. Bei dieser mehrmals vorgetragenen Bitte erlebt Eva keine rationale Entgegnung, wie zum Beispiel die Begründung von Ralf, warum er so wenig auf Ordnung achtet. Oder das Angebot, zu versuchen, es zu ändern. Er hätte auch klar Stellung beziehen können, daß er sich nicht bevormunden lassen, sondern selbst entscheiden will, wie er sich verhält. All das kam nicht. Aber seine Verweigerung, ihrer Bitte nachzukommen, war eine Botschaft auf irrationaler Ebene: Ich kümmere mich nicht um deine Bitte.

Beide hatten sich nicht getroffen. Erst als der Streit nach dem Waschmaschinenunfall eskalierte, war Eva auf einer gefühlsmäßigen Ebene. Sie brachte in ihrer Wut irrationale Anschuldigungen vor. Jetzt konterte Ralf mit Gegenvorwürfen, anstatt mit Gefühlen zu reagieren, wie Bedauern über die Panne, vielleicht Verständnis, daß sie heute besonders gefordert sei. Das wäre ein Rettungsversuch, der zur Entspannung beigetragen hätte, bevor Ralf die Möglichkeit gehabt hätte, sich in größerer Gelassenheit mit Eva wegen ihrer dauernden Nörgelei zur Wehr zu setzen. Weil er zuvor unachtsam war, könnte er ein Angebot zur Wiedergutmachung vorschlagen: Zum Beispiel jedes Mal, wenn er vergißt, den Mantel aufzuhängen, schuldet er Eva eine Rose. Und Evas Angebot zur Wiedergutmachung könnte eine Rose für ihn sein, wenn sie wieder anfängt zu nörgeln. Es wäre spannend, zu beobachten, wieviel Rosen im Laufe der Zeit zusammenkommen! Im Moment aber waren beide meilenweit entfernt voneinander. Nichts wurde geklärt, und die Stimmung blieb mies.

Streit kann befreien

Es ist notwendig, eine konstruktive Streitkultur zu beherrschen, die befreit statt zu zerstören. Wie eine Bereinigung kann eine Auseinandersetzung wirken, wenn sie nicht unterhalb der Gürtellinie ausgetragen wird. Durch konstruktiven Streit entstehen die erforderlichen Kompromisse und das Verständnis füreinander, um die gemeinsame Bindung auf ein tragfähiges Fundament stellen zu können. »Streiten verbindet« lautet der Titel eines Buches des Amerikaners George Bach, ein Psychoklassiker, ein sehr lesenswertes Buch, in dem er genau beschreibt, was notwendig ist, um sich dem anderen zuwenden zu können, ohne daß am Ende ein Scherbenhaufen das Ergebnis belastet.

Der Streit, der belebend und klärend sein kann, erfordert eine Technik, die den anderen nicht an seinen verwundbaren Stellen trifft. Werden diese alten Wunden in Zeiten des Kampfes vom Partner bewußt getroffen, kann das zur Zerstörung der Beziehung führen. Meist ist die fällige Auseinandersetzung dann nicht mehr möglich. Statt dessen tritt der Getroffene den Rückzug an, ohne daß die Dinge geklärt werden konnten. Um das zu vermeiden, ist es wichtig, um die Verletzlichkeiten des anderen zu wissen. Bei dem Streitthema von Helga und Achim war die verwundbare Stelle von Helga die Angst vor Gewalt und Achims Abtauchen, die Nicht-Beachtung.

Konstruktives Streiten ist also unerläßlich! Ohne Streit ist eine Beziehung wie mit einem Weichwaschmittel gewaschen: Sie duftet gut, aber die Konturen sind verlorengegangen. Erst die Kenntnis der alten Wunden ermöglicht einen behutsameren Umgang im Streit miteinander.

■ Ein Mann ist in einem sehr strengen Elternhaus als Ältester von fünf Buben groß geworden. Besonders der Mutter wurde viel Energie und Selbstdisziplin, aber auch Härte gegen sich und andere nachgesagt. Von Liebe war nicht viel zu spüren. So kritisierte sie ständig ihre Kinder, besonders jenen Mann, der als Ältester sich unendlich bemühte, es der Mutter recht zu machen. Aber nichts war gut genug. Weil dieser Junge damals das schwere Los der Mutter begriff und glaubte, sie stützen zu müssen, konnte er sich schlecht gegen die ständige Kritik wehren. Im Gegenteil, er hatte Angst zu versagen. Entsprechend konnte dieser Mann kaum Selbstbewußtsein entwickeln, obgleich er durchaus viele liebenswerte Eigenschaften besaß. Beispielsweise war er seinen eigenen Kindern gegenüber besonders nachsichtig und liebevoll. Die bittere Erfahrung in der eigenen Kindheit hatte ihn eines Besseren belehrt.

In der späteren Bindung wirkte jede Kritik an ihm wie totale Ablehnung. Kam es in der Partnerschaft zu Auseinandersetzungen, war es nicht leicht für seine Frau, unterschiedliche Positionen auszutragen, ohne daß es sofort wie Kritik bei ihm ankam. Meist zog er sich bereits bei aufsteigendem Gewitter in sein Schneckenhaus zurück. Wenn es Auseinandersetzungen gab, versuchte seine Frau sehr vorsichtig, Stellung zu beziehen. Sie war diplomatisch genug, den Streit in die Richtung zu bewegen, in der eine Diskussion möglich war. Verständlicherweise gelang das nicht immer. War sie schließlich wütend, brauchte sie nur zu sagen: »Du bist wie deine Mutter!«, um ihn ausrasten zu lassen. War es ja genau das, was ihn besonders kränkte. Ihr aber war zu jenem Zeitpunkt jede Reaktion von ihm lieber als das permanente Schweigen, das sie sehr belastete. Sie traf mit diesem Vorwurf genau seine verwundbare Stelle. Er bemühte sich ja gerade mit besonderer Hingabe, seinen Kindern ein nachsichtiger Vater zu sein und nicht, wie seine Mutter, unangemessene

Härte an den Tag zu legen. Und nun wird er mit seiner Mutter verglichen, die so wenig Liebe geben konnte!

In dieser Situation war verständlicherweise keine vernünftige Aussprache zwischen den Eheleuten möglich. Auch für die Frau war es sehr verletzend, ihr Vertrauen und ihre Offenheit so abgeschmettert zu erleben. Sie war im Gegensatz zu ihm von Kindheit an gewohnt, sich offen und ehrlich mit anderen auseinanderzusetzen. Niemals zuvor hatte sie erlebt, daß ihre konstruktive Art zu so einer Blockadehaltung führte. Erst nach einem intensiven Gespräch mit den beiden, in dem die Verletzlichkeiten aufgezeigt werden konnten, begriffen sie, daß es neue Wege geben kann, miteinander umzugehen. Da war es gut, ein Zeichen verabredet zu haben, das den anderen zum Stoppen veranlaßte, wenn diese oder andere verletzliche Zonen erreicht wurden. Schlimm wurde es immer dann, wenn diese Tabuzone bewußt mißbraucht wurde, um den anderen zu provozieren. Dann ging jeweils viel guter Boden verloren. ■

Diese Partnerschaft glückte schließlich deshalb, weil jeder vom anderen viel verstanden hatte. Die beiden konnten Zeichen verabreden, wenn die verwundbaren Stellen getroffen wurden. Dadurch konnten langsam sogar alte Wunden heilen! Menschlich nachvollziehbar ist es schon, bei großer Wut auf den anderen gerade in die Kerbe zu hauen, die den Kontrahenten sicher treffen wird. Die Folge ist dann aber eher Zerstörung statt konstruktiver Kompromisse und Veränderung.

Sackgasse Nörgelei

Wer Streit zuläßt, verhindert die ständige Nörgelei, die nervt und würdelos ist.

Das Nörgeln ist eine üble Angewohnheit. Sie ist eine indirekte Form der Kommunikation, die zwischen Anklage und Resignation liegt. Öfter wird sie von den Frauen praktiziert, die sich als Opfer fühlen und einen direkten Angriff nicht riskieren wollen. Vielleicht, weil gerade sie das Bild einer heilen Welt ohne Streit im Hinterkopf haben. Oder weil sie mit ihren Klagen mehr erreichen als mit einem direkten Angriff; der Betroffene leidet unter der Stimmung, entzieht sich deshalb oft der Situation. Er kann sich aber nicht gegen die Angriffe wehren, eine direkte Auseinandersetzung findet nicht statt. Aber er quält sich mit Schuldgefühlen. Soll er wohl auch. Vielleicht schleicht er schuldbewußt davon, dann fehlt der Adressat des Ärgers völlig. Da ist es allemal besser, vor Wut einen Teller zu zerdeppern, als halblaut und gekränkt am Adressaten vorbei zu jammern. Vor sich hin brummeln nützt nichts, weil das Nörgeln keine Veränderung ermöglicht, und es entlastet auch nicht, weil die Wut ins Leere geht oder in den eigenen Bauch. Die Klagende wird nach einiger Zeit nicht mehr ernst genommen, und die Stimmung ist auf Dauer mies!

Je früher wir deshalb damit beginnen, uns Luft zu verschaffen, und zwar ehrlich, um so weniger schmerzhaft wird die Auseinandersetzung verlaufen. Kommt es häufiger mal zu einer Konfrontation, bekommen wir Übung damit im alltäglichen Umgang. Und auch das Verzeihen für Fehler oder Verletzungen, die ungewollt passiert sind, fällt leichter, weil das Geschehen keinen überhöhten Stellenwert bekommt.

Neun Regeln für eine konstruktive Streitkultur

Beim konstruktiven Streiten geht es darum, eine Form zu finden, die keinen der beiden Kontrahenten wirklich tief verletzt. Denn nichts ist schwieriger, als sich nach einem heftigen Streit wieder in die Augen zu sehen. Und nichts ist leichter, als nach einem abgemachten Streit-Ritual wieder zur Tagesordnung zurückzukehren. Deshalb sind Strategien hilfreich, die etwas von der Erdenschwere nehmen, um dableiben und zuhören zu können. Wenn dann der Blick beider nach vorne gerichtet ist, kann aus dem Streit Neues erwachsen.

Voraussetzung ist, daß es gemeinsam möglich ist, einige Regeln aufzustellen, an die sich beide zu halten haben:

1. Die Streitenden sollen sich jeweils nur auf ein *aktuelles Thema*, aus Anlaß eines aktuellen Ereignisses, einlassen, wohl wissend, daß danach Schluß ist mit unerfreulichen Botschaften. Vielleicht ergibt sich für Grundsatzdebatten ein besserer Zeitpunkt. Zum Beispiel bei einem Glas Wein und in aller Ruhe. Da läßt sich viel mehr sagen, ohne daß es gleich zum Eklat kommt.

   Die Auseinandersetzung sollte möglichst *zeitnah* stattfinden, um alle Emotionen aufzufangen, die zur Sache gehören. Wird die fällige Aussprache zu lange hinausgezögert, hat sich mittlerweile ein ganzes Arsenal an Beanstandungen und runtergewürgtem Ärger angesammelt. Aus einer klaren Positionsbestimmung wird dann ein grundsätzlicher Kampf um Macht und Rechthaberei. Da kommen dann manchmal Dinge zutage, die so gar nicht gesagt werden wollen. Es ergeben sich unweigerlich Diskussionen, die immer wieder den alten Schotter hervorbringen, der mit der augenblicklichen Wut wenig zu tun hat. Und dann kommt das, was viele von uns kennen: Die Auseinandersetzung dreht sich im Kreis und vor allen Dingen um ganz etwas anderes, als in der Ausgangssituation vorgesehen.
2. Die *Vergangenheit* muß nach heftigen Attacken auch einmal endgültig *ruhen* können! Grundsätzliche, unabänderliche

Geschehnisse aus der Vergangenheit können – endlich! – in ein Schatzkästlein verpackt werden, in dem sie wohl verwahrt weggelegt werden. Das sollte eine Abmachung beider sein. Wir müssen uns nach einer Zeit der Wut oder Enttäuschung auch wieder *verzeihen* können!

3. Die *Dauer* der Aussprache sollte vorher gemeinsam *zeitlich begrenzt* werden. Wenn Sie also merken, daß es ernst wird, klären Sie zunächst, wie viel Zeit Sie sich nehmen wollen. Ich schlage vor, nicht länger als zwanzig Minuten. Ist diese Zeit abgelaufen, muß ein Punkt gemacht werden. Wenn nötig, die Diskussion zu einem späteren, abgesprochenen Zeitpunkt fortsetzen. Denn nichts ist schlimmer als ein endloser Kampf, bei dem die Kraft schwindet und wodurch sogar der sonst so geliebte tägliche Spaziergang versäumt wird.

   Ist das Ende der Zeit erreicht, sollten beide sich ohne Groll oder Nachhinken dem üblichen Tagesgeschehen zuwenden. Der *»Restärger«* wird liebevoll eingepackt und erst bei der nächsten Sitzung wieder angeschaut. Niemals aber sollten zwei Zankhähne miteinander schlafen gehen, bevor sie nicht *Frieden* geschlossen haben!

4 Sollte es in Ihrer Partnerschaft deshalb schwierig werden, weil einer von beiden der Wortgewaltige ist, der andere diesem Schwall von Vorwürfen nichts Adäquates entgegenzusetzen hat, kann folgende Abmachung hilfreich sein: Jeder bekommt die *gleiche Redezeit*, sagen wir fünf Minuten, in denen der andere nur zuhört. Er muß sich in dieser Zeit des Zuhörens nicht rechtfertigen. Ist die Zeit zu Ende, bekommt der »Gegner« seine fünf Minuten, der erste hört zu. Das kann so oft wiederholt werden, bis die abgemachte Zeit aufgebraucht ist.

5. Egal, an welchem Punkt Sie gerade sind, Sie sollten den

letzten Satz mit einer *Liebeserklärung beenden*. Einfach etwas Nettes, wie beispielsweise: »Schön, daß Du mir zugehört hast«, oder »danke, daß wir das besprechen konnten«, oder »ich freue mich auf einen Abend mit Dir!« Ist die abgemachte Zeit um, vertagen Sie, falls notwendig, den Rest auf eine neue Einheit. Sie werden sich wundern, wie oft sich bis dahin der Ärger schon gelegt hat!

6. Unfaire Argumente, die den anderen bekanntermaßen tief verletzen, Argumente *unter der Gürtellinie* also, müssen *weggelassen* werden. Denn sonst erreichen Sie das Gegenteil: Der Partner macht »dicht«. Vielleicht können Sie sich in einer guten Stimmung einmal beide Ihre *Wunden zeigen* und darüber sprechen. Diese Wunden, die aus der Vergangenheit kommen, aus einer Zeit, in der der Aufstand gegen Ungerechtigkeiten und Kritik nicht erwünscht war. Und in der deshalb eine Auseinandersetzung nicht möglich war.

   Vielleicht sind es auch Punkte, die uns an uns selbst besonders ärgern, die unser *Selbstwertgefühl verletzen* wie: »Ich möchte nicht, daß Du ›Kleines‹ zu mir sagst. Ich habe als Kind schon immer unter meiner mangelnden Größe gelitten.«, oder: »Immer, wenn ich von Dir höre: Ihr Männer! bin ich verletzt. Meine Mutter hat meinen Vater genauso niedergemacht.« So oder auch anders könnten die Botschaften hin und her laufen.

7. Wir müssen lernen, bei eskalierendem Streit *Rettungsversuche* zu starten. Wenn der Kampf aus dem Ruder gerät oder unfair wird, aber auch, wenn er in die »Endlosschleife« kommt, kann er durch eine witzige Bemerkung oder einfach durch das *Angebot zur Friedenspfeife* beendet werden, ohne daß es Verlierer geben muß. Da mir selbst in solchen Situationen allerdings selten etwas Witziges einfällt und

das offene Angebot zur Friedenspfeife nicht ganz leicht ist, haben wir uns zur Regel gemacht, an schwierigen Punkten, wo die Spirale der endlosen Wiederholungen beginnt, oder an Stellen, an denen wieder einmal im tiefen Burgverlies der Vergangenheit gegraben wird, einfach *»Stop«* zu sagen.

Solche *Abmachungen, in Zeiten des Friedens* getroffen, können wichtige Rettungsversuche für kritische Momente sein. Momente, in denen die Gefahr besteht, daß Verletzungen geschehen, die eine fruchtbare Auseinandersetzung verhindern oder die Partnerschaft gar zerstören.

8. Im übrigen wird die Auseinandersetzung oft deshalb so unkontrollierbar, weil viel zu wenig Übung darin besteht, *Kritik* zu üben oder auszuhalten, ohne ein großes Drama daraus entstehen zu lassen. Gehören Sie auch zu denjenigen, die das nicht können, gibt es eine Übung, die gleichzeitig sehr entlastend sein kann: *Jeden Tag* zu einer abgemachten Zeit sagen Sie Ihrem Partner oder Ihrer Partnerin *drei unwichtige Dinge*, die Sie stören. Drei Dinge, die geringfügig und aktuell sein sollten, wie die nicht geschlossene Zahnpastatube, der vergessene Morgenkuß oder eine Unpünktlichkeit. Am Ende dieser drei Sätze sollte dann etwas Positives gesagt werden, wie: »Ich mag an Dir ...« Der Zuhörende reagiert darauf nicht mit einer Rechtfertigung. Er hört nur zu und beginnt dann seinerseits mit der Übung. Fällt Ihnen nichts ein, können Sie versuchen, etwas Lustiges zu sagen, da läßt sich manches Körnchen Wahrheit mit verpacken.

Wichtig für beide ist, weder den anderen mit Vorwürfen zu überschütten, noch sich zu rechtfertigen. Auch muß keine Zusage damit verbunden sein, etwas zu ändern. Diese Entscheidung bleibt jedem im stillen Kämmerlein überlassen. Also, keine Erwartungshaltung, daß ein gewünschtes Ziel beim anderen erreicht wird, sondern nur den kleinen Ärger aussprechen. Das ist eine gute Sache, um den Rucksack mit Ärgernissen, den wir doch allzu gerne mit uns herumschleppen, nicht weiter zu füllen.

9. Am Ende eines Streites ist es wichtig, dem anderen, sollten wir ihn verletzt haben, *Wiedergutmachung* anzubieten. Der Kreativität sind da keine Grenzen gesetzt. Hilfreich bleibt immer ein Angebot, das den anderen versöhnt. Bei Eva und Ralf könnten es ein Kuss oder auch die Rosen sein.

Streit macht Lust aufeinander

Ohne Streit geht es also nicht, auch wenn die Sehnsucht nach Frieden und Einssein noch so groß ist. Wenn aber der Respekt vor der Andersartigkeit des Partners und eine liebevolle Zuwendung mitspielen, kann das Streiten wichtig sein, um eine Nähe ohne »wenn und aber« herzustellen, die beglückt. In dem Fall von Ulrike und Florian konnten wir sogar erfahren, daß durch die heftigen Auseinandersetzungen die Lust im Bett von beiden besonders intensiv empfunden wurde.

Endlich konnte dem anderen etwas gesagt werden, was schon lange quälte. Endlich wurden die eigenen Positionen abgesteckt, der Groll ausgesprochen. Endlich mußten nicht mehr im Bett Botschaften gesendet werden, die zum Tagesgeschehen gehörten, nicht zum gemeinsamen sexuellen Spiel. So kann das Schäferstündchen frei von Vorbehalten sein und lustvoller erlebt werden.

Wenn Beziehungen scheitern

Leider gibt es Beziehungen, in denen nach dem Streiten nur Scherben zurückbleiben. Ein konstruktives Miteinander konnte nicht gelingen. Sei es, daß der Unmut jedes Mal in körperliche Gewalt ausartete oder daß der Alkohol jede Kommunikation zerstörte. Es gibt auch Verbindungen, in denen sich einer von beiden jeder Auseinandersetzung durch seinen Weggang entzieht. Viele Fragen bleiben offen, die dann einen unbekümmerten Umgang erschweren. Oder die ständigen Verletzungen und Angriffe unter die Gürtellinie hören nicht auf. Trotz wiederholten Versuchs, dem anderen deutlich zu machen, warum dieser Umgang nicht hingenommen werden kann, bleibt alles beim Alten.

Werden solche Klagen in meiner Sprechstunde laut, kommt immer meine Frage: »Seit wann ist das so? Konnte er oder sie noch nie anders mit Konflikten umgehen? Oder hat es erst in jüngster Zeit einen Anlaß gegeben, daß die Stimmung kippte?« Die Antwort auf diese Fragen ist wichtig, um entscheiden zu können, wie damit umzugehen ist. Findet das selbstzerstörerische Verhalten erst in jüngster Zeit vermehrt statt, ist es sinnvoll, zunächst nach den Ursachen zu suchen. Nicht selten wird Ärger, der ganz woanders entstand, zu Hause abgeladen. Es kann sich dann herausstellen, daß die berufliche Situation so belastend geworden ist, daß der häusliche Streit nur ein Ventil ist. Oder auch, daß andere Sorgen quälen, die nichts mit der Partnerschaft zu tun haben. Oft will der Partner seine Familie schonen. Leider erreicht er aber mit dem Schweigen das Gegenteil. Die Unwissenden schreiben dann die geladene Stimmung mangelnder Liebe oder Aufmerksamkeit zu, anstatt daß der Kummer geteilt werden kann. Ein klärendes Gespräch, aufmerksames Zuhören, wenn der Betroffene sich öffnen kann, ein Signal, das dem so schwer Beladenen deutlich macht: Wir halten zusammen, nimmt manchmal etwas von den Schuldgefühlen, wenn die eigene Sicherheit schon verbraucht wurde. Vielleicht können die Paare noch einmal an neuen Herausforderungen wachsen und sich durch ihre Beziehung gestärkt wissen.

War es schon immer schwierig, miteinander zu streiten, muß schon die Frage erlaubt sein, »warum kommen Sie jetzt? Was hat sich verändert«? »Haben Sie über die Ursachen gesprochen?« Wenn all das bisher nichts verändert hat, besteht auch wenig Hoffnung auf Veränderung. Dann hat der Ratsuchende die Entscheidungsmöglichkeit, das endlich so zu akzeptieren, wie es ist, oder weiter zu jammern. Letztlich auch zu gehen, um ein für ihn offensichtlich jahrelanges Leid zu beenden.

Im Grunde gibt es nur drei Möglichkeiten, sich von einem quälenden Zustand zu befreien:

1. Hat das Zusammensein trotz der Schwierigkeit in der Kommunikation auch viele Vorteile, kann sich der Betroffene natürlich entscheiden, dennoch zu bleiben. Diese Entscheidung muß sehr klar und bewußt getroffen werden, weil es dann für den Ratsuchenden Gründe genug gibt, nicht zu gehen. Das ist der Zeitpunkt, wo er oder sie akzeptieren muß, daß der andere so ist, wie er immer war. Das Ja gilt der ganzen Person, niemals nur gewünschten Anteilen. Also nicht: »Ich würde ja bleiben, wenn ...«, sondern: »Ich bleibe trotzdem, weil ...«

   Wenn wir uns aus freien Stücken entschieden haben, müssen wir aufhören zu klagen. Jetzt ist es höchste Zeit, die Fixierung dieser »Schwachstelle« aufzugeben und den anderen loszulassen. Ein Vorteil wird mit Sicherheit sein, daß die ungeliebten Seiten des anderen aus dem Blickfeld geraten. Sie verlieren dadurch ihren überhöhten Stellenwert, den sie bekommen hatten, weil der Partner nicht von der Erwartung gelassen hatte, daß es anders wird.

Diese klare Einstellung hat nichts mit einer Opferhaltung zu tun. Es ist eine erwachsene Entscheidung, die Respekt erfordert. Deshalb sollte das Ende der Leidenszeit gekommen sein: Ich muß nicht bleiben um des lieben Friedens willen. Ich tue es, weil ich mich dafür entschieden habe!

2. Die nächste Möglichkeit scheint verlockender, ist aber eine zerstörerische Haltung. Es wäre die Entscheidung, alles so zu lassen, wie es ist, zu leiden und zu hoffen, daß ein Wunder geschieht. Kein vernünftiger Mensch wird diese Option in einer aufgeklärten Zeit wie der unsrigen wählen. Wir sind alle freie und unabhängige Menschen. So können wir uns füreinander entscheiden oder auch nicht. Und das jeden Tag aufs Neue! Ich glaube, das ist wichtig, um nicht in einer Beziehung in diese beschriebene Opferhaltung des Duldens zu geraten, die keinem nützt. Opfer um des lieben Friedens willen braucht nämlich niemand. Das Opfer, das den lieben Mitmenschen und Angehörigen deutlich machen will: »Ich tue es ja nur, weil ich keine andere Wahl habe.« Oder: «Ich bleibe um der Kinder willen.«

Die »zeropferten Mütter«, wie ich sie gelegentlich nenne, üben eine große Macht auf die Angehörigen aus: Weil sie sich so verausgaben, ist mit ihnen nicht wirklich zu hadern. Und weil sie es so gut meinen, ist Kritik oder Veränderung nur schwer möglich. Davon können Betroffene ein Lied singen. Und sie erwarten wohl dafür ewige Dankbarkeit. Deshalb gehören sie in die Mottenkiste vergangener Jahrhunderte, in denen die Gesellschaft und auch die Kirche Frauen sehr wohl ächteten, die sich selbst aus ihrem Elend befreien wollten. Zu jener Zeit war an ein selbstgewähltes Leben für Frauen nicht zu denken. Das ist heute glücklicherweise anders. Insofern können solche

Opferhaltungen sinnlos oder selbstquälerisch sein. Und unser Mitleid kann sich deshalb in Grenzen halten.

3. Die dritte Entscheidung kann die Trennung sein. Jeder Mensch ist frei zu gehen, wenn das Zusammensein zur Hölle wird. Vielleicht gelingt es in der nächsten Beziehung, mehr im Vorfeld voneinander verstehen zu lernen.

Was wir in unserem Miteinander bei Konflikten verändern können, sei es in dieser oder einer nächsten Bindung, geht weit über das Erkennen eigener Verhaltensmuster hinaus. Erst durch einen bewußten und neuen Umgang miteinander, der sich auf diese Beziehung und diesen Partner mit seiner und meiner Geschichte konzentriert, überholen sich alte, übernommene Muster, die familientypisch abgelaufen sein mögen. Wir flechten nun aus all den Erfahrungen und Erkenntnissen sehr bewußt ein neues Gebinde, das ausschließlich unserem Zusammensein dient. Daraus entsteht ein wertvolles Fundament, das gerade langjährige Beziehungen immer wieder entspannt und beglückt. Daraus wächst Nähe und Gelassenheit.

5. Der andere ist nicht für mein Lebensglück zuständig

Wunschvorstellung: Der Traumpartner, die Traumfrau ist endlich in der Lage, mich glücklich zu machen. Allein, nur wir selbst entscheiden in unserem Leben über unser Wohlergehen und Lebensglück. Der andere kann im besten Sinne ein Begleiter sein – mehr nicht. Eine bittere Wahrheit!

Wie sehr haben wir in Zeiten des Verliebtseins an Träumen gesponnen, die den anderen in den Mittelpunkt unserer zukünftigen Glückserfahrung stellten.

Oder irre ich mich? War da nicht auch bei mir so eine Vision, ein Stück von der Sicherheit und Stärke, ja etwas von dem Glanz des starken Mannes an meiner Seite abzubekommen? Wie viele wurde auch ich erst später wach, begriff, daß der Partner kein Garant für meine Glückserwartung ist. Erst dann begann die Arbeit an der Beziehung, wie sie für uns beide lebensfähig wurde.

Nun ist die Partnerwahl ja kein Zufall. Der Moment, in dem sich zwei Menschen ineinander verlieben, ist vergleichbar einer augenblicklichen Erfahrung des Wiedererkennens. Des Erkennens besonders geliebter oder sehr entbehrter Merkmale unseres gegengeschlechtlichen Elternteils, bei mir also meines Vaters. Waren diese Eigenschaften geliebt, wollen wir sie beim späteren Lebenspartner wiederfinden. Unbewußt bleibt damit die Hoffnung verbunden, noch einmal die Liebe zu erlangen, die uns als Kind beglückend erschien. Haben wir sie damals vermißt, bleibt die Sehnsucht bestehen, die Wunden der Kindheit heilen zu lassen, es später besser zu haben.

So begibt sich unser Unbewußtes auf die Suche in der Hoffnung auf Erfüllung. Begegnen wir später einem Menschen, der uns die ersehnten Qualitäten zu geben scheint, werden wir von der Flamme der Liebe erfaßt. Plötzlich scheint dann alles möglich. Der Körper, das Herz, die Seele signalisieren Zuversicht und Lust. In dieser Phase können wir Barrieren überspringen, die zuvor unüberbrückbar schienen. Das hilft uns, das Risiko einer neuen Bindung überhaupt zu wagen. Es kann uns aber nicht vor der Ernüchterung bewahren, wenn die Zeit des Erkennens kommt. Erst dann wird deutlich, daß niemand auf der Welt uns je das versüßen kann, was wir als Nachgeschmack aus ganz anderen Zeiten mit uns herumschleppen. Grob gezeichnet sind das immer wieder die Zusammenhänge, die uns in die Beziehungsfalle locken.

Die Hoffnung auf Erfüllung durch den anderen

■ Auch bei mir hatte das Verliebtsein die Hoffnung auf das große Glück geschürt. Die Erfahrungen mit meinem Vater haben mich geprägt. Eigenschaften von ihm, die mir als Kind gut taten, die ich liebte, suchte ich unbewußt bei meinem zukünftigen Partner. Dinge aber, die ich schmerzlich vermißt habe, hoffte ich jetzt in meiner eigenen Beziehung zu bekommen. Mein Vater war ein äußerst liebenswerter, gütiger und gescheiter Mensch, aber Kampf und Auseinandersetzung fielen ihm schwer. Diese fehlende Stärke mit den geliebten anderen Eigenschaften gepaart zu wissen, erfüllte meine jugendlichen Sehnsüchte, erschien mir als mein Lebensglück. Prompt entflammte mein Herz für einen Mann, der viel von der als Kind vermißten und deshalb ersehnten Stärke und Durchsetzungskraft besaß. Und er hatte auch die von mir so sehr geschätzten Eigenschaften, die ich an meinem Vater liebte.

Wir wurden ein Paar. Das Glück schien lange Zeit vollkommen. Die Stärke vermittelte mir für eine ganze Weile Sicherheit. Dabei wurde ich im Laufe der Zeit aber ohne meinen Partner immer unsicherer. Die Schwierigkeiten begannen, als ich begriff, daß ich soviel in die Stärke des anderen investiert hatte, daß mir immer mehr Selbständigkeit abhanden kam. Schließlich fühlte ich mich bei aller Sicherheit nach außen abhängiger, als ich es je gewünscht hatte. Meine Unabhängigkeit verlor sich in Erwartungen an den anderen, der für mich den Boden zu bereiten verstand. Um so größer wuchs die Angst, ihn zu verlieren, ohne ihn leben zu müssen. Ich versuchte, ihn festzuhalten, anstatt meine eigenen Möglichkeiten zu nutzen. Als mir das deutlich wurde, bemühte ich mich, durch zunehmende Selbständigkeit den Spieß umzukehren. Aber das war für den Partner sehr schwierig. Er verstand meine zaghaften Schritte in die größere Unabhängigkeit als Angriff gegen sich. So wuchs bei uns beiden mit der Zeit Unzufriedenheit. Für eine Weile wendeten wir uns voneinander ab, ohne daß eine Lösung sichtbar wurde. Wir drifteten auseinander

Wirklich aufgegeben habe ich diese Hoffnung, die ersehnte Kraft durch den anderen zu bekommen, bewußt und ziemlich plötzlich: als zaghafte Versuche, mich beruflich wieder unabhängiger zu machen, an seiner heftigen Gegenwehr scheiterten. Da habe ich begriffen, daß ich schleunigst meine eigenen Felder beackern muß. Ein nicht ganz leichtes Unterfangen, auch für den Partner, denn in den siebziger Jahren war es für eine Familienmutter mit drei Kindern nur im Notfall legitim, wieder zu arbeiten. Sätze wie »Meine Frau hat es nicht nötig, zu arbeiten« brachten mich auf die Palme. Trotz wachsender Pflichten in der Familie begann ich in meinem Beruf Unabhängigkeit und Anerkennung zu finden. Und meine beginnende Selbständigkeit erlaubte mir zusehends, eigene Stärken einzusetzen. Schließlich erkannte ich, andersrum wird erst ein Schuh daraus: Nicht der andere ist für mein Glück zuständig, sondern es gilt, selbst an den eigenen Defiziten zu arbeiten und zu wachsen und die einstmals vermißten Seiten dann zu leben und zu genießen. Dann erst können wir uns in einer Lebensgemeinschaft partnerschaftlich und gleichberechtigt begegnen. Und nur so kann ich den anderen aus meinen ständigen Wünschen entlassen.

Ich habe verstehen gelernt, daß diese ersehnte Stärke meines Partners nur bedingt für mich »brauchbar« ist, sie mir auf Dauer nicht die erhoffte eigene Sicherheit verleihen kann. Und ich habe nach dieser für mich schmerzlichen Erkenntnis begonnen, mich auf meine eigenen Möglichkeiten zu besinnen, und das war allemal befriedigender. Mein Partner hatte nach einer Zeit des Grollens wohl begriffen, daß die Entscheidung für meine Unabhängigkeit auch seinen Lebensperspektiven Erleichterung bringen kann. Voller Interesse begann er meine Aktivitäten nun zu beobachten. War es Eifersucht oder Sorge mich zu verlieren, er wendete sich mir erneut zu. Schließlich konnten wir Frieden schließen.

Heute bestimmen ganz andere Parameter das Glück unserer Partnerschaft. Die Erfahrung, daß beide stark sein können, ohne vom anderen etwas zu erwarten, macht uns voneinander unabhängiger. Zufriedenheit stellt sich aber nur dann ein, wenn die Beziehungsschaukel in Bewegung sein kann: Mal ist der eine stärker, und auf ganz anderen Feldern oder zu anderen Zeiten dann wieder der andere. Diese Bewegung ist es, die spannend ist, uns ständig herausfordert und schließlich auch beglückt. Denn keiner von uns fühlt sich auf Dauer unterlegen. Keiner kommt um die Aufgabe herum, selbst für sein Wohlbefinden zu sorgen. Es gibt eben Gebiete, da kann ich mich ausruhen, erfahre mich beim Partner aufgehoben. Ich fühle mich dennoch nicht ausgeliefert, denn notfalls wäre ich auch allein in der Lage, eine Lösung zu finden. Und es gibt Felder, da kann ich meine Stärken leben, da nehme ich meine Unabhängigkeit mit Genuß wahr. Davon kann auch der andere profitieren. Und er bekommt wieder Luft, der Gute. Luft, die ich ihm zu nehmen drohte, weil die Angst, ihn zu verlieren, unermeßlich groß wurde. Glaubte ich mich doch von ihm abhängig.

Und das Lebensglück? Es kann nur von mir selbst erreicht werden, niemals durch den anderen! Je früher ich damit begann, selbst Verantwortung für meine innere Zufriedenheit zu übernehmen, um so geringer wurde auch die Erwartungshaltung an den Lebenspartner. Ich beobachtete nicht mehr ständig, wo der andere gerade ist, ich mußte nicht immer wissen, was er treibt. Und ich bewertete nicht, was gut war für ihn und was nicht. Wir können uns nun ergänzen, aber keiner von uns scheint unersetzlich. Je weniger Erwartungen wir an den anderen haben, um so geringer ist der Druck, diese zu erfüllen. Aber auch wenn einmal eine zu große Erwartungshaltung vom anderen da ist, müssen wir uns im Zweifelsfall für uns selbst entscheiden und damit für das eigene Wohlergehen, nicht für das des Partners. Dennoch bleibt eine vertrauensvolle Basis, die das Leben erleichtert. Es bleibt die Gewißheit, daß im Ernstfall jeder für den anderen da ist. Und das ist wunderbar. ■

Selbstverleugnung verhindert unser Lebensglück

Das fängt bei Kleinigkeiten an, die zur Gewohnheit werden können. Der Wunsch zum Beispiel, wie der andere mich gerne gekleidet sehen will und mein eigenes Wohlbefinden in dieser Kleidung. Geschieht die Aufmachung nur, um der Vorstellung des Partners zu entsprechen, ich selbst fühle mich so nicht wohl, verleugne ich meine eigenen Wahrnehmungen und Empfindungen. Das einfachste wäre, einen gemeinsamen Nenner zu finden, bei dem sich beide gut fühlen. Das ist in diesem Fall sicher leicht möglich. Gelingt es aber nicht, sich zu verständigen, ist die Entscheidung für mein Wohlbefinden vorrangig. Dabei muß der andere nicht unbedingt vor Zufriedenheit strahlen, auch eine verzogene Miene gilt es hinzunehmen. Und das selbstverständlich ohne Hader und Nörgelei.

Natürlich bin ich dennoch für den anderen da, nehme ebenfalls gerne etwas von ihm an. Auch schließt dies keine Kompromisse aus, die immer notwendig sind, um unser Lebensgespann zusammenzuhalten. Aber ich mache mich nicht wirklich vom anderen abhängig, um zufrieden sein zu können. Ich nehme mir die Freiheit, bei Dingen, die für mich wichtig sind, meinem Lebensfluß zu folgen, bevor ich mich verbiege. Bei für mich weniger zentralen Angelegenheiten kann ich dafür gerne großzügiger sein. Das bedingt aber, daß ich diesen Kompromiß dann ohne Jammern mittrage. Mit dem dadurch gewonnenen Abstand wächst die Sehnsucht nach dem anderen. Die Freude über Gemeinsames ist dann ein unerschöpflicher Reichtum. Erst mit dieser Einsicht sind wir Partner geworden.

Nun könnte man den Eindruck gewinnen, eine Partnerschaft ist dann zufriedenstellend, wenn die Gemeinsamkeiten auf ein Minimum reduziert werden. Das wäre allerdings ein erhebliches Mißverständnis. Natürlich kann eine Zweierbeziehung an vielen Stellen beglückender sein, als wenn jemand unfreiwillig allein durchs Leben gehen muß. Aber, noch einmal, weil ich es für eine zentrale Aussage halte: Zufriedenheit oder Unzufriedenheit im Leben hängt allein von der Einstellung ab, die ich selbst zu den Dingen des Lebens habe. Meine

Lebensbejahung kann nicht von einer Beziehung abhängig gemacht werden. Eine Beziehung kann uns bereichern. Die Spannung durch sie kann wie ein Lebenselixier sein. Sie kann uns unterhalten, uns herausfordern. Sie motiviert uns, Risiken einzugehen und unseren Weg vorwärts zu gehen, gleichsam wie in einem Strom, der uns trägt. Sie kann uns im täglichen Miteinander stärken und unterstützen. Der Partner kann zu einem guten Begleiter werden. Aber mehr auch nicht.

Jeder ist seines Glückes Schmied

Zufriedenheit oder Unzufriedenheit hängt nicht von einem anderen Menschen ab. Sie ist ein Teil von mir. Die Frage ist lediglich, ob ich mich auf einem Misthaufen über die ziehenden Wolken am Horizont freuen kann oder mich über den Gestank unter meinen Füßen ärgern muß. Solange ich mich über den Himmel zu freuen vermag, bin ich auf der Seite der Gewinner. Und bei dieser Sicht der Dinge kann mir auch der Partner nicht weiterhelfen. Das ist eine persönliche Entscheidung für oder gegen das Wunder des Daseins. Beim Warten auf den Prinzen, der mich erlöst, vergeude ich wichtige Zeit. Besser ist es, mein Leben selbst in die Hand zu nehmen. Dann spielt der Lebenspartner nicht mehr die zentrale Rolle für mich, obgleich er natürlich der wichtigste Mensch an meiner Seite bleibt. Aber ich muß mich auch ohne seine Gegenwart wohl fühlen können.

Das mag zwar wie Resignation klingen, manchen wohl auch enttäuschen, aber Resignation ist das Letzte, was es in einer Dauerbindung zu ertragen gilt. Lediglich das Maß der Zufriedenheit zählt, und das schließt Resignation aus. Dadurch, daß ich nicht mehr nur auf die Beziehung fixiert bin, verliert der Alltagskrempel in der Zweisamkeit viel von seiner zerstörerischen Bedeutung. Je weniger ich vom anderen erwarte, um so weniger Enttäuschung und Frust kehrt ein. Und um so beständiger kann Freude aneinander und Liebe wachsen.

Oder warten Sie nach einem Einkaufsbummel immer noch gebannt, ob der Partner Ihr neues Outfit bewundert? Und sind Sie immer noch gekränkt, daß er Sie scheinbar wieder mal nicht in den neuen Klamotten wahrgenommen hat? Ich habe schon lange aufgehört, darauf zu hoffen. Denn ich habe zu oft erlebt, daß dieses Fixieren auf seine Reaktion mir die Freude am Einkaufen einschränkt. Heute kann ich ihn ermuntern, mir gleich seine Bewunderung zu schenken. Ich zeige ihm meine Freude am Gekauften, er muß es also wahrnehmen und mir das geben, was ich brauche: Aufmerksamkeit und einen netten Kommentar. Dann bin ich nicht enttäuscht, und er muß nicht zerknirscht sein, weil er nichts gemerkt hat. Statt dessen können wir über unsere Schwächen schmunzeln.

Dasselbe gilt für das leidige Thema Gedenktage: Wie oft schon gab es Enttäuschung, wenn wieder mal ein Geburtstag oder Hochzeitstag vergessen wurde. Vielleicht hatte der eine sich sogar für diesen Tag eine ganz besondere Überraschung ausgedacht, und der andere vergißt ihn einfach! Schnell wird dann Gedanken-, wenn nicht gar Lieblosigkeit unterstellt. Bevor wir diesen Kummer erleben müssen, ist ein vorsorglicher rechtzeitiger Hinweis an den Partner besser als ein verpatzter Tag. Was vergeben wir uns dabei? Wollen wir den Partner ernsthaft prüfen, um selbst besser dazustehen? Sicher nicht, eher entspricht diese Haltung unserer anerzogenen Bescheidenheit, kein Aufheben um uns zu machen, so daß uns jeder Hinweis auf kleine Wünsche schwer fällt. Aber an der Enttäuschung können wir spüren, wie wichtig es immer wieder ist, die Fesseln aus den Kindertagen zu sprengen und sich das zu holen, was uns gut tut. In diesem Fall verzichten wir auf das erhoffte Zeichen der Aufmerksamkeit vom anderen. Ist das wichtig? Das größte Zeichen ist doch, daß er oder sie es so lange mit mir ausgehalten hat! Also freue ich mich, daß er da ist. Ich meine, das macht das Zusammensein unbekümmerter und schön. Vielleicht auch den Abschied eines Tages leichter.

Symbiotische Paare

Unter Symbiose – ich verwende hier den Fachbegriff, weil ich dafür keine zutreffendere Ausdrucksform finde – versteht das Lexikon »das Zusammenleben artverschiedener, aneinander angepaßter Organismen zu gegenseitigem Nutzen«. So ist es wohl auch bei unseren symbiotischen Paaren: Menschen, die sich so aneinander angepaßt haben, daß sie nur mit diesem Partner glauben, lebensfähig zu sein. Von ihm und durch ihn erhoffen sie ihr Lebensglück. Und nur für ihn sind sie da. Sind sie eins mit dem anderen – so glauben sie –, werden sie nie verloren sein. Sie erreichen ihren ganz speziellen Nutzen, aber sie haben, um diese angestrebte Lebensform der totalen Anpassung zu erreichen, so viel von ihrer Eigenständigkeit aufgegeben, daß sie ohne den anderen sich nur schwer zurechtfinden.

Symbiotische Bindungen entsprechen tiefen Sehnsüchten in uns. Sehnsüchten nach dem Einssein aus vorgeburtlicher Zeit mit dem geliebten Wesen, damals der Mutter. Sehnsüchten auch nach jenem Paradies, das Adam und Eva glücklicherweise verlassen haben, um sich aus der Umklammerung der totalen Einheit zu befreien. Nur so konnten sie nämlich ihre Heilung als zwei unabhängige Wesen erfahren. Werden wir ein Paar, sieht es so aus, als würden wir eins werden. Das ist auch der Tenor der kirchlichen Trauungsformel. Das spricht unsere Seele an, das Glück scheint nahe. Und in Augenblikken des sexuellen Aktes wird ja auch jene tiefe Sinnlichkeit erfahren, die uns für köstliche Augenblicke einssein läßt. Aber immer nur für Augenblicke, die unsere Sehnsucht nach dem Einssein auf Dauer niemals stillen werden.

Die Täuschung, durch enge Partnerbindung mit gegenseitiger Angleichung an den anderen Menschen eine Einheit zu werden, veranlaßt zur Selbstaufgabe wichtiger eigener Fähigkeiten in einer symbiotischen Bindung. Und beide verzichten zu Gunsten ihrer Glückserwartung im Laufe eines Lebens auf viele persönliche Bedürfnisse. Ein Paar zu werden bedeutet aber nicht sich aufzugeben, um im anderen aufgehoben zu sein, sondern die persönliche Eigenständigkeit und die des anderen zu respektieren, um kraftvoll und anziehend füreinander da zu sein.

Leider erlebe ich in meiner Sprechstunde immer wieder, daß solche Ratsuchenden einer symbiotischen Bindung bei Trennung oder Tod des langjährigen Partners glauben, keinen Lebenssinn mehr zu finden und sich selbst aufgeben wollen. »Mein Leben hat ohne ihn/sie keinen Sinn mehr!« oder »Ohne den anderen ist mein Lebensglück dahin«! – Das sind Sätze, die dann fallen. Natürlich sind solche Reaktionen nur zu verständlich, wenn das Ende der Beziehung unvermittelt kam. Wenn der Betroffene noch nicht Zeit hatte, sich in eine neue, schwierigere Situation einzufinden. Es gibt aber auch Leute, die beharren nachgerade darauf, daß nun alles Lebensglück dahin und kein Neuanfang möglich sei.

Diesen Unverbesserlichen fällt es schwer, sich aus einer Bindung zu lösen, die wohl keine Lebendigkeit zugelassen hatte, wohl niemals partnerschaftlich war.

Die Aufgaben waren in dieser Zweisamkeit so verteilt, daß jeder für den anderen unersetzlich schien. Möglicherweise war die Bindung eine lebenslange Fessel. Im Laufe der Jahre wird bei diesen Paaren eine Erstarrung eintreten, die Bewegung und damit Spannung in der Langzeitbindung wohl kaum zuläßt.

Und jeder Ausbruchversuch wird argwöhnisch beobachtet werden müssen, weil jede Veränderung die künstlichen Grundfesten zu erschüttern droht. Die Angst vor dem Verlust des Partners steigt im Laufe eines solchen Zusammenseins ins Unermeßliche. Dadurch sind beide ständig erpreßbar mit der Drohung, daß der andere gehen könnte. Da wird es auch in der Sexualität nicht mehr allzu viel Spaß geben, denn der Spannungsbogen tendiert gegen Null. Manche Verrenkungen entstehen bei solch fixierten Bindungen. Keiner kann am Ende das tun, was ihn beglückt, weil das höchste Prinzip die unerschütterliche Bindung an den anderen ist.

In solchen Beziehungen gibt es selten Krach, aber häufig nörgelnde Unzufriedenheit. Statt der fälligen Auseinandersetzung wird der wachsende Unmut auf Nebenschauplätzen ausgetragen. Das sind dann ältere Menschen mit einer ständig zur Schau getragenen »Grummelei«, die anfängt beim Wetter und aufhört bei den Preisen oder der Politik. Da wird der Kindergarten nebenan zum Störenfried, stellvertretend für angesammelten Frust. Sie sprechen von Liebe, die es mit Sicherheit auch gab. Gut mag sie funktioniert haben, diese Eintracht, solange beide damit einverstanden waren. Aber meist wird für diese Harmonie viel Selbständigkeit aufgegeben. Kommt es dann zum Verlust des Partners, kann es schnell zu einer existentiellen Krise kommen. Eine Katastrophe, die den Neuanfang erschwert. Der ist aber notwendig, um die alten Stärken zurückzugewinnen.

Vertraute Handlungen vermitteln scheinbare Sicherheit. Sie können aber über lange Zeit bei symbiotischen Paaren, bei denen die Rollen unabänderlich verteilt sind, auch eine trügerische Stabilität aufrechterhalten. Denn das Zusammenleben, das sich in festen Bahnen abspielte, kann bei einem plötzlichen Sinneswandel eines Partners schnell aus den Fugen geraten. Bricht nur einer von beiden aus solch einer starren Zweisamkeit aus, wird das Beziehungsgefüge instabil, die bekannten Verhaltensmuster geraten ins Wanken. Für den Verunsicherten wird das dann möglicherweise sogar eine existentielle Bedrohung. Deshalb versucht derjenige, der den Verlust der Stabilität fürchtet wie der Teufel das Weihwasser, oft noch fester an den alten Strukturen festzuhalten, sie nachgerade einzuklagen. Er oder sie wird alles tun, damit die alte Einheit wiederhergestellt wird. Er wird sogar versuchen, »versüßte« Angebote zu unterbreiten, um den anderen zur Umkehr zu überreden. Oder er wird seinerseits mit Weggang drohen, in der Hoffnung, der »Ausreißer« wird dann in den »Hafen« zurückkehren. Dies alles, um das erhoffte Glück wieder herzustellen. Das kann dann allerdings der Anfang vom Ende sein.

Eigene Wege gehen

■ Erika war eine sehr liebevolle Familienmutter. Jahrelang hat sie mit viel Einsatz für das Wohl ihrer Lieben gesorgt. Obwohl künstlerisch sehr begabt, stellte sie ihre beruflichen und kreativen Aktivitäten zurück, weil die häuslichen Pflichten es erforderten. Ohne es zu hinterfragen, übernahm sie alle Dinge des täglichen Lebens. Sie sorgte für ein gemütliches Zuhause und versuchte, so viel Kummer wie möglich von ihren Lieben fernzuhalten. Ihr Mann versorgte die Familie und vor allem Erika mit allem, was das Finanzielle betraf und regelte die Dinge außer

Haus. Beide bemühten sich, die festen Regeln einzuhalten. Auch zu Hause war alles an seinem festen Platz, hatte alles eine vorgegebene Ordnung. Die Liebesbezeugungen erschöpften sich in täglichen und wöchentlichen Pflichtübungen. Rituale eben, die berechenbar waren. Eine klassische und über Jahre gut funktionierende Arbeitsteilung. Diese Aufteilung wurde so lange und so einseitig gelebt, daß weder er in der Lage war, sich selbst einen Kaffee zu kochen, geschweige denn die Waschmaschine zu betätigen, noch sie imstande war, einen Scheck auszuschreiben oder Auto zu fahren. Jeder machte sich in seiner Glückserwartung völlig vom anderen abhängig.

Als die Kinder aus dem Haus waren, kam das Gebäude ins Wanken. Da Erika unter Depressionen litt, wurde ihr vom Hausarzt eine Kur verordnet. Sie verliebte sich in einen »Kurschatten«, nichts Ernsthaftes aus ihrer Sicht. Aber sie erlebte nach vielen Jahren endlich einmal wieder, daß sich Menschen um sie bemühten, sie bewunderten und umsorgten. Sie kam in eine Lebenskrise, in der sie zum ersten Mal ihre Rolle, ihre Beziehung und Situation hinterfragen lernte. Und sie erkannte, daß sie wichtige Seiten in ihrem Leben nicht gelebt hatte, sich jetzt mit vielen Dingen des Alltags schwer tat. Bitter wurde ihr bewußt, daß sie für ihre Lieben, die ihr Lebensglück waren, ein Leben lang Opfer gebracht hatte, die ihr nie gedankt wurden, die so wohl auch niemand wollte. Ihre eigenen Fähigkeiten hatte sie in den Schatten gestellt. Jetzt schien sie leer. Die erhoffte Glückserfüllung durch den anderen kam nicht.

Und ihr Partner? Er versuchte verzweifelt, Erikas zartes Bemühen um ein wenig mehr Unabhängigkeit und Freiheit mit Drohungen und zur Schau gestellter Hilflosigkeit rückgängig zu machen. Schließlich auch mit Wutausbrüchen. Es brauchte viel Kraft von Erika, Angst und Schuldgefühle zu überwinden und sich aus den Fesseln dieser Beziehung im Laufe der Zeit zu befreien. Sie versuchte tapfer, viele einstmals abgegebene Seiten selbst zu übernehmen: Sie machte den Führerschein, begann wieder zu malen, bemühte sich um Aktivitäten außer Haus, und sie lernte, eigenes Geld zu verwalten. Letztlich erlebte sie zunehmend Lebensfreude. Nur in der Beziehung war eine lange Zeit Funkstille. Bis sich ihr Partner, verunsichert und neugierig geworden, auf den Weg machte und nun seinerseits manche Dinge übernahm, die ihm vorher undenkbar schienen. Er versuchte, seine Abneigung zu überwinden und bei Erikas häufiger Abwesenheit den Haushalt in Ordnung zu halten. Alte Mauern kamen damit zum Einsturz. Erika wandte sich mehr nach außen, vernachlässigte ihre häuslichen Aufgaben. Ihr Mann kümmerte sich um Dinge, die er zuvor nicht einmal wahrgenommen hatte. So wuchs im Laufe der Zeit wieder Achtung, wo zuvor die Gewohnheit das einzige Bindeglied war.

Inzwischen leben die beiden wieder zufrieden zusammen. Allerdings nicht, ohne voneinander abgerückt zu sein. Jeder füllt jetzt viel Lebenszeit mit eigenen Aktivitäten. Man trifft sich zu ausgemachten Zeiten für das Gemeinsame. Das ist nur noch ein Bruchteil von dem, was beide einmal miteinander verwirklicht hatten. Aber jeder von ihnen hat jetzt die Möglichkeit, den persönlichen Neigungen entsprechend erfolgreich zu sein. Auch viele eigene Außenkontakte bereichern das Miteinander. Und sie haben aufgehört, sich gegenseitig zu »bewachen« oder zu bewerten. So können sich heute beide auf einer neuen, lebendigeren Ebene begegnen. Jeder versucht sich ein Stück von den alten Mustern zu verabschieden. Die Erwartung, in dieser symbiotisch engen Bindung Sicherheit auf Dauer zu erreichen, ist nüchterner Alltäglichkeit und Unruhe gewichen. Das bedeutet nicht immer wahre Freude, aber unterm Strich können sie inzwischen über die Ungeschicklichkeiten des anderen schmunzeln und auch herzlich miteinander lachen. ■

Nicht immer geht es so gut aus. Bei Erika erkannte glücklicherweise der Hausarzt rechtzeitig die Depression und handelte. Das ist leider oft nicht selbstverständlich. Viele Frauen in dieser oder einer ähnlichen Situation werden erst mit Medikamenten beruhigt, bevor der Arzt die Hintergründe der Depression erfragt oder erkennt. In dieser Lebenskrise, die häufig die Frauen in der Lebensmitte betrifft, fangen viele an, sich selbst zu verachten, anstatt sich auf den Weg zu machen. Auch die Partner sind nicht immer bereit, von liebgewordenen Gewohnheiten zu lassen und ihrerseits ihre Rolle zu hinterfragen. Sie sind hilflos. Die Verlustangst ist aber dann oft größer als die Angst, den anderen in »sein Revier« zu lassen. Denn natürlich hatten im obigen Beispiel beide in der Vergangenheit in ihren Domänen auch eine große Macht, den hilflosen Partner in Abhängigkeit zu halten.

Jetzt verbringen beide nicht mehr jeden freien Moment miteinander. Aber ich bin zutiefst davon überzeugt, daß in einer beständigen Partnerschaft ausreichende Freiräume wichtig sind. Um so toleranter können die Eigenheiten des anderen angenommen werden, und um so intensiver dürfen dann die spärlicher werdenden gemeinsamen Kontakte sein. Die Spannung aufeinander wächst. In der neu entstandenen Zweisamkeit schließlich ist der andere nicht mehr überlebensnotwendig, das schließt eine Scheinsicherheit aus. Aber die neu erprobte Bindung erhält eine kraftvolle, befreiende Dimension, die jedem ein Stück seiner Unabhängigkeit und damit Freiheit zurückgibt. Das ist die Leichtigkeit, die ich meine.

Wenn lange unterdrückte Gefühle explodieren

Es kann auch schief gehen mit der Glückserwartung an den anderen. Werden die eigenen Bedürfnisse zu lange verdrängt, kann sich im Laufe der Zeit ein erhebliches Aggressionspotential ansammeln, das dann plötzlich zu kaum nachvollziehbaren Reaktionen führt. Mir fiel eine Zeitungsnotiz, leider ohne genaues Datum, in die Hände, die ich in Auszügen wiedergeben möchte. Die furchtbare Geschichte, deren wahre Hintergründe mir natürlich unbekannt sind, könnte zu den vorangegangenen Ausführungen passen. Ich zitiere aus den Stuttgarter Nachrichten aus dem Jahr 2003:

■ ***80-jährige tötet Ehemann***

Nichts hatte auf die Bluttat hingedeutet: »ein normales, ein bürgerliches Umfeld«, sagte der Polizeisprecher, »Es war kein Alkohol im Spiel, und die Frau war nicht als aggressiv bekannt.« Streit habe es zwar immer wieder mal gegeben, aber nicht ständig – nicht ungewöhnlich für eine Ehe. Immerhin waren die beiden schon 44 Jahre verheiratet.

Doch dann kam es in der Wohnung am Montag gegen 2 Uhr zu einer tödlichen Auseinandersetzung. Nach den ersten Ermittlungen soll der 82-jährige seine Frau mit üblen Schimpfworten beleidigt haben. Anschließend kam es zu einem Gerangel, bei dem die 80-jährige mit einem Messer auf ihren Gatten einstach. Dieser wurde am Hals und im Brustbereich getroffen und stürzte mit tödlichen Verletzungen zu Boden. Kurz danach rief die Rentnerin über Notruf bei der Polizei an und erklärte, gerade ihren Ehemann erstochen zu haben. Für ihn kam jede Hilfe zu spät: Ein alarmierter Notarzt konnte nur noch den Tod feststellen. ■

Hilfreiche Rituale – starre Rituale

Bevor es zu einer Katastrophe kommen muß, haben zwei Menschen die Möglichkeit, einen neutralen, noch besser einen fachlichen Rat einzuholen. Dem anderen zuzuhören ist nämlich in kritischen Momenten unendlich schwer. Deshalb bedarf es manchmal eines Vermittlers, damit beide ihre Gefühle und Enttäuschungen »an den Mann, an die Frau« bringen können. Der Ärger kann endlich ans Tageslicht, jeder will in seinem Kummer verstanden sein. Gezeigte Reue oder Zusagen der Wiedergutmachung können dem Verletzten helfen, zu verzeihen und alte Wunden zu schließen. Am Ende der Auseinandersetzung ist es hilfreich, ein gemeinsames Ritual zu finden, um den Ärger für die Zukunft feierlich zu begraben. Denn nur wer verzeihen kann, macht einen Neuanfang möglich.

■ Ich denke an ein Paar, das am Bodensee wohnt. Sie hatten ein Segelboot, besonders die Frau war leidenschaftliche Seglerin. Nun hatte die Frau durch einen Seitensprung beinahe die langjährige Partnerschaft aufs Spiel gesetzt. Ihre ehrliche Reue darüber, diese Bindung riskiert zu haben, befriedigte ihren verletzten Partner nicht. Es war schwer für beide, ohne Hilfe von außen miteinander zu reden. Nach einigen begleitenden Gesprächen hatte sich die Frau ein Ritual ausgedacht, das auch ihren Partner überzeugte: Sie schlug vor, das von ihr sehr geliebte Segelboot zu verkaufen und als Sühnezeichen das Geld in ein Oldtimer-Cabrio zu investieren, ein lang gehegter Wunsch ihres Mannes. So wurde feierlich Abschied von dem Boot genommen, bei dem der unerfreuliche Teil ihrer Beziehung versenkt wurde. Das neu erworbene Auto wurde bei einer Taufe begossen und willkommen geheißen. Erst dadurch konnten sie mit sich und der Vergangenheit Frieden schließen und einen Neuanfang riskieren. Als ich die beiden zwei Jahre später wiedertraf, wirkten sie zuversichtlich. ■

Das Angebot der Frau, sich von einem Gegenstand zu trennen, der ihr viel bedeutete, dafür etwas zu erwerben, das für ihren Mann einen großen ideellen Wert besaß, war ein Symbol für ihre Reue und ein Versuch der Wiedergutmachung. Selbstverständlich geht es bei solchen Schlichtungsversuchen nicht um materielle Werte, sondern um deutliche Zeichen des »Opferns«. Das könnte genauso eine Abmachung sein, bei der unangenehme Dinge freiwillig übernommen werden. Der Phantasie sind da keine Grenzen gesetzt! Wichtig ist, daß dieses Ritual einen neuen Lebensabschnitt verdeutlicht, nachdem zuvor die alte Zeit verabschiedet wurde. Heilen wird manche Wunde nie. Aber um nach vorne zu blicken, muß nach einer »Schonfrist« Schluß sein mit alten Geschichten.

Es gibt heilende und es gibt starre Rituale. In dem vorangegangenen Fall war es heilend. Diese rituellen Handlungen können in Partnerschaften, aber auch in allen anderen Lebensgemeinschaften von unersetzlichem Wert sein. Sind sie doch gerade bei Ereignissen, die nicht in der Erfahrungswelt begreifbar sind, bei denen sich die Teilnehmer schwer tun, ihre Gefühle zum Ausdruck zu bringen oder einzuordnen, eine wichtige Hilfe. Dem Unfaßbaren oder Unaussprechlichen wird durch gemeinsame symbolische Gesten, Worte oder Taten eine Form gegeben. Besonders dann, wenn es den Beteiligten nicht gelingt, tiefe irrationale, oft auch unbekannte Wahrnehmungen nach außen zu bringen, Gefühle in Worte zu fassen.

Durch Rituale wie das gemeinsame Gebet oder das Singen eines bestimmten Liedes, der Nationalhymne beispielsweise, kann der Mensch sich als Teil einer Gemeinschaft erfahren. So können Rituale stabilisieren und verbinden. Die gemeinsame Handlung bestärkt das Zusammengehörigkeitsgefühl. Wie wichtig Familienrituale sein können, wissen wir von Kindern. Regelmäßige Festtage wie Weihnachten laufen nach bekannten Mustern ab. Jährlich wiederkehrende Gepflogenheiten, wie die Weihnachtslieder, die roten Christbaumkugeln oder das Weihnachtsessen vermögen auch bei Erwachsenen Gefühle wieder zu beleben, die einstmals beglückten. Ähnlich bedeutsam sind für Kinder die immer wiederkehrenden Gute-Nacht-Rituale oder das gemeinsame Tischgebet. Wehe, diese Gepflogenheiten werden einmal nicht eingehalten, dann droht Ärger in der Familie. Ein Fundament wird erschüttert, das als festigendes Band Halt gegeben hatte, auf das man sich bisher verlassen konnte. Auch jede Religion lebt mit Ritualen, die das Mystische in eine symbolische Form kleiden können, um das Göttliche näher zu bringen, es erfahrbar zu machen.

Es gibt aber auch feste, ritualisierte Abläufe, besonders in einer symbiotischen Bindung, die den normalen Lebensalltag in eine starre Form gießen. Das Ziel ist klar: möglichst nichts Unerwartetes, keine Veränderung. Alles soll vorhersehbar sein. Sicherheit ist hier das Zauberwort. Unbekanntes muß gebannt werden, um nicht aus dem gemeinsamen Tritt zu geraten. Besonders in Beziehungen, in denen eine strenge Arbeitsteilung den Alltag diktiert, können unvorhergesehene Ereignisse zu gewaltigen Erschütterungen führen. In solchen Zweisamkeiten verläßt sich jeder ganz auf den anderen. Wünsche oder Bedürfnisse sind gemeinsame, die Lebensaufgaben sind untereinander aufgeteilt, ohne daß Veränderung erwünscht ist.

Hier werden die regelmäßigen Rituale in der Beziehung besonders stark als festigendes Band erlebt. Rituale, die einen vorgegebenen Ablauf haben und regelmäßig praktiziert werden, wie das Mittagessen Punkt zwölf Uhr oder das sonntägliche Telefonat mit den Kindern – Rituale, von denen nicht abgewichen werden darf. Werden solche Abläufe plötzlich von einem der beiden nicht mehr eingehalten, kann bei symbiotischen Bindungen die Beziehung erschüttert werden. Das kann heilsam sein, um zwei Menschen aus zu starren Formen des Miteinanders zu befreien, in der jede Veränderung wie eine Bedrohung wirkte. Es kann aber auch das Ende der Beziehung werden.

■ Nach vielen Jahren des Zusammenseins geschah etwas völlig Neues: Miriam antwortete auf die routinemäßige Frage von Uli nach dem samstäglichen Geschlechtsverkehr, ob es gut war: »Es war gräßlich, wie meist!« All die Jahre täuschte sie einen gemeinsamen Orgasmus mit Uli vor. So fühlte er sich bestätigt, und Miriam sah sich nicht genötigt, mit ihm über ihre sexuellen Ängste und Wünsche zu sprechen. Aber diese Form des routinemäßigen Zusammenseins hatte etwas sehr Starres, fast Unabänderliches. Ihre Bemühungen umeinander erschöpften sich in den immer gleichen Ritualen: am Wochenende, nach dem Fernsehprogramm, in gleicher Reihenfolge und in denselben Stellungen und ohne besondere Emotionen. Und unabhängig von der derzeitigen Stimmung. Gleichsam wie eine beschwörende Zauberformel, die der persönlichen Hygiene diente.

Diesmal unterbrach Miriam das Ritual, indem sie zum ersten Mal ehrlich war. Und schon bricht für Uli schier die Welt zusammen. Alles, was sie bis dato gemeinsam erlebt und genossen hatten, verlor für ihn an Echtheit und damit an Wert. Ganz zu schweigen von dem schmachvollen Gefühl, als Mann nicht genügend gegeben zu haben. Nun können die beiden vielleicht zum ersten Mal ehrlich über ihre Sexualität sprechen, aber etwas Verbindendes scheint verlorengegangen zu sein: die Sexualität als ein berechenbares Spiel, das Sicherheit vorgab, wo Unsicherheit nicht erwünscht war.

Die Erschütterung war nur deshalb so groß, weil das Paar in

einer engen, symbiotischen Beziehung lebte, in der die Rollen festgeschrieben waren. Wurde dieser Zauberbann durchbrochen, wie bei Miriams Antwort, »es war gräßlich«, kam eine Angst hoch, die vielleicht schon lange im Hintergrund schlummerte. Offenbar war ihnen das bis zu diesem Augenblick des Abbruchs der ritualisierten Handlung nicht bewußt gewesen. Erst als das Paar zur Beratung kam, eröffneten sich neue Perspektiven. Jetzt ging es für diese beiden darum, dem Scheinfrieden auf die Spur zu kommen.

Miriams Ehrlichkeit war der Anfang einer echten Nähe in der Paarbeziehung. Eine neue Beziehung, die durch ihre Offenheit entstand, sich ihre Schwächen und Ängste zu zeigen. Natürlich brauchte es eine Weile, bis sie sich wieder dauerhaft annähern konnten. Aber die Gespräche, die Mitteilungen über ihre wahren Bedürfnisse und Unsicherheiten, die gewonnenen Freiheiten, selbstbestimmter zu handeln, eröffneten ihnen neue Möglichkeiten, miteinander umzugehen. Vor allem die problematischen Seiten am anderen, die sie zuvor verleugnet hatten, mußten ausgesprochen und angeschaut werden. Nach anfänglichem Zögern fanden sie ohne Erfolgsdruck neue Formen im sexuellen Zusammensein. Dazu gehörte die Abmachung, nur miteinander zu schlafen, wenn beide Lust dazu hatten. Und zukünftig übernimmt selbstverständlich jeder selbst Verantwortung für seine Sexualität. Mein Eindruck war, daß die beiden von vielen solcher starren Rituale des Zusammenseins loslassen konnten. So erlebten sie schließlich eine Wärme füreinander, die den Verlust des vorherigen Scheinfriedens wettmachte. ■

Diese Paargeschichte ist geprägt von erstarrten Ritualen, die für die Beziehung zum Bruch hätten führen können. Es gibt aber auch Rituale, die einen hohen Stellenwert besitzen können. In fast jeder Lebensgemeinschaft finden sie sich. Sei es das Anzünden einer Kerze in stimmungsvollen Momenten oder nur der feste Eßplatz am Tisch beim gemeinsamen Frühstück. Rituale können das Band der Gemeinsamkeiten untermauern, gleichsam wie bei einem geheimen Pakt ein Wir-Gefühl erzeugen, das das Zusammensein unterstützt. Sie können, kreativ für diese Zweisamkeit erfunden, Barrieren der Sprachlosigkeit in Krisenzeiten überwinden, und sie können dieser Beziehung ihre besondere Ausdrucksform verleihen. Ich kenne ein Paar, das sich beim Bergsport zum ersten Mal traf und lieben gelernt hat. Für sie war es wichtig, ihr Hochzeitsritual auf jenem Berg zu begehen, auf dem sie sich kennengelernt hatten. Und jedes Jahr zu dieser Zeit ersteigen sie zusammen diesen Gipfel, der für ihre zärtliche Verbindung von so besonderer Bedeutung ist.

Rituale, liebevoll eingesetzt, können gerade in der Zweisamkeit ein unschätzbarer Bestandteil dieser besonderen Verbindung sein. Einer Verbindung, für die es lohnt, sich immer wieder aufs Neue aufeinander einzulassen. Und sei es mit dem täglichen Begrüßungskuß!

6. Erst im Alltag zeigt sich die Tragfähigkeit der Beziehung

Da leben zwei in so einer einzigartigen Situation mit vielen Höhepunkten, das ist eine tolle Beziehung. So sieht es aus der Ferne aus. Die Wahrheit aber ist: Da können zwei noch so verliebt sein, da können beide über viele Jahre ihre Beziehung gepflegt haben, solange sie nicht wirklich zusammenleben, sagt es nichts über die Tragfähigkeit dieser Bindung aus. Erst im gemeinsamen Alltag zeigt sich eine gute Partnerschaft.

In den Medien und aus der Welt des Glamours bekommen wir Bilder vermittelt, die die Menschen in ihrer Zweisamkeit in außergewöhnlichen, meist glanzvollen oder auch dramatischen Augenblicken zeigen. Wir sehen Ausschnitte einer Scheinwelt, von der der Normalverbraucher nur träumen kann. Niemals aber erleben wir diese so Bewunderten in ihrem täglichen Leben, in dem genauso Ärger, Müdigkeit, Angst oder Aggression eingekehrt sind wie in jeder anderen Beziehung. Nur von deren Scheidungen hören wir dann wieder, wenn die Welt mit Erstaunen wahrnimmt, daß nach kurzer Zeit die große Liebe erloschen ist.

Scheidung gehört bei den so Bewunderten zur Normalität und wird zum Ausstieg aus Beziehungsschwierigkeiten, statt die Alternativen der Beziehungsarbeit zu nutzen.

Dieses Zerrbild einer Partnerschaft wird für viele leider zum Parameter ihrer eigenen Beziehung. Die endlose Zeit, die

die Liebenden in diesen Klischees zu haben scheinen, zeigt nichts von alltäglichen oder beruflichen Belastungen, die oft in der Wirklichkeit näher sind als der Partner. Auch die ungewöhnlichen Situationen, bei denen das Paar in Streit oder Ekstase gerät, ohne daß die Kontrahenten auch nur ein wenig von ihrer jugendlichen Attraktivität verlieren, stimmen nicht mit unseren eigenen Wahrnehmungen überein. Die Bilder, die wir vermittelt bekommen, sprechen schlichtweg nicht die Sprache alltäglicher Partnerschaften. Und wenn wir dann noch erleben, wie unsere Freunde oder Nachbarn genauso wenig über die Schattenseiten in ihrer Beziehung sprechen, stellen wir unsere eigene Beziehungsfähigkeit oder unsere Entscheidung für den anderen manchmal nur deshalb in Frage, weil Frustration unseren Alltag überschattet.

Vielleicht sind wir der Meinung, die Ausnahme unter vielen so glücklichen Paaren zu sein. Wir sind enttäuscht, daß wohl der Partner, aber besonders wir selbst nicht in der Lage sind, ebenso auf einer dauernden Welle der Seligkeit und Liebe zu schwimmen. Wir glauben möglicherweise, versagt zu haben oder einem Irrtum aufgesessen zu sein. Vielleicht fangen wir an, den Partner kritischer zu beobachten, weil wir spüren, daß der erste Schwung vorüber ist. Kleine Nachlässigkeiten, die wir anfangs gerne verziehen haben, beginnen uns zu ärgern. Und wir setzen uns wohlmöglich selbst unter Druck, weil wir die Vorstellung haben, daß wir zuständig sind für unser gemeinsames Dauerglück. So bemühen wir uns, der Partnerschaft jenen besonderen Stempel zu geben, der sie einzigartig machen soll. Anstrengend ist das und auf Dauer nicht zu leisten! Besonders dann, wenn die Routine des Alltags unsere Kräfte fordert. Statt zur Tagesordnung überzugehen, fühlen wir uns ausgelaugt vor lauter Bemühen, den Glanz dieser besonderen Beziehung aufrechtzuerhalten.

Der Alltag mit all seinen Pflichten ist scheinbar unser größter Feind. Da wird etwas für Normalität gehalten, was in unserem irdischen Dasein auf Dauer keine Erfüllung finden kann. Ich füge gleich hinzu, glücklicherweise. Denn gerade der Alltag bringt uns immer wieder zurück auf den Boden der Tatsachen. In jenen banalen Situationen erfahren wir, was eine Partnerschaft ausmachen kann. In ihr bewähren sich Freundschaft und Vertrauen, die auch ohne den ständigen Glanz einer Ausnahmesituation überdauern können. Und mal ehrlich: Ist das nicht sehr anstrengend, die Zweisamkeit ständig in Hochglanz erstrahlen zu lassen? Wollen wir überhaupt einen Glanz, der ständig poliert werden muß? Da müßten wir ja ständig den Göttern Opfer bringen, damit das übergroße Glück uns hold bliebe. Und wäre es ohne die Reibereien oder kleinen Leiden nicht endlos fad, wenn das Hochgefühl der Partnerschaft so berechenbar an unserer Seite wäre?

Wir haben unterschiedliche Bedürfnisse, aber unsere Aufgabe besteht darin, damit ein gemeinsames, lebendiges Miteinander zu weben. Da gibt es gute und schlechte Zeiten. Für all diese Lebenslagen werden wir gezwungen, füreinander da zu sein und für unser Zusammenleben unsere Fähigkeiten zusammenzutragen. Wir flechten daraus ein gemeinsames Lebenskonzept, in dem die meiste Zeit dem Alltag gewidmet wird. Dennoch macht es Freude, darin unsere Liebe zu entwickeln.

Ein Paar zu sein, ist also keineswegs eine ständige Glückserfüllung. Dazu warten zu viele Aufgaben auf jeden von uns, die nicht immer berauschend sind. Sie zwingen uns aber im Fluß des Daseins vorwärts, und sie lassen sich zusammen oft leichter bewältigen.

Die Einstellungen allerdings, wie der Alltag als Paar zu bewältigen ist, sind oft sehr unterschiedlich. Da sind viele

Dinge unter einen Hut zu bringen. Der Beruf, der Haushalt, die Kinder, der Freundeskreis, die Hobbys, alles will bewältigt werden, und für die Beziehung soll auch noch was übrig bleiben. Und jeder hat seine eigenen Vorstellungen, wie es gehen könnte.

Zu Beginn einer Liebe ist das alles unwichtig. Wir gehen selbstverständlich davon aus, daß sich Lappalien regeln lassen. Oder wir glauben, das wird sich noch geben. Und wir sind gerne bereit, dem anderen kleine Unaufmerksamkeiten zu verzeihen. Was jedoch nicht gleich angesprochen oder wirklich toleriert wird, regelt sich immer schwieriger, manches nie. Ganz zu schweigen von der Zeit im Alter, in der sich manches verfestigt hat, hartnäckiger wird. Unliebsame Gewohnheiten werden sich dann eher verstärkt haben. Denn die Routine ist schon lange eingekehrt, damit droht die Aufmerksamkeit dem anderen gegenüber nachzulassen. Und das, was an ihm stört, kann überdeutlich werden, weil einstmals geliebte Kleinigkeiten dem Moloch Alltag zum Opfer gefallen sind. Das kann dann soweit führen, daß die Eßgewohnheiten des Partners unerträglich zu werden scheinen, obgleich er oder sie sich schon immer so verhielt. Irgendwann wird das als Zumutung empfunden, was bisher selbstverständlich war. Und wenn wir genauer hinschauen, entstand der Frust auf dem Boden geplatzter Hoffnungen, die der andere ebenso wenig wie wir selbst erfüllen konnte.

Respekt vor dem anderen

Spätestens jetzt heißt es aufpassen, daß der Respekt vor dem anderen nicht verloren geht. Jetzt ist es Zeit, sich zu fragen, was das Unbehagen ausmacht. Und es ist notwendig, sich dem anderen zuzuwenden, ihn anzuschauen und wieder aufeinander zu hören. Je öfter wir zusammenkommen, um über unser Unbehagen nachzudenken, um so leichter läßt sich über Differenzen reden und lassen sich Ideen entwickeln, wie etwas verändert werden kann. Noch ist ja nichts verfestigt, noch ist keine gefährliche Stimmung in Sicht. Noch sind wir auch dem geliebten Wesen gegenüber zur Toleranz und zu Kompromissen bereit. Die Kritik am anderen – warum der Mantel nicht aufgehängt wird, wer seine Wäsche nicht aufräumt, wie jemand mit wessen Sachen umgeht, wer mehr im Haushalt leistet und überhaupt – wird erst schwierig, wenn sie schon länger schwelt. Deshalb sollte das, was drückt, dem anderen sofort mitgeteilt werden. Auch, wenn es nur der oft verachtete Kleinkram ist. Und weil die miese Stimmung sich noch nicht vertieft hat, kann auch locker über diesen lästigen Alltagskram gesprochen werden. Wir können Strategien entwickeln, wie wir das alles zusammen meistern wollen.

Andernfalls entwickelt sich ein Berg angesammelter kleiner Unfreundlichkeiten, der schließlich zu steil wird, um ihn zu erklimmen. Je höher der Berg wird, um so mehr fordert es unsere Kraft, ihn zu überwinden. Und um so schneller schwindet die Achtung vor der Einmaligkeit des anderen. Die angesammelten Kleinigkeiten führen vielleicht zu Auseinandersetzungen, die ungut enden können. In das Paket, das dem Mitstreiter in passender oder auch unpassender Situation vor die Füße geknallt wird, sind dann Botschaften in Vorwürfe eingewickelt, die das alltägliche Miteinander im gemeinsamen Hausstand betreffen. Dabei schlummert im Hintergrund vielleicht nur die eigene Lustlosigkeit. Die Enttäuschung über zunehmende Belastung durch Familie und Beruf wird der Beziehung angelastet, da muß der Partner herhalten für Versagensängste und eigene Unzufriedenheiten. Und Auslöser war der nicht geleerte Mülleimer. Die Unachtsamkeit des

Partners wird schließlich als zunehmende Lieblosigkeit empfunden. Das alles nur, weil die lästigen Dinge des gemeinsamen Alltags alles zu überschatten scheinen. Sehnsüchte nach endlosen Urlaubstagen oder nach Weihnachten als Flucht aus dem grauen Alltag kommen auf.

Die Geschichte mit den Paaren im Urlaub

Aber im Urlaub ist nicht selten der Frust am größten. Jedes Jahr am Ende der Urlaubs- oder Weihnachtszeit erscheinen in meiner Sprechstunde diejenigen, bei denen nach den Ferien die Frage aufgetaucht ist, ob es sich lohnt, diese Beziehung aufrechtzuerhalten. Sie haben sich wohl, wie viele andere, das ganze Jahr schon auf diese schöne Zeit gefreut. Lange im Vorfeld wurden Pläne geschmiedet, Lektüre studiert und Aktivitäten geplant, die der totalen Erholung dienen sollten. Alle haben bis zum Schluß geschuftet, um alles zuhause ohne Sorge zurücklassen zu können. Endlich mal ohne Alltag ausspannen wollen ist ein verständliches Ziel. Nun ist sie da, die schöne Urlaubszeit, und der Frust geht los. Der eine will länger schlafen, während der andere etwas zu unternehmen plant. Die Kinder haben andere Bedürfnisse als das den Erwartungen der Eltern entspricht. Ganz zu schweigen von dem Frust, der entsteht, wenn einer sich lieber mit einem Buch zurückzieht, der andere aber gerade auf die Urlaubszeit gehofft hat, um endlich mal Zeit füreinander zu haben. Statt der erwarteten Ferienlaune lastet dann eine schwere Stimmung auf allen. Und die Zeit, die nun wirklich zur Verfügung steht, wird vielleicht wieder nicht so genutzt, wie man es das ganze Jahr über geplant hatte. Wie denn auch, wenn bei anstrengender beruflicher und familiärer Belastung im Alltag so wenig Gelegenheit war, in Muße miteinander zusammenzusein, sich darin zu üben, Zeit zu haben? Nun soll sozusagen auf Knopfdruck ein gemeinsames Hochgefühl einkehren, statt der verdammten Müdigkeit, die sich breitmacht.

Was ich den Paaren sage? Das liegt nicht an einer Störung Eurer Zweisamkeit, sondern an Euren Vorstellungen und Sehnsüchten, wie der Urlaub sein sollte. Und an der Alltagsmühle, die uns verlernen ließ, Zeit miteinander zu genießen. Wenn Ihr das nächste Mal plant, laßt viel mehr offen. Jeder braucht seine Zeit, und auch unterschiedliche Bedürfnisse können unterschiedlich gelebt werden. Das Schwimmen für den einen ist das Buch für den anderen. Nur die gemeinsamen Aktivitäten brauchen einen kleinen Raum, der eingeplant werden soll. Vielleicht einfach ein Essen zu zweit? Und vielleicht läßt es sich über das Jahr verteilt immer mal wieder ermöglichen, daß Ihr ein verlängertes Wochenende ausschließlich für Eure Zweisamkeit nutzt, damit Zeiten der Muße besser gelingen können, Ihr mehr Erfahrung darin sammelt. Und auch, weil es besonders gut tut, sich auf Höhepunkte zu freuen, die den Alltagsfluß unterbrechen. Vielleicht sind dann die Erwartungen an die Urlaubstage nicht mehr ganz so groß. Das spart Enttäuschung.

Oder denken wir an Weihnachten, das Fest des Friedens. Auch hier entsprechen die Vorstellungen in der Vorfreude auf das Fest nicht der Wirklichkeit: Ist er endlich gekommen, der Heilige Abend, sind alle Beteiligten bis zur Erschöpfung müde. Zu viel war im Vorfeld zu regeln. Kommen dann noch die Schwiegereltern oder andere Familienmitglieder dazu, will die Hausfrau ja alles bieten, was ihre Kochkünste hergeben. Schon ist der Weihnachtsfrieden dahin:

Die Kinder wollen ihre Bescherung, die Oma ihr Lieblingsessen, der Vater endlich seine Ruhe nach einer Zeit höchster beruflicher und zum Schluß auch privater Anspannung, und Mutter ist sauer, weil niemand ihren Einsatz zu würdigen weiß. Bald entsteht statt eines entspannten, feierlichen Zusammenseins der erste Streit. Die hohen Erwartungen waren es mal wieder, die zu Enttäuschungen führten. Die Polizei weiß übrigens zu berichten, daß sie zu keiner Zeit zu so vielen Familienstreitereien gerufen wird wie zu Weihnachten.

Diese Ausführungen sollen diejenigen auf den Boden der Tatsachen zurückholen, die immer noch von Sehnsüchten nach dem Ausstieg aus dem Alltag geplagt werden. Die Sehnsucht ist nachvollziehbar, die Wirklichkeit oft enttäuschend. Das ist vermeidbar, wenn wir bei unseren Planungen nicht allzu viel von diesen besonderen Tagen erwarten, sondern uns mehr voller Neugierde auf das einlassen, was gerade möglich ist. Vielleicht auch, wenn wir dem Anlaß des Festes entsprechend der Bescheidenheit mehr Raum geben.

Ich erinnere mich an ein Paar, das nach einigen vergeblichen Anläufen, Weihnachten zu einem besonderen Höhepunkt des Jahres zu machen, beschloß, seinen eigenen Kennenlerntag zu seinem wichtigsten Festtag auszuwählen. Jedes Jahr gestalten sie mit einem ganz eigenen Ritual ihr Fest. Zu einer Zeit, die fern von Weihnachten ist, an einem Ort, an dem sie sich zum ersten Mal trafen. Sie versichern, so die intensivsten Erfahrungen eines gelungenen Miteinanders zu erleben. Gelassen können sie dann die Familientage an Weihnachten überstehen. Sie haben keine besonderen Erwartungen daran.

Der Alltag braucht Regeln

Kein Mensch ist in der Lage, ohne die von uns oft bekämpften Schattenseiten in einer Zweisamkeit zu leben. Da bleiben Eifersucht, Langeweile, Aggression, Lustlosigkeit oder

Angst ebenso wenig aus wie täglicher Ärger über ungeliebte Gewohnheiten des anderen. Ich erinnere nur an die nicht weggeräumte Butter am Frühstückstisch oder die Klopapierrolle, die nicht nachgefüllt wurde. Es ist nur die Frage, wie wir mit diesen Dingen umgehen. Ob wir sie durch ein klärendes Gespräch verändern können, sie einfach akzeptieren oder ob wir ein wachsendes Drama daraus machen. Ein Drama, das dadurch entsteht, daß wir viel zu lange geschwiegen haben, dem anderen nur unklare Signale gegeben haben, in der Hoffnung, daß er doch endlich kapiert, was ich brauche. Das Schlimmste ist, sich zu »opfern«, die Dinge also schweigend hinzunehmen, um sie murrend und mit wachsendem Groll dem anderen gegenüber selbst zu erledigen.

Schließlich hängt unser Unmut am Ende auch davon ab, welche Dimension unser Frust in dieser Beziehung einnimmt. Ob wir möglicherweise bereits anfangen, diesem Alltagsärger einen überhöhten Stellenwert beizumessen? Wird er zum Parameter unserer Liebe? Hängt irgendwann gar unser Seelenfrieden von der nicht weggeräumten Butter ab? Muß eigentlich alles so funktionieren, wie wir es gerne hätten? Stecken dahinter möglicherweise viel tiefere Enttäuschungen, die wir aber nicht erkennen oder zulassen wollen? Dinge, die uns in unserer Kindheit schon verletzt haben und deren Wiederholung alte Wunden berührt? Vielleicht aber hüten wir auch nur alten Ärger wie einen Schatz, den wir nicht zeigen wollen, aus Angst, den anderen zu verlieren? Auf alle Fälle lohnt es sich, über gemeinsame Lösungsmöglichkeiten nachzudenken und zu sprechen, statt zu träumen von dem Prinzen, der Prinzessin, die ebenso wie ich denkt, fühlt und lebt und vor allem jederzeit ahnt, was mir gut tut. Und lassen sich ungeliebte Angewohnheiten des anderen nicht verändern, nehmt es sportlich: Seht darüber hinweg, stoppt die Fixierung. Vielleicht läßt es sich nicht murrend, sondern lächelnd in unseren Alltag einbauen.

Was im alltäglichen Zusammensein geregelt werden kann, erleichtert den liebevollen Umgang:

- ein *Wochenplan*, mit dessen Hilfe zusammen abgestimmt wird, wer welche Aufgaben im gemeinsamen Haushalt zu übernehmen hat;
- eine *Liste*, in der erledigte Arbeiten abgehakt werden;
- regelmäßige gemeinsame »*Sitzungen*« zu festen Terminen, bei denen die laufende Erledigung der anfallenden Angelegenheiten besprochen und aufgeteilt wird; bei denen aber auch regelmäßig *Botschaften* an den anderen gesendet werden, die sonst im Alltag unter den Teppich gekehrt werden, wie der Wunsch nach mehr Information über den Partner oder nach Pünktlichkeit. Auch der *kleine Ärger* des alltäglichen Miteinanders, von dem wir einmal gelernt haben, daß eine wahre Liebe alles akzeptiert, sollte hier Raum bekommen, ohne daß eine grundsätzliche Auseinandersetzung angezettelt werden muß;
- *Abmachungen* treffen. Ein typisches Beispiel könnte die gute Hose des Mannes sein, die regelmäßig zur Gartenarbeit mißbraucht wird. Die Frau ärgert sich ebenso regelmäßig darüber, denn sie muß dafür sorgen, daß sie wieder sauber im Schrank hängt. Nun liegt es bei einem gemeinsamen Gespräch an beiden, welche Abmachung sie treffen, damit dieser Streitpunkt wegfällt. Entweder sorgt der Familienvater zukünftig selbst für seine Hosen, oder er nimmt den Wunsch seiner Frau ernst und mißbraucht das gute Stück nicht für die Dreckarbeiten;
- *Regelungen akzeptieren*, die Art akzeptieren, wie der andere die Dinge anpackt – seine Eigenart, statt ihm die eigenen

Vorstellungen davon überzustülpen und ihn ständig zu kritisieren; die Familienmutter, die ihre Erwartungen an die Mithilfe ihrer Lieben im Haushalt daran knüpft, daß alles genauso erledigt wird, wie sie es immer richtet, kann in ihrer Vormachtstellung zum Tyrannen werden;

- *Kompromisse* regeln viele unterschiedliche Bedürfnisse im Zusammenleben. Wenn der eine lieber sonntags länger schläft und der andere zu Unternehmungen drängt, kann ein Kompromiß sein: Ein Sonntag ist dein Bestimm-Tag, der andere meiner. Das ist allemal besser, als über viele Jahre Groll darüber zu sammeln, daß der Sonntag unbefriedigend beginnt.

Das mag alles läppisch klingen, hilft aber meiner Erfahrung nach, viel Nörgelei und Ärger aus dem Beziehungsleben rauszuhalten. Und Nörgelei, liebe Frauen, ist der Tod jeder partnerschaftlichen Bindung! Vielleicht klingen solche Ratschläge billig oder unangemessen. Vielleicht brauchen Sie persönlich solche Weisheiten nicht, weil Sie selbst alles längst befriedigend geregelt haben. Andererseits erlebe ich aber zu häufig, daß dieser Alltagsfrust auch gute Beziehungen so belasten kann, daß schließlich die Frage gestellt wird, ob diese Partnerschaft überhaupt noch einen Sinn hat. Und dagegen läßt sich eine Menge tun.

Das Abenteuer Alltag gemeinsam leben

Ich finde es wunderbar, daß junge Menschen heute meist, bevor sie sich endgültig das Ja-Wort geben, schon zusammen wohnen, ihren Alltag miteinander leben. Viele Ungereimtheiten können so erkannt werden. Noch ist dieses Zusammensein ein Probestadium, in dem beide erfahren werden, wie und auf welcher Basis diese Partnerschaft sich entwickeln kann. Anders als in einer Wochenend- oder Urlaubsbeziehung, die immer eine Ausnahmesituation darstellt. Jede außergewöhnliche Konstellation verhindert all das, was einen gemeinsamen Alltag oft grau, langweilig oder ärgerlich macht. Das enttäuschte Erwachen kann dann später die Quittung sein. Aus einem Zusammenleben heraus aber können die beiden von der Beziehungsebene in eine Ehe starten, die realistisch ist.

Und doch kenne ich eine ganze Reihe von Paaren, die seit Jahren eine Beziehung haben, aber noch nie eine gemeinsame Wohnung. Ihr Argument scheint einleuchtend: Jeder hat seine Rückzugsmöglichkeit, die eine wichtige Voraussetzung für eine dauerhafte Bindung ist. Jeder kann auch die Wohnung nach seinen Bedürfnissen einrichten, sich den Tag einteilen, seine eigenen Utensilien im Bad verstreuen, ohne sich über die Unordnung des anderen ärgern zu müssen. Gerade bei solchen Paaren aber erlebe ich immer wieder, daß nach dem Entschluß, nach vielen Jahren doch zusammenzuziehen, die Beziehung einen Knacks bekommen hat. Oder auch – was ich sehr bedauerlich finde –, daß nach jahrelanger Partnerschaft der Entschluß zur Familiengründung fehlt, aus Angst, zu viel von sich selbst aufgeben zu müssen. Dann ist es manchmal für die Frauen zu spät, noch einmal einen Neuanfang zu wagen und auf Kinder zu hoffen.

Diese Tendenz, die mit dazu führt, daß es beispielsweise in unserer Stadt über 50 % Singlehaushalte gibt, erscheint mir bedrohlich, weil so immer mehr Menschen auf eine Familiengründung verzichten. Egoismus, Leistungsdruck und mangelnde Toleranzbereitschaft, oft auch Zukunftsängste führen in unserer Gesellschaft zu immer mehr Vereinzelung in einer Welt, in der dadurch die sozialen Sicherungssysteme hoffnungslos ins Wanken geraten. Natürlich braucht es mehr

Geduld, wenn ich mit einem anderen Menschen den Alltag teile, als wenn ich allein meinen Stiefel lebe. Aber nur im gemeinsamen vertrauensvollen Miteinander läßt sich Toleranz üben. Das spielt sich allerdings nicht nur am Sonntag ab!

Die ältere Generation, zu der ich ja auch gehöre, hatte meist keine genaue Vorstellung davon, wie ein Alltagsleben mit dem geliebten Wesen wirklich aussehen kann. Damals war es nicht üblich, vor der Heirat zusammenzuziehen.

Da wurden viele Tagträume in die Zukunft eingewoben, die erst zu einer Ernüchterung geführt haben, als die Beziehung Wirklichkeit wurde. Vor allen Dingen aber hatte sich die Ehe-Lokomotive bereits in eine bestimmte Richtung in Bewegung gesetzt, die erst bei den später auftretenden Krisen hinterfragt wurde. Das Bremsen fiel dann schwer, weil nicht bereits zu Beginn einer Partnerschaft feste Regeln aufgestellt wurden, die spätere Enttäuschungen vermeiden konnten. Und das Schlimmste war, wenn die Betroffenen ihre Beziehungsfähigkeit in Frage stellten, statt zu akzeptieren, daß der Alltag mit einem geliebten Wesen auf Dauer seinen Glanz verliert. Was nach all den Regeln übrig bleibt, ist viel weniger, als wir vielleicht einmal erhofft hatten. Aber auch viel mehr, als der einzelne glaubt aufzugeben – allerdings nur, wenn er zu echten Kompromissen bereit ist.

Ist der graue Alltag wirklich ein Grund, sich nicht mehr auf das »Abenteuer Beziehung« einzulassen? Ist es nicht verlockend, diesen lieber aufregender zusammen zu erleben und miteinander zu wachsen, statt weiter im eigenen Saft zu schmoren, ohne Herausforderung einer Zweisamkeit? Oder ist unsere Toleranzschwelle insgesamt so niedrig geworden, daß jedes Zusammensein mit einem anderen Menschen schließlich zur Qual wird? Dann wird es allerdings höchste Zeit, Gelassenheit zu üben oder darüber nachzudenken, warum es uns so schwer fällt, das Leben mit anderen zu teilen. Schließlich sind wir von Natur aus soziale Wesen, die in Gemeinschaften leben. Nur in der Gemeinschaft anderer erfahren wir uns selbst und können Kummer und Lebensfreude miteinander teilen.

■ Susanne und Jan lebten seit 15 Jahren in einer festen Bindung. Beide waren beruflich erfolgreich, er bei einem großen Autokonzern als Werbefachmann, sie bei einem Rundfunksender als Journalistin. Eine gemeinsame Wohnung hatten sie nie. Bis vor kurzem war das auch kein Thema, weil beide beruflich sehr viel unterwegs waren. Inzwischen ging wohl von beiden der Wunsch aus zu heiraten. Allerdings mit sehr unterschiedlichen Erwartungen: Jan erhoffte sich eine Familie, in der die Frau mehr die häuslichen Aufgaben übernimmt. Susanne wollte genauso selbstverständlich wie Jan Kinder, aber ihre berufliche Karriere nicht unterbrechen. Sie erwartete von ihrem Partner die Aufteilung der Familienpflichten. Sie zogen zunächst zusammen, und schon entstand der Ärger: Meist, so berichteten beide, gehe es um Dinge des täglichen Lebens. Die unterschiedlichen Empfindlichkeiten, was die häusliche Ordnung anbelangt, aber auch das Thema Pünktlichkeit oder die Frage, wer nun wann sauber macht, überschatteten die Freude an dem gemeinsamen Entschluß. Schließlich kam es zur Trennung, Jan zog wieder aus.

Er empfand die Sicherheit und Stärke, die Susanne lebte, plötzlich als »lebende Provokation«. Er glaubte, sein Leben allein in ruhigeren Bahnen leben zu können. Susanne allerdings war sehr verletzt, sie fühlte sich in ihrer Rolle als Frau mit Beruf nicht ernst genommen. Gleichzeitig geriet sie in Panik, was ihren Kinderwunsch betraf. Die Zeit lief davon, ohne daß sie ihrerseits bereit war, berufliche Abstriche zu machen. ■

Typisch an dieser Geschichte ist, daß beide sich erst im gemeinsamen Alltag auseinanderlebten. Sie begannen miteinander über Banalitäten zu streiten, statt ihr eigenes Rollenverständnis und das des Partners zu diskutieren. Das war längst fällig, konnte aber lange Zeit ausgeklammert werden, weil jeder sich immer wieder in seine eigene Welt zurückziehen konnte. 15 Jahre lebten die beiden so, ohne daß der Alltag ihr Zusammensein zu sehr beeinträchtigen konnte. Jeder war mit sich beschäftigt und hatte dennoch eine sichere Burg, in der sich beide treffen konnten. Nach so langer Zeit wurde es schwer, alte liebgewordene Pfade zu verlassen und sich auf Neues einzulassen, sich einem ganz anderen Alltag zu stellen. Einem Alltag, in dem die Rollen neu gelebt werden müssen. Da schien es einfacher, sich aus dieser Bindung zu lösen, statt mit der Beziehungsarbeit endlich zu beginnen und die Herausforderung anzunehmen.

■ Bei Susanne und Jan reifte im Laufe der Beratungen schließlich doch der Entschluß, zu heiraten. Nachdem beide mit den Ursachen der Beziehungsschwierigkeiten und ihrem Rollenverständnis konfrontiert wurden, begann die eigentliche, längst fällige Auseinandersetzung über die grundsätzlichen Fragen eines gemeinsamen Lebens. Hier zeigte sich sehr deutlich, daß die doch so aufgeschlossenen Menschen, die beide in ihrem beruflichen Umfeld ihre Frau oder ihren Mann standen, in ihrer Geschlechterrolle sehr verunsichert waren. Die Tatsache, daß die traditionellen, archaischen Muster nicht mehr stimmten, führte zu großer Unsicherheit und schließlich zu einem Machtkampf, bei dem es zunächst nur Verlierer gab. ■

Die herkömmlichen, über Jahrhunderte übernommenen Rollen, in denen der Mann der Ernährer im Überlebenskampf draußen, die Frau die Behüterin des Heimes und der Familie ist, passen nicht in unser modernes Weltbild, in der die Chancengleichheit der Geschlechter propagiert wird. Aber neue Vorbilder sind noch nicht gegeben, die Vereinbarkeit von Familie und Beruf führt deshalb häufig zu Konflikten in modernen Partnerschaften. Zumal die alten Rollen noch tief verankert sind. Es bedarf deshalb immer noch einer größeren Überwindung für den Mann, seine herkömmliche patriarchalische Ernährerrolle mit der Partnerin zu teilen und sich auf ein neues Rollenverständnis einzulassen. Aber auch für viele Frauen wird es schwierig, ihre beruflichen Chancen wahrzunehmen und gleichzeitig Familienarbeit an den Partner abzugeben – ohne Schuldgefühle und ohne Kritik. Zumal in unserem Land die Frage der außerfamiliären Kinderbetreuung immer noch sehr unbefriedigend gelöst ist.

Dennoch kenne ich viele positive Lösungsansätze bei jungen Paaren. Wenn beide wirklich motiviert sind, schaffen sie es trotz aller Hindernisse, ihre berufliche Tätigkeit fortzusetzen und die Frage der Familienarbeit, insbesondere der Kinderbetreuung, partnerschaftlich zu lösen. Meist haben beide von dieser ungewohnten, auch nicht immer von den Mitmenschen für gut befundenen, neuen Situation profitiert, am meisten sicher die Kinder, die nun nicht nur bemuttert, sondern auch ebenso »bevatert« werden.

■ Erst durch die Bereitschaft zu Kompromissen konnten Susanne und Jan die Manege verlassen, in der der Machtkampf stattfand. Die Erkenntnis, daß sie auch gemeinsam stark sein dürfen, wenn jeder etwas von sich abgibt, führte zur Erleichterung. Schnell begannen sie, voneinander zu profitieren. Sie konnten sich nun auf ein Lebenskonzept verständigen, in dem beide ihre beruflichen Ziele weiterverfolgen wollen, die erhofften Kinder als gemeinsame zusätzliche Aufgabe für beide verstanden werden. Wie auch immer die Frage der Betreuung geregelt werden kann, dies soll zukünftig gemeinsam geschehen. So kam es zu einem Neuanfang in einer frisch erworbenen gemeinsamen Wohnung.

Wichtige Voraussetzung war für jeden ein Rückzugsort, ein eigenes Zimmer, in dem der Partner nur Gast sein kann, ebenso ein genauer Plan über alle gemeinsamen Pflichten, der regelmäßig diskutiert wurde. Die Veränderung im Zusammenleben betraf schließlich nicht nur den organisatorischen Teil. Dadurch, daß sie lernten, sich gegenseitig in ihren neuen Pflichten zu ermuntern statt zu kritisieren, erlebten sie sich selbst und den anderen in einem Prozeß des Hineinwachsens, der ihnen Freude bereitete. Auch verabredeten die beiden täglich stattfindende Gesprächsrunden zu einem ausgemachten Termin, bei denen jeder jeweils zehn Minuten von sich erzählen soll, der andere hört nur zu. Nachdem beide von sich gesprochen haben, kann anschließend darüber diskutiert werden, auch das nicht länger als zehn Minuten. Durch diese Übung ergab sich die Möglichkeit, mehr von sich und seinen Wünschen und Sorgen dem anderen zeitnah mitzuteilen, ohne daß der andere unterbricht oder sich gleich für die Lösung der Probleme zuständig fühlen mußte. Als ich die beiden zum letzten Mal traf, war die vorherige Spannung zwischen ihnen einem lockeren und liebevollen Umgang gewichen. ■

Es sieht so aus, als ob nun aus dieser Beziehung eine reife Partnerschaft werden könnte, die den beiden zwar nicht manchen Kummer erspart, die aber viel Freude aneinander und an den wachsenden Aufgaben ermöglicht. Ganz zu schweigen von den Annehmlichkeiten, die beide erleben können, weil der beste Freund nun zuverlässig an ihrer Seite ist.

7. Den anderen loslassen können ist die schwerste Übung

Verliebte glauben an die Kraft des Zaubers: Wenn ich mich sehr bemühe, wird der andere sehen, wo es langgeht, was ich brauche. Wir können aber nur uns selbst, niemals den anderen ändern. Erst wenn wir den anderen respektieren, können wir ihn loslassen.

Wer in einer Partnerschaft lebt, weiß sehr wohl, daß die Bemühungen um ein gemeinsames Wohlergehen das Zusammenleben reicher machen. Wenn Aufgaben geteilt werden können, wenn einer dem anderen in schwierigen Zeiten zur Seite steht, wenn Probleme auf vier statt auf zwei Schultern ruhen dürfen, wenn gemeinsame Freuden sich dadurch verdoppeln, daß wir sie zusammen erleben und wenn die Aufmerksamkeit des anderen uns hilft, liebevolle Zuwendung zu erfahren, dann wissen wir um den Wert unserer Lebensgemeinschaft. Jenes Bemühen um den anderen wird von einer Liebe getragen, die niemand missen will.

Gerade aber, weil die Zweisamkeit uns so gut tut, gerade weil wir den anderen oft sensibel in unser Denken und Fühlen einbeziehen, ist die Versuchung groß, ihn für unsere ganz persönlichen Bedürfnisse zu manipulieren. Unbewußt vergrößern wir unsere Anstrengungen in eine Richtung, in der wir glauben, daß wir dadurch gewisse Eigenheiten, die wir nicht mögen, beim geliebten anderen zum Verschwinden bringen können. Wir verstärken unser Bemühen um ihn und hoffen dadurch ihn dahin zu bringen, wo wir ihn gerne hätten. Zum Beispiel treibt uns die Hoffnung daß, nachdem wir etwas zum hundertsten Mal gesagt haben, der andere endlich kapiert, wie er sich verhalten soll. Und vor allem – und das sind die Fallstricke –, daß er oder sie sich entsprechend auf Dauer ändert.

Zu mir kommen häufig Paare, bei denen einer von beiden hofft, ich könnte dem Partner endlich das deutlich machen, was in der Gemeinschaft über Jahre nicht gelungen war. »Das muß er doch endlich begreifen, daß es so nicht weitergehen kann«, das sind Sätze, die oft fallen. Begreifen ja, aber ändern? Keiner kann aus seiner Haut. Da müßte viel passieren, bis das geschieht. Denn Veränderung ist nur möglich, wenn der so Angefragte sich aus tiefer Einsicht ändert, weil er an sich leidet, nicht weil es der andere so will. Ganz abgesehen von der Respektlosigkeit vor der Einzigartigkeit des anderen. Denn wer seinen Partner für seine eigenen Ziele benutzt, hat die Achtung vor seiner Persönlichkeit eingebüßt.

■ Der Mann wird nur mit Widerstand zur Beratung »gebracht«. Eigentlich will er gar nicht, ihm fehlt offenbar nichts. Er versteht auch die ständige Unzufriedenheit seiner Frau nicht. Er ist zufrieden damit, wie es nun mal im Miteinander ist. Aber, um des lieben Friedens willen.... Sie dagegen schleift ihn in der Erwartung in die Beratung, daß er auf mich »hört«, daß ich ihm das sagen kann, was bisher bei ihm nicht ankam. Es kommt dann schnell die Klage, daß er kaum noch mit ihr spricht. Daß selbst beim Heimkommen kein Austausch möglich sei. Er verschanze sich sofort hinter seiner Zeitung und verhindere jedes Bemühen um ein Gespräch. Er teile nichts von sich mit, so daß sie sehr unsicher wird, wie es ihm wohl geht. Spricht sie ihn an, bekomme sie nur die Antwort: »Mir geht es gut, warum fragst Du?« Auch scheine er sich nicht für ihr Wohlergehen zu interessieren, denn er frage sie fast nie. »Er redet kaum ein Wort mit mir, sagen Sie ihm doch mal, daß zu einer Ehe zwei gehören!«

Ich verstehe ihren Ärger schon, ahne aber, daß ich sie enttäuschen muß.

Unmißverständlich mache ich ihr deutlich, daß niemand ihren Mann ändern kann, es sei denn, er selbst will es. Er aber sitzt da, als ob alles in Ordnung ist, lediglich daß seine Frau Kummer mit ihm hat, möchte er nicht. Schmerzlich für die Hoffnungsvolle, wenn sie begreifen muß, daß weder ich noch irgendwer die Möglichkeit hat, Eigenheiten, die der andere besitzt, zu ändern. Nur er selbst kann es, soweit er dazu ausreichend motiviert ist. Und die Motivation wird um so geringer werden, je weniger sie ihn aus den Augen läßt. Denn wenn sein Verhalten auch noch zu ständiger Hinwendung von ihr zu ihm führt – und diese Fixierung der Frau ist eben auch eine Art Zuwendung –, hat er doch vieles von dem, was jedem Menschen gut tut: intensives Sich-Kümmern, wenn auch mit veränderten Vorzeichen. Im Grunde wird er noch belohnt für sein Verhalten. Warum sollte er bei soviel Aufmerksamkeit, die ihm zuteil wird, etwas ändern? ■

Natürlich können einschneidende Ereignisse im Leben eines Menschen diesen verändern. Meist geschieht es unter besonders belastenden Umständen, im Krieg zum Beispiel oder bei einer schlimmen Erkrankung, die an die Grundfesten eines Menschen rütteln. Auch eine eheliche Krise kann selbstverständlich bewirken, daß jemand sich aus tiefer Einsicht heraus ändert. Es gehört meist eine Portion Leid, aber auch Bewußtwerdung dazu, bis ein erwachsener Mensch, der auf Grund kindlicher Erfahrungen so geprägt und in vielen Jahren so geworden ist, sein Verhalten in neue Bahnen lenkt. Deshalb kann nur er selbst solche Veränderungen beginnen. Gehört doch eine große Kraftanstrengung dazu, die tiefen Furchen, die unsere langjährige Lebensbahn gezogen hat, zu verlassen und in eine neue Richtung zu gehen. In dem oben beschriebenen Fall leidet nur die Frau, nicht der Mann unter den gegebenen Umständen. Also wird nur sie sich ändern können.

Richtig ist, seinen Frust über eine Störung in der Zweisamkeit dem anderen mitzuteilen, anstatt in sich »hineinzugrummeln« oder still zu leiden. Selbstverständlich kann jeder von uns versuchen, Unangenehmes, das im Zusammenleben entsteht, aus der Welt zu schaffen. Es ist legitim, vom anderen ein konstruktives Herangehen an Probleme zu erwarten. Das ist ja gerade die Herausforderung, die uns, so es gelingt, Freude an einer lebendigen Zweisamkeit erleben läßt. Ich will also keineswegs den Wunsch nach Veränderung kritisieren. Denn jedes Bemühen um eine lebendige Partnerschaft ist wichtig. Hier aber geht es um Eigenschaften, die zu einer Persönlichkeit gehören. Es ist die Art, wie jemand nun mal ist, die es zu respektieren gilt. Und es geht darum, daß bei solch einem Verhalten, das schon immer so war, die Frau bereits am Anfang der Beziehung wissen mußte, worauf sie sich einläßt.

Wir haben unterschiedliche Antennen

Ebenso wie diese Klientin kann es auch umgekehrt der Ehemann sein, der auf Veränderung hinarbeitet. Dann überredet er seine Frau, mit ihm zur Beratung zu gehen, um seine Ehe zu retten. Aber ehrlicherweise muß ich sagen, daß es doch viel häufiger die Frauen sind, die spüren, daß es so nicht weitergehen kann. Sie sind es meist, die ihre Antennen nach außen richten und früher als der männliche Part nach Veränderung im gemeinsamen Miteinander trachten, zumindest um gemeinsame Gespräche ringen. Sie spüren mit ihrem Einfühlungsvermögen die atmosphärischen Störungen in einer Zweisamkeit früher, oft auch deutlicher.

Sind die Frauen die Unzufriedeneren oder sind die Männer eher beziehungsuntauglich? Sicher beides nicht. Es gab einfach unterschiedliches Rollenverhalten in der Kindheit. Das haben sie so bei Vater oder Mutter erlebt, das hat sie geprägt. Schon früh hat die Frau von der Mutter gelernt, ihre Antennen auszustrecken, um für das Wohl der ihr Anvertrauten zu sorgen. War sie als Kind gut darin, für andere zu sorgen, bekam sie die erhoffte Aufmerksamkeit von den Erwachsenen, sie wurde gelobt. So wuchs ihre Sensibilität. Später allerdings nehmen damit auch die Ansprüche und die Erwartungshaltungen in der Partnerschaft zu. Denn diese sensible Antenne ist sehr empfänglich für Störungen.

Die Männer haben dagegen in ihrem Rollenverständnis übermittelt bekommen, Unpäßlichkeiten auszuhalten, wie ein Mann zu einer Sache zu stehen. Sie hatten als Junge wohl auch nicht so große Schwierigkeiten, Zuwendung zu bekommen. Sie waren ja von der Mutter meist mehr geliebt, weniger kritisch bewacht. Deshalb mußten sie nicht so sensibel auf Stimmungsschwankungen reagieren. Daß sie dann bei Schwierigkeiten nicht so schnell nach Abhilfe trachten, mag jener Haltung entspringen. Vielleicht sind sie auch nicht gewillt, kleine Störungen wahrzunehmen. Das kann selbstverständlich auch mit umgekehrten Vorzeichen geschehen, so daß der Mann der sensiblere ist. Er hat dann wohl in seiner Jugend mehr Vorbilder erlebt, die diesem Muster entsprechen. Ebenso kann die Frau weniger empfänglich für Störungen, mehr rational ausgerichtet sein.

Sicher sind es nicht nur die Herkunftsgeschichten, die solch verschiedene Verhaltensmuster hervorrufen, sondern auch genetische Unterschiede der Geschlechter. Der alte

Streit, was an männlichen oder weiblichen Eigenarten angeboren, was dazu erworben wird, kann auch bei dieser Diskussion aufleben. Ich denke, beide Theorien gehören zusammen. Bei allem Wissen darum mag die Enttäuschung dennoch groß sein, wenn sich trotz größter Anstrengung des anderen das Blatt im Zusammenleben nicht wenden läßt.

■ Bettina und Peter waren seit 22 Jahren verheiratet. Peter hatte, so beteuerte er, bisher keine Probleme in der Beziehung. Bettinas Unzufriedenheit betraf sein Verhalten. Ich konnte das nachvollziehen: Er spreche nicht über persönliche Empfindungen, überlasse ihr einfach viele Dinge in der Familie, und sei wenig an einem gemeinsamen Austausch interessiert. »Die Sportschau ist wichtiger! Wir reden kaum miteinander über uns, er zieht sich nach getaner Arbeit wortlos zurück.« Auf meine Frage: »Seit wann beobachten Sie das?«, bekam ich zur Antwort: »Es war schon immer so.« ■

Wäre die Antwort gewesen, daß dieses Verhalten befremdlich ist, weil es früher nicht so war, würden wir zusammen mit der Ursachenforschung in dieser Zweisamkeit beginnen: Warum hat sich gerade in jüngster Zeit etwas verändert? Was war der Auslöser? Was hat sich in der Beziehung getan? Was ist zwischen den beiden verändert? Gab es möglicherweise außerhalb der Partnerschaft, beispielsweise im Beruf, Ärger? Was bedeutet dieses Verhalten jetzt für beide?

In solch einem Fall ist die Veränderung ein Symptom für einen neuen Konflikt, den es anzuschauen gilt.

■ Bei Bettina und Peter war es aber schon immer so. Auf meine Frage, »Und warum kommen Sie jetzt zu mir?«, war Bettinas Antwort: »Ich habe seither soviel auf mich genommen. Ich habe auch immer gehofft, wenn ich ihm Zeit lasse, wird sich das geben. Ich habe ihn auch geschont, weil ich der Meinung bin, daß er eh so belastet ist, aber nun reicht es mir, wenn ich mir vorstelle, wir verbringen den Rest unserer Tage so, dann meine ich, muß etwas geschehen.«

Mit letzterem hat sie wohl recht. Nur, was geschehen kann, wird nur sie selbst vollbringen können. Zunächst muß ich ihr verdeutlichen, daß sie einsehen muß, daß auch ich nichts tun kann, um Peter zu verändern. Peter ist nun mal, wie er ist. Er war offenbar von Anfang an so, nur hat es Bettina anfangs nicht so gestört wie in letzter Zeit. Sie hatte versucht, mit ihm darüber zu reden, ihm deutlich gemacht, was ihr fehlt, schließlich gehofft, daß ein Wunder geschieht. Wunder aber geschehen nur selten.

Ihre Aufgabe wird sein, so versuchte ich ihr die unangenehme Botschaft zu verdeutlichen, Peter so anzunehmen, wie er ist. So, wie er offensichtlich auch sie respektiert. Andernfalls müsse sie gehen, wenn die Situation für sie unerträglich würde. Zuvor allerdings sollten beide erst einmal auf die Suche nach wichtigen Gemeinsamkeiten gehen, die ihre Ehe ja bis zu diesem Moment getragen hatten. Vielleicht sind sie etwas aus dem Blickfeld geraten und brauchen wieder Pflege?

Der Gedanke der Trennung, von mir ausgesprochen, löste bei beiden große Nachdenklichkeit und Trauer aus. Jetzt wurden schnell die positiven Seiten der Beziehung ans Tageslicht geholt. Ein sicheres Zeichen dafür, daß diese Beziehung trotz allen Klagens noch von Liebe getragen wurde. Das, was Bettina dazu beitragen konnte, diese Ehe wieder in ein lebendigeres Fahrwasser zu bringen, war die klare Entscheidung, Peter so zu nehmen, wie er ist, oder zu gehen, wenn sie ihn so nicht will. Beide Wege verdeutlichten ihr ihre persönliche Freiheit, sich zu entscheiden. Bettina entschied sich für diese Beziehung. Allerdings mit dem Vorsatz, zukünftig weniger von Peter zu erwarten und sich mehr mit Dingen zu beschäftigen, die sie vernachlässigt hatte. Ihr

Bedürfnis nach mehr Gesprächen über die Tagesereignisse hinaus will sie mit ihren Freundinnen pflegen, ihre Erwartung ihm gegenüber wird sie zurückschrauben. ■

Das klingt sehr einfach, ist aber meist mit tiefer Trauerarbeit verbunden. Denn bis zu diesem Moment lebte Bettina in der Hoffnung auf Veränderung. Sie muß jetzt Abschied nehmen von diesen Wünschen. Sicher auch von dem Traum, daß Opfer, die von ihr im Laufe des Lebens gebracht wurden, wie ein eingezahltes Geldstück zurückgezahlt werden. Und sie muß Abstand nehmen von dem glanzvollen Bild, daß in einer glücklichen Beziehung alles mitgeteilt wird. Ein Bild, das viele Paarwillige haben, das aber nicht in jedem Fall fruchtbar sein muß. Denn auch in einer guten Langzeitbindung hat jeder das Recht auf seine Eigenständigkeit.

Sollte Bettina sich allerdings nicht dafür entscheiden können, so zu leben, ohne in eine Leidensrolle zu verfallen, kann sie sich nur abwenden. Das kann dann eine innere oder sogar äußere Trennung sein. Ist sie aber bereit, die Trauerarbeit zu leisten und Abschied zu nehmen von alten Träumen, kann eine große Gelassenheit zwischen beiden einkehren, die möglicherweise Peter wiederum veranlassen könnte, mehr auf ihre Bedürfnisse einzugehen, sich ihr zu nähern. Aber das bleibt im Bereich der Spekulation. Und unternimmt er nicht mehr Anstrengungen, sich in die Beziehung einzubringen, dann eben nicht. So hat sie ihn kennen und lieben gelernt, so wird sie – will sie an der Beziehung festhalten – mit dieser ungeliebten Seite leben müssen. Auch in jeder neuen Bindung wird es Schattenseiten geben.

Jeder bringt seine Stärken aber auch Schwächen in eine Zweierbindung ein.

Wichtig ist besonders in Krisenzeiten, sich an all das zu erinnern, was uns einstmals zusammenführte, was wir aneinander liebten. Es verschärft nur den Konflikt, wenn wir nicht von den Gedanken lassen können, was uns heute stört und zu trennen scheint. Die beklagten Schattenseiten des anderen können wir nur annehmen, statt sie zu bekämpfen. Leichter fällt uns das sicher, wenn wir mehr vom Partner wissen. Wenn wir verstanden haben, warum seine Vergangenheit ihn oder sie so geprägt hat. Und natürlich auch, wenn wir begreifen lernen, warum uns selbst die eine oder andere Eigenschaft so wichtig wurde.

Unsere Geschichte prägt uns

Wir alle bringen unsere persönliche Geschichte in eine Beziehung ein. Diese Geschichte hat uns geprägt, unsere Einmaligkeit verursacht. Sie zu erkennen und auch die des Partners verstehen zu lernen, macht uns und unsere Beziehung reich. Und sie läßt uns Abstand nehmen von dem Versuch, aus dem geliebten Wesen ein anderes machen zu wollen. Durch unsere individuellen Kindheitserfahrungen in der Beziehung zu unseren Bezugspersonen, meist Vater und Mutter, wurden wir geprägt in dem, was uns gelingt und was uns verletzt. Wenn wir nun diese alten Beziehungsmuster erkennen und deren Fallstricke verstehen lernen, können wir unser und das Verhalten des Partners eher tolerieren lernen. (Dazu habe ich schon in der 3. These einiges ausgeführt.)

Wie kommen wir zu den Herkunftsgeschichten von uns und unserem Partner?

Es gibt Menschen, die kaum Erinnerungen an ihre Kindheit haben, die ihre Geschichte kaum kennen. Weniger die historischen Tatsachen, eher die eigenen Erfahrungen und Wahrnehmungen. Denn Kindheitserfahrungen sind nicht für jeden in gleichem Maße abrufbereit.

Wenn die Erinnerungen besonders schmerzlich waren,

kann das Unbewußte sie zum eigenen Schutz verdrängen. Dann läßt sich nicht alles, was wir gerne von damals wissen möchten, problemlos abrufen. Manchmal ist es ein äußerer Anlaß, der alte Geschichten, wenn auch zunächst bruchstückhaft, in Erinnerung ruft. Manchmal ist es die geborgene Atmosphäre einer vertrauten Zweisamkeit oder sogar einer Therapie, in der es erst die Unterstützung gibt, sich zu erinnern. Und manches liegt sozusagen auf der Hand, kann problemlos abgerufen werden. Immer aber ist das gemeinsame Erinnern ein spannender Prozeß über längere Zeit. Gerade deshalb ist eine langjährige Partnerschaft ein nährender Boden, um Erinnerungen zusammenzutragen. Das erfordert Geduld und Vertrauen, ohne die wir den anderen unwillentlich verletzen können. Denn jeder von uns besitzt nur seine eigene Wahrnehmung, niemals die eines anderen.

■ Bettina sehnte sich nach einem Partner, der endlich nur für sie da war. Sie mußte die Liebe des Vaters mit vielen anderen Geschwistern und der Mutter teilen. Deshalb neigte sie dazu, in einer späteren Bindung den Partner sehr fest zu halten. Sie wollte alles von ihm wissen, er sollte immer für sie da sein, alles sollte geteilt werden. Sie sehnte sich danach, endlich die Nummer Eins zu sein. Peter dagegen hatte eine Mutter, die zu diesem Bub ein besonders intensives Verhältnis hatte, das ihn aber auch einengte und ihn deshalb als Kind veranlaßte, immer wieder aus der Enge zu fliehen. Sie hatte ihn »zum Fressen gern«! Auch als erwachsener Mann hielt er deshalb nicht zu viel Nähe aus. Er mußte sich immer wieder entziehen. Es war die Flucht aus Mutters Nähe, die ihn vor der auffressenden Liebe seiner Mutter damals schützte.

Bettina und Peter verlieben sich ineinander, weil beide den verletzenden Mustern ihrer Kindheit wieder begegnen, in der unbewußten Hoffnung, daß alte Wunden heilen mögen. Es war

Peters Sehnsucht nach mehr Freiraum trotz enger Bindung. Und Bettinas Wunsch, endlich jemanden an ihrer Seite zu haben, der ausschließlich für sie da ist. Diese Hoffnungen könnten erfüllt werden, wenn beide mehr von der Herkunft ihrer Wünsche verstehen. Und wenn sie bereit sind, bewußt damit anders als bisher umzugehen. Sie können verstehen lernen, warum Bettina sich immer nach Nähe sehnt, und warum genau diese Nähe für Peter immer wieder zuviel wird, so daß er gehen muß.

Erst wenn sie begreifen, daß dieses Verhalten nicht gegen den anderen gerichtet ist, können sie sich auf ein Miteinander verständigen, das vielleicht in der Mitte liegt. Um Neues zu probieren, werden sie beginnen müssen, behutsam beides stärker zuzulassen: Mehr Nähe von Peter, ohne daß es ihm zuviel wird, und dann wieder Abstand, ohne daß Bettina das als Verlust erlebt. Bettina wird sich verstärkt anderen Dingen zuwenden, Peter muß nicht ständig fliehen, um seine Freiheit zu erproben, solange er in seinem Bedürfnis nach zeitweiligem Abstand ernst genommen wird. Am Ende könnten sie die Auseinandersetzung mit dieser Schattenseite, verbunden mit dem Wissen um die Herkunftsgeschichten, als Bereicherung ihrer Beziehung erleben. ■

Daß trotz allem bei Bettina und Peter Liebe im Spiel ist, zeigte die große Trauer, die beide erlebten, als die Erkenntnis reifte, daß in dieser Beziehung nicht alle Wünsche auch die des Partners sind. Diese Liebe leben zu lassen, ihr wieder mehr Raum zu geben und zu neuem Schwung zu verhelfen, lohnte sich.

Nur dadurch, daß wir verstehen, warum jemand so geworden ist oder so handeln muß, werden wir lernen, mit unseren Erwartungen an den anderen und auch mit seinen Empfindlichkeiten behutsamer umzugehen. Wir fühlen uns nicht mehr machtlos bösen Geistern ausgeliefert und auch nicht ständig persönlich verletzt.

Getrost können wir unterlassen, dem Partner oder der Partnerin geeignete Literatur wie dieses Buch zu empfehlen, damit ihm oder ihr eine Laterne aufgeht. Wir können den anderen sowieso nicht ändern.

Wir konnten begreifen, daß der andere seine eigene Geschichte hat, die ihn so werden ließ. Was wir jetzt zu unserer Liebe beitragen können ist, ihn so zu nehmen, wie er ist. Die ungeliebten Seiten gelangen dadurch aus dem Mittelpunkt unseres Interesses. Und einstmals begehrte Seiten des Partners, die im Eifer der Anstrengungen um Veränderung aus dem Blick geraten sind, rücken vielleicht wieder in den Vordergrund. Dieses Wissen macht uns gelassener und weise.

Natürlich werden wir damit auch Abschied nehmen müssen von der Erwartung, in dieser Beziehung unser Defizit durch den anderen erfüllt zu bekommen. Statt dessen können wir Ausschau halten nach anderen Menschen, mit denen die Seiten, die in der Partnerschaft vielleicht zu kurz kamen, Freude machen. So wird unsere Lebenslust zurückkehren können. Natürlich werden wir manchmal trotzdem in die Falle tappen, aber wir verstehen jetzt, warum. Wir müssen nicht ständig mit uns und den Schwachstellen des anderen ins Gericht gehen. Vielleicht gelingt es uns dann, geduldiger und auch respektvoller miteinander umzugehen. Und wir können Frieden schließen mit uns, mit dem anderen und dem Schicksal, das es wieder mal gut mit uns meint.

Das Ja zum anderen, so wie er oder sie ist

Wenn wir loslassen können und nicht mehr so viel vom anderen erwarten, werden wir mehr Leichtigkeit und Freude im Umgang mit dem geliebten Wesen erleben. Unsere geheimsten Wünsche werden nicht erfüllt, indem Anteile des anderen –

sogenannte Schattenseiten – bekämpft werden. Im Gegenteil, es grenzt an Respektlosigkeit, wenn der Anspruch erhoben wird, den anderen hinbiegen zu wollen. Sie müssen nicht geliebt werden, diese dunklen Seiten, aber die Nörgelei dagegen einzustellen macht frei. Die Achtung vor der Einzigartigkeit des anderen und die Rücksicht auf die Lebensgeschichte, die beide geprägt hat, sind Zeichen einer reifen Partnerschaft.

Wie kann man denn, fragen Sie vielleicht, in einer Beziehung ohne Hoffnung auf Veränderung leben? Hält man das aus? Leben wir dann nicht nebeneinander her, wozu dann das Ganze? Schauen wir uns doch mal all das an, was zwei Menschen einstmals zusammengeführt hat, das Fundament, das so eine lange Beziehung verbindet und stärkt. Das war sicher eine ganze Menge mehr, als beide im Laufe zunehmender Enttäuschung und dann Entfremdung noch sehen konnten. Der Unmut, daß sich Lebensträume nicht erfüllen (wie zum Beispiel, er sollte mehr mit ihr reden), verengt den Blick schließlich auf diese eine Schwierigkeit. Einstmals beglückende gemeinsame Momente werden als solche nicht mehr wahrgenommen. Der Frust überhöht sich durch die ständige Fixierung wie in einem Märchen zu gigantischer Größe und läßt all die vielen gewachsenen Bande in seinem Schatten ersticken. Der Alltag bestätigt dann unaufhörlich das Defizit und verhindert, daß die zwei vom Lebensstrom mit seinen tausendfachen, friedlichen und leichten Momenten getragen werden können.

Das Geheimnis der Zufriedenheit liegt darin, an der Seite eines Freundes zu sein, und dessen ungeliebte Seiten zu respektieren, statt auf Wunder zu warten. In dem Moment nämlich, wo wir uns entscheiden, diese Schwäche oder Schwierigkeit zu tolerieren, damit zu leben, trauern wir eine Weile, erfahren dann aber Entlastung, sogar Erleichterung. Ist doch damit auch unsere ständige Beziehungsarbeit nicht so gefordert, wie wir glaubten. Wir können uns schließlich wieder mehr um uns selbst kümmern. Endlich dürfen auch wir wieder so sein, wie wir nun mal sind, auch wenn dies den Erwartungen des anderen nicht entspricht. Da fällt manche Anstrengung von uns ab. Am Ende ist es sogar möglich, daß sich der andere auf uns zu bewegt, sich ändert. Nicht, weil wir es wollen, sondern weil wir loslassen konnten, der andere dadurch mehr Luft bekam. Vielleicht kann er dann sogar von seiner »Trutzburg« abrücken, in die sich seine Seele schutzsuchend zurückgezogen hat. Es kann auch sein, daß er neugierig wird, was da alles an Veränderung mit der Partnerin passiert. Dann wird es allemal spannend. Wird eine Krise so erfolgreich umschifft, wächst durch die gemeinsamen Erfahrungen eine ganz besonders intensive Verbindung.

Anders läuft es, wenn Eigenheiten des Partners oder der Partnerin die Fortsetzung der Zweisamkeit nicht möglich machen.

■ Ich denke an einen Familienvater, der sich voller Verzweiflung mit drei kleinen Kindern von seiner Frau trennen mußte. Er hatte einige Jahre versucht, seine Partnerin durch viel Zuwendung und Einfühlungsvermögen vom Trinken abzuhalten. Zu Beginn der Ehe war die Alkoholkrankheit nicht bekannt, doch bald darauf begann die Tragödie. Erst als alle Versuche, ihr Verhalten zu verändern, erfolglos blieben, und sie jede Therapie ablehnte, entschied er sich für die Trennung. Die bittere Erkenntnis, daß niemand seine Partnerin zu ändern vermag, solange sie selbst es nicht vollbringt, führte zu einer heilsamen, wenn auch schmerzlichen Entscheidung – für die Kinder, aber auch für ihn. ■

Der Glaube zu wissen, was für den anderen gut ist, hat durchaus fürsorgliche Qualitäten. Erst aber, wenn wir den anderen wirklich lassen können, verhalten wir uns wie zwei verantwortungsbewußte, erwachsene Menschen. Noch einmal komme ich auf die Schwierigkeit, aber auch Notwendigkeit zurück, den anderen so zu nehmen, wie er ist. Erst dann können wir den nächsten schwierigen Schritt vollbringen, nämlich ihn zu lassen. Damit werden viele Zweiergeschichten aus ihrer Strangulierung befreit. Wie aber können wir mehr von dem verstehen, was zwischen uns abläuft? Wann gelingt es, den anderen aus unseren Wünschen zu entlassen? Dazu möchte ich ein Kommunikationsmodell einführen, das zeigt, auf welch unterschiedlichen Ebenen eine Kommunikation stattfinden kann und wie Verständigung und gemeinsame Entscheidungen möglich werden.

Die drei Kommunikationsebenen des Ich

Dieses Modell habe ich von der *Transaktionsanalyse* übernommen, einem Arbeitsmodell der humanistischen Psychotherapie. Die drei Ebenen spiegeln unsere frühkindlichen Erfahrungen im Umgang mit unseren Eltern auf unterschiedlichen Kommunikationsebenen wider: Die Eltern, die erziehen, loben und strafen, das ist die Ebene des *Eltern-Ich*. Das Kind, das gestraft oder geliebt wird, oder das freie Kind, das spielt und frei ist von Bevormundung, ist die Ebene des *Kindheits-Ich*. Und die Ebene der Erwachsenen, die wir hinzugewonnen haben, soweit wir erwachsen geworden sind, ist das *Erwachsenen-Ich*. Auf dieser Ebene übernimmt ein Erwachsener die volle Verantwortung für sich selbst, und nur auf dieser Ebene kann die bewußte Entscheidung getroffen werden, den anderen aus den eigenen Wünschen zu entlassen.

Wenn Menschen kommunizieren, können sie sich auf gleicher oder auch auf unterschiedlichen Ebenen begegnen. Oft werden die erwachsenen Anteile im Beruf oder zwischen Fremden ohne Schwierigkeiten gelebt, in der Partnerschaft aber kehren alte Wünsche aus der Kindheit nach »Bevaterung« und »Bemutterung« zurück. Dann kommen die Ebenen des Eltern-Ich und des Kindheits-Ich ins Spiel. Die Sehnsucht nach dieser elterlichen Fürsorge steckt wohl seit Kindheitstagen in uns allen. Je mehr wir davon in unseren frühen Jahren bekommen haben, um so weniger bedürftig sind wir danach in unserer erwachsenen Welt. Diejenigen aber, die nicht ausreichend mit aller mütterlichen und väterlichen Fürsorge umgeben wurden, werden auch in ihrem späteren Dasein verstärkt nach Befriedigung dieser Urbedürfnisse suchen. Und das sind wohl die meisten von uns. Denn wer ist als Kind wirklich satt an Zuwendung durch die Eltern geworden? Wer hat schon ausreichend Geborgenheit, Angenommensein, Anerkennung und Unterstützung, sprich Liebe bekommen?

Als Erwachsener bleiben demnach Wünsche nach »Bemutterung« oder »Bevaterung«. Weil sie durch die Eltern nicht mehr erfüllt werden können, wird der unbefriedigte Wunsch von damals jetzt unbewußt dem Partner zugeteilt. Entweder ist er in der Rolle des Kindes, das den anderen zum Elternteil macht, oder in der Rolle des Elternteils, das den Partner als Kind annimmt. So kann in einer Beziehung der Mann von einer eher mädchenhaften Frau mehr in seinen väterlichen Anteilen geliebt werden, oder das Kind im Mann kann die mütterlichen Seiten seiner Frau genießen. Natürlich haben beide im Laufe ihres Erwachsenwerdens auch die notwendigen Anteile des Erwachsenen-Ichs übernommen.

Alle Ebenen, das Eltern-Ich, das Kindheits-Ich und das Erwachsenen-Ich, sind in einem partnerschaftlichen Zusammenleben wichtig. Denn jeder von uns hat Zeiten, in denen die Fürsorge des anderen im Sinne des »Bevaterns« oder »Bemutterns« dem Kindheits-Ich gut tut und manchmal notwendig ist.

Das Eltern- und auch das Kind-Sein in einer Beziehung sind legitim, solange die Beziehung sich nicht ausschließlich auf dieser Kommunikationsebene abspielt. Das gelebte Eltern-Ich kommt auch wieder den eigenen Kindern zugute. Andererseits ist auch ein partnerschaftlicher Umgang, in dem sich beide gleichwertig in ihrer Würde und in ihrem Verhalten im Erwachsenen-Ich gegenüberstehen, unabdingbar für eine reife Beziehung. Denn nur das Erwachsenen-Ich übernimmt die volle Verantwortung für sich, ohne Erwartungen an den anderen. Deshalb kann nur das Erwachsenen-Ich den anderen loslassen!

In vielen Partnerbeziehungen spielt sich aber oft von Anfang an eine Rollenteilung ab, die die Bedürfnisse, umsorgt zu werden, bei einem der beiden Partner wiederbelebt. Da ist der Ehemann, der bemuttert wird von seiner Partnerin, er fühlt sich in der Rolle des umsorgten Kindes wohl. Und da gibt es die Ehefrau, die im Partner hauptsächlich väterliche Anteile sucht, so aber nicht erwachsen werden will oder kann. Weil die Frau in ihrer Mutterrolle von Kindheit an bestätigt wurde, fällt ihr das Bemuttern leicht. Der Mann, ist er in seiner Bubenrolle geblieben, läßt das Bemuttern zu. Aber der Mann hat früher auch oft den Vater vermißt, lebt selbst deshalb gerne diese väterlichen Anteile, so, wie er sich seinen Vater gewünscht hätte. Er kommuniziert dann auf einer väterlichen Ebene, die oft mädchenhafte Frauen anzieht.

Unterschiede in der Erziehung der Geschlechter werden hier deutlich: Während der Mann in seiner Kindheit oft lange in seiner geliebten Bubenrolle bleiben dufte, mußte die Frau viel schneller vernünftig, sprich erwachsen werden: Dem Bub als Mutters Liebling wurden bei der klassischen Rollenverteilung der Eltern viel länger die Dinge des Alltags im Haus aus dem Weg geräumt, er konnte sich seinem Spiel widmen. Mutter erledigte vieles für ihn. Das Mädchen dagegen mußte schon früh an der Seite der Mutter häusliche Aufgaben übernehmen, bekam Verantwortung für Geschwister übertragen, lernte von der Mutter die Fürsorge für die anderen. Das könnte erklären, warum Männer oft eher bereit sind, in der Rolle des großen Jungen zu bleiben, diese natürlich auch genießen. Sie nehmen die mütterlichen Anteile ihrer Partnerin an. Und als große Jungen, die ja durchaus liebenswert sind, vertiefen sie sich auch als Erwachsene meist intensiver ins Spiel als Frauen dies tun. Das mag Sport, der Computer, Sex oder die Eisenbahn sein. Frauen dagegen haben weniger Freude am Spiel, trachten eifrig danach, ihre Pflichten zu erledigen. Sie wurden ja schon früh angehalten, der Mutter zur Hand zu gehen. Eigentlich kann man sagen, daß für das weibliche Geschlecht meist erst die Arbeit und dann das Spiel kommt, während für die Männer auch harte Arbeit gleichzeitig Spiel sein kann. Ich sage das keineswegs kritisch, sondern eher neidisch: Auch ich hätte eigentlich mehr Lust am Spiel, wenn nicht ständig der Kopf etwas anderes forderte. Menschen, die spielen, können eher im Hier und Jetzt sein, sind nicht so Getriebene. Sie sind dadurch liebenswert!

In dem bunten Fächer der Beziehungsmuster spielen diese Qualitäten des anderen immer eine Rolle und machen Beziehungen oft reich. Wie intensiv die Rollen im Gesamtmuster einer Beziehung gelebt werden, entscheidet letztlich über die Reife einer Partnerschaft. Mütterliche und väterliche Anteile sind durchaus normal und fruchtbar. Lediglich wenn die Ebene der Mutter-Sohn- oder Vater-Tochter-Beziehung hauptsächlich als unbewegliches System gelebt wird, kann zwar eine langjährige Bindung, aber keine erwachsene Partnerschaft entstehen. Denn beide Partner bewegen sich in einer gegenseitigen Abhängigkeit und werden in ihrem Erwachsenen-Ich nicht ernst genommen, sogar entmündigt.

In dem Moment, wo einer aus jenem Beziehungsgefüge ausbricht, sich nicht mehr dieser Rolle unterordnet, kommt das ganze Gebäude in Schieflage. Die Bemühungen des anderen, der glaubt, um so fester an den alten Mustern festhalten zu müssen, laufen ins Leere. Dieses einseitige, starre Beziehungsmuster ist ein sehr störanfälliges Modell, das keine stabile Bindung zuläßt und eine langjährige Partnerschaft schlagartig ins Wanken bringen kann.

Zum Beispiel kann das nicht Erwachsenwerden irgendwann dem anderen zuviel werden, so daß eines Tages die Frage: »Kann ich Dir helfen?« zu unbotmäßigen Reaktionen desjenigen führt, der den Elternteil übernommen hat. Eine gutgemeinte Frage, die manchmal im Haushalt von jenem großen Buben gestellt wird, der artig versucht, dem Auftrag nach Mithilfe im gemeinsamen Haushalt nachzukommen. Eines Helfers allerdings, der nicht selbständig handelt. Jener Helfer wird im beruflichen Leben draußen durchaus seinen Mann stehen, aber durch die häusliche Situation und natürlich auch durch das Beziehungsmuster verfällt der Mann zu Hause in eine andere Rolle. Er stellt eine harmlose, aber entwaffnende Frage, die braves Angepaßtsein, aber nicht Erwachsensein dokumentiert.

Haben Sie solche Fragen auch erlebt? Wie könnte die Bereitschaft zur Mithilfe in einer erwachsenen Partnerschaft lauten? In diesem Beispiel so: »Ich putz schon mal den Salat, geht das in Ordnung?« Spüren Sie den Unterschied? Im ersten Fall gibt es einen, der sagt, wo es lang geht, im anderen Fall übernimmt in gemeinsamer Abstimmung jeder seinen Part. Das mag wie Griffelspitzerei klingen, kann aber eine sehr ungleiche Beziehung dokumentieren, in der es eines Tages an ganz anderer Stelle eskalieren könnte, ohne daß gravierende Dinge vorangegangen sind. Denn die mütterliche Zuwendung in einer Zweisamkeit entpuppt sich irgendwann als Falle. Der Anspruch »ich weiß, was für dich gut ist«, treibt möglicherweise den so Bemutterten eines Tages in die Flucht.

■ Johanna und Andreas leben in einer Kleinstadt im Schwäbischen, eine angesehene Familie mit 3 heranwachsenden Kindern. Er war Rektor der örtlichen Hauptschule, sie widmete sich mit ganzer Liebe der Familie, dem Haus und dem Garten. Gemeinsam haben sie lange gespart, um sich dann mit eigenen Händen ein Haus zu bauen. Johannas ganze Liebe war der biologische Garten, in den sie viel Kraft investierte, und mit dessen Produkten sie ihre ganze Familie ernährte.

Eines Tages erschien Johanna völlig aufgelöst in meiner Beratungsstunde. Sie hatte zuvor dringend um ein nur kurzes Gespräch gebeten, angedeutet, nur unbedingt etwas loswerden zu müssen, was keinen Aufschub duldete. Wir kannten uns nicht. – Von wegen kurzes Gespräch! Es folgten derer viele gemeinsame, bis Veränderung möglich wurde. Was war geschehen? Einige Tage zuvor hatte Johanna von Andreas nach der Schule einen kurzen Anruf erhalten, in dem er mitteilte, daß er nicht mehr nach Hause komme. Er wohne jetzt in einem Kellerraum bei seinem Bruder. Eine weitere Erklärung war zunächst nicht von ihm zu erhalten. Vorausgegangen war weder ein Streit noch eine Meinungsverschiedenheit, geschweige denn eine Andeutung über eine mögliche Veränderung. Im Gegenteil, noch am Vorabend waren beide zusammen mit ihren Kindern damit beschäftigt gewesen, ein Gartenhaus aufzustellen. Zunächst konnte ich deshalb nur beruhigend auf Johanna einwirken, damit es nicht zu einer Kurzschlußreaktion käme. Alles andere lag im Bereich der Spekulationen. Andreas loslassen zu können, war in dieser Situation das einzig Mögliche.

Wir verabredeten weitere Gespräche. Nach längerem Bemühen meinerseits gelang es mir schließlich, Andreas zu erreichen und zu einem Beratungsgespräch einzuladen. Zunächst sträubte er sich, wollte von Beratung oder Gespräch nichts wissen. Ich hatte auch von Anfang an den Eindruck, daß er große Anstrengungen unternahm, nichts von sich preiszugeben, das ich möglicherweise falsch interpretieren könnte. Erst als ich ihm andeutete, daß ich das Gefühl habe, er stehe unter erheblichem Druck in der Beziehung zu seiner Frau, ich könne mir das gut vorstellen, wurde er zugänglicher. Schließlich offenbarte er, daß er die ständige Bevormundung seiner Frau nicht mehr aushalte. Er müsse sich aus dieser »Schlangengrube« befreien. Auslöser war ein Traum in der Nacht, der ihn zu diesem plötzlichen Schritt veranlaßte.

Er berichtete, daß seine Frau seit Jahren die ganze Familie mit ihren Bio-Produkten ernähre. Weil das sehr vernünftig und gesund sei, und auch, weil er wisse, wieviel Mühe seine Frau aufwendete, um diesen gärtnerischen Ertrag zu erreichen, habe er nie etwas dagegen gesagt. Aber oft habe er seine Kollegen beneidet, wenn aus deren Wohnung der Duft von Gebratenem drang. Alle im Dorf bewunderten die Tüchtigkeit seiner Frau, so daß er sich nie erlaubt habe, Einspruch gegen diese einseitige Ernährung zu erheben. Alle wüßten auch, daß sie beide jeden Schritt zusammen tun, zum Wohle der Familie, so daß ein Ausbrechen aus diesem festen Gefüge unter den Augen der Nachbarn undenkbar schien. Die Kinder meuterten manchmal, aber da stehe er natürlich immer auf der Seite seiner Frau. Sie habe ja Recht. Manchmal, auf einer Klassenfahrt beispielsweise, habe er sich an einem Steak oder Pommes frites ergötzt, dann aber immer Schuldgefühle gehabt. Er selbst habe ja gar nicht gewußt, wie sehr ihm das alles zum Hals raushänge. In der Nacht vor seinem Weggang träumte er, er sei umschlossen von Schlangen, die ihn zu ersticken drohten. Sie krochen auch in seinen Mund, so daß er diese zusammen mit dem Abendessen (Zucchini und Tomaten) unter großem Ekel erbrach. Beim Erwachen wußte er plötzlich, daß er, um nicht zu ersticken, gehen mußte. Noch immer sei er überzeugt, daß das seine einzige Rettung sei. Er sei aber auch sicher, daß kein Mensch das verstehe. Er wisse natürlich, daß er seine Frau und Familie im Stich lasse, sei voller Schuldgefühle, aber ohne Reue. Eine Vorstellung, wie alles weitergehen könne, habe er nicht.

Es gelang mir schließlich, zunächst mit jedem von ihnen einzeln, später gemeinsam als Paar zu arbeiten. So konnte Johanna verstehen lernen, daß ihre Fürsorge für die Gesundheit aller von hohem Wert ist, daß aber ungeachtet dessen die Familie nicht mit ihren eigenen Vorstellungen von Ernährung eingeengt werden darf. Auch begriff sie, welche Machtposition sie zuhause durch ihre Bemutterung einnahm, die ihre Lieben mehr erpreßte, als sie zu schützen. Ihr großartiger Einsatz für die Familie war wunderbar, aber – und das war für Johanna sehr schmerzlich zu begreifen – es steckte naturgemäß eben auch die Erwartung dahinter, daß alle Dinge des täglichen Lebens nach ihren Wünschen geschehen sollten. Und natürlich erhoffte sie sich Dankbarkeit und Liebe dafür. Da sie sich so für ihre Lieben »opferte«, hatten die Familienmitglieder bei Widerspruch nur Schuldgefühle. In einer guten Beziehung muß es aber möglich sein, unterschiedliche Wünsche oder Bedürfnisse zu haben, die der andere respektiert. Es muß auch Widerspruch möglich sein, ohne daß der andere sich schlecht vorkommt – eine Vorgabe, die beide verstehen lernen mußten. Kein erwachsener Mensch darf und kann Verantwortung für das Wohl eines anderen erwachsenen Menschen übernehmen. Jeder kann dies nur für sich allein.

Fürsorge für andere ist wohltuend, oft auch hilfreich. Aber die Entscheidung, was jedem gut tut, kann letztlich jeder nur für sich selbst treffen. Und da ist auch bei Andreas mehr Durchsetzungskraft und Selbstbewußtsein mit all den befürchteten Risiken gefragt. In diesem Fall war es höchste Zeit, daß Johanna aus ihrer Elternrolle aussteigt (»ich weiß, was für Dich gut ist«) und im Erwachsenen-Ich den anderen sein läßt, wie er ist. Das wird nur glücken, wenn auch Andreas sein Kindheits-Ich des großen Buben verläßt und sich im Erwachsenen-Ich mit all seiner Männlichkeit der Bemutterung verweigert. In dem Moment, wo Andreas davonschlich wie ein gescholtener Junge, befand er sich weiter im Kindheits-Ich. Die Krise in der Beziehung ist dabei nicht nur auf das Thema »gesunde Ernährung« zurückzuführen. Natürlich ist dieses Rollenverhalten typisch für das gesamte Miteinander. Die Mutterrolle von Johanna umfaßte all ihre Lieben, es fiel ihr schwer, sie in ihre Unabhängigkeit und Eigenständigkeit zu entlassen. Zu viel Fürsorge und Besserwissen drohte die Familienmitglieder zu ersticken, erlaubte keinen Widerspruch und dadurch keine partnerschaftlichen Auseinandersetzungen auf gleicher Ebene.

Dabei meinte Johanna es so gut! Stammte sie doch aus einer Großfamilie, in der ihr schon frühzeitig kleinere Geschwister anvertraut wurden. Und Andreas? Der brave Sohn wagte keine Eigenständigkeit. Auch sein ständig schlechtes Gewissen, die Schuldgefühle seiner Frau gegenüber, sind natürlich Relikte aus Kindertagen. Seine Mutter war früh Witwe geworden und hatte alle Mühe, Andreas allein durchzubringen. In dieser schwierigen Situation hatte er sich angewöhnt, seine Mutter ohne Widerspruch zu unterstützen, sie niemals zu kritisieren. Er hat sich deshalb auch in seiner eigenen Partnerschaft vor Auseinandersetzungen gedrückt. Statt sich dem Dialog zu stellen und ehrlich zu bleiben, hat er sich davongeschlichen wie ein Dieb. Und so kam er sich auch vor. Schuldgefühle wie bei einem Schulbuben erstickten männliche Sicherheit und Tatkraft. Die Angst, der Böse zu sein, verhinderte jede Konfrontation. Die Macht im Haus hatte eindeutig Johanna inne. Rackerte sie sich doch sichtbar ständig für ihre Lieben ab. Der »Gegenzauber«, den Andreas entwickelte, war mehr und mehr Verschlossenheit und Rückzug. So läßt man den anderen ins Leere laufen. Die beiden funktionierten damit scheinbar gut in einer bürgerlichen Kleinstadtidylle, ihre Beziehung aber erstarrte zusehends. Schon lange war zwischen den beiden keine Intimität und Nähe mehr möglich, die einstmals ihre Liebe ausmachten.

Im Laufe der Beziehungsarbeit lernten sie, ihre eigenen und die Ängste des Partners zu verstehen. Sie mußten wieder anfangen, miteinander über sich zu sprechen. Und das war nach einer so langen Eiszeit besonders schwer. Vor allen Dingen war die Angst spürbar, vom anderen mißbraucht oder seiner Macht beraubt zu werden. Mühsam war für Andreas der Weg aus der Mutter-Sohn-Bindung in eine erwachsene Partnerschaft. Schwierig auch für Johanna, auf die Erwachsenen-Ebene umzusteigen, auf der sie ihre Vormachtstellung im Haus aufgeben mußte. Viele alte, auch angenehme Gewohnheiten mußten von beiden aufgegeben werden. Vor allem aber begannen beide wieder, über sich, ihre Wünsche und Ängste zu sprechen, ohne vom anderen dafür Verachtung zu ernten. Und sie konnten ihre Herkunftsgeschichten anschauen und dadurch mehr vom Partner verstehen. Erst dann war es möglich, sich gegenseitig loszulassen.

Ich glaube sagen zu können, daß beide durch diese kritische Situation nach einer Zeit der intensiven Beziehungsarbeit neue Wege entdecken konnten. Sie lernten, sich konstruktiv auseinanderzusetzen und bei aller Unterschiedlichkeit die Freude an den Kindern und an ihrem gemeinsamen Weg in eine reife Partnerschaft zu teilen. Und Andreas genießt seitdem seine Fleischrationen! ■

Die Beziehung hat durch zwei wichtige Dinge neuen Schwung bekommen: Einmal verstanden beide, daß sie in einem Rollenverhalten erstarrt waren, das einen partnerschaftlichen Umgang auf einer erwachsenen Ebene nicht möglich machte. Damit verloren zunächst beide Felder, auf denen sie sich bisher vertraut bewegen konnten. Wenn bei dem bemutterten Andreas schließlich wieder eigene Tatkraft und Auseinandersetzung zu Hause gefragt sind, ist das für ihn äußerst riskant und auch unbequem. Es war schwer, nein sagen zu lernen oder zu einem Männerabend zu gehen, ohne daß Johanna das gut fand. Wenn Johanna statt der Fürsorge, die bisher von ihr verteilt wurde, jetzt Achtung vor der Andersartigkeit des Partners üben muß, verliert sie viel von ihrer Macht im Hause. Diese aufzugeben und sich zurückzunehmen, war neu für sie. Die zweite Veränderung, die beide in kleinen Schritten begannen, war das Sprechen miteinander: Statt Rückzug oder Bevormundung lernten sie zusammen, sich zuzuhören und den anderen zu respektieren. Zum ersten Mal – so beteuerten sie – konnten sie Dinge vom anderen erfahren, von denen sie keine Ahnung gehabt hatten. Sie erlebten mit Verwunderung, daß sie Vorstellungen voneinander hatten, die nicht immer der Realität entsprachen. Und sie entdeckten beide, daß sie unberechtigte Angst vor mancher Reaktion des Partners hatten, die die Harmonie stören könnte. Statt vertrauter scheinbarer Sicherheit im Umgang miteinander entstand mit der Zeit durch die Gespräche ein tiefes Wissen um den anderen, das erst Respekt und schließlich auch herzliche Freundschaft möglich machte.

8. Partnerschaft ist kein Garant gegen Einsamkeit

In einer innig gelebten Partnerschaft gibt es keine Einsamkeit – das ist die Vorstellung, der Wunsch vieler. Und weil Einsamkeit mit Verlassenwerden gleichgesetzt wird, führt diese Urangst zu schlimmen Verrenkungen. Aber: Einsamkeit ist unabhängig vom Alleinsein.

Woher kommt es, dieses oft schwermütige Gefühl der Einsamkeit? Warum trachten wir, es zu überwinden? Warum belastet dieser Wunsch, ihr zu entfliehen, so viele Paare? Unsere tiefsten Ängste stammen aus frühester Kindheit, auch die Angst vor dem Alleinsein. Damals ging es um unser Überleben. Ohne die Fürsorge eines geliebten Wesens wären wir wohl dem Untergang preisgegeben gewesen. Heute wissen wir, daß auch das seelische Verlassen eines Kindes bei körperlicher Anwesenheit eines Erwachsenen genügt, um die kleine Existenz zu vernichten.

Den tiefen Ängsten liegen also schreckliche Erfahrungen zugrunde. War beispielsweise die Bezugsperson, meist die Mutter, nicht immer zugegen, wenn das Kind sie brauchte, erfuhr es vielleicht in dieser Zeit zum ersten Mal eine existentielle Bedrohung. Seiner Wahrnehmung nach wurde es im Stich gelassen und damit der Vernichtung ausgeliefert. Oft sind diese Momente nicht wirklich lebensbedrohend. Aber der Säugling oder das Kleinkind kann nicht unterscheiden, wie gefährlich die Situation ist. Das Kind nimmt nur voller

Angst die Abwesenheit der geliebten Bezugsperson wahr, von der es sich total abhängig weiß.

Hier werden drei unterschiedliche psychische Zustände mit Todesbedrohung wahrgenommen, gleichermaßen als unersetzlicher Verlust erlebt: Alleinsein, Einsamkeit und Verlassensein. Allein fühlt sich der Säugling schon dann, wenn er schreit und niemand darauf reagiert. Das kleine Wesen glaubt sich hilflos ausgeliefert. Einsamkeit entsteht, wenn die wichtigste Bezugsperson, die weiß, was dem neuen Erdenbürger fehlt oder ihn freut, häufig nicht da ist. In der gemeinsamen Wahrnehmungswelt weiß das Kind sich aufgehoben. Und ein Gefühl des Verlassenwerdens ist die größte Dramatik, weil jemand, der wichtig ist, das Kind im Stich gelassen, es verraten hat. Es wähnt sich damit unweigerlich dem Untergang nahe. Wurde beispielsweise die Mutter plötzlich krank oder kam ein Geschwisterchen zur Welt, ohne daß das Kind in seinem Schmerz die Zusammenhänge erkennen konnte, fühlte sich das Kind allein, einsam und dadurch letztlich verlassen. Es erlebte den Verlust der Mutter als existentielle Bedrohung. Dramatisch wird es besonders dann, wenn anschließend auch noch ein Geschwisterchen ins Haus kommt, das als Konkurrent die volle Aufmerksamkeit der Bezugsperson in Anspruch nimmt. Die ständige Verfügbarkeit der Mutter wurde ausgerechnet durch dieses neue Lebewesen verhindert, das hinterläßt tiefe Wunden. Und es entsteht schmerzliche Eifersucht dem Neuankömmling gegenüber, der augenscheinlich Schuld an dieser Misere trägt.

Um nicht weiter mit den Ängsten, daß niemand zuverlässig da ist, konfrontiert zu werden, zieht sich das Kind im Wiederholungsfall in sich selbst zurück. Die Außenwelt wird nur noch mit Mißtrauen wahrgenommen. Nach der Devise: Ich kann mich sowieso auf niemanden mehr verlassen. Der Kontakt zu den anderen geht dadurch teilweise verloren. Diese innere Emigration verhindert möglicherweise weitere bittere Erfahrungen und Verletzungen. Aber der Preis ist die Einsamkeit. Die innere Welt, die es mit niemandem teilen kann, bleibt allein dem Kind vorbehalten.

Eifersucht in der Beziehung

Der Rückzug in sich selbst und das entstandene Mißtrauen führen möglicherweise im Laufe der Zeit zu einem Realitätsverlust, der problematisch werden kann. Denn auch in späteren Jahren wird sich dieses Mißtrauen halten. Es bleibt dennoch oder gerade deshalb eine tiefe Sehnsucht nach dem Du. Die herbeigewünschte Nähe muß aber verhindert werden, weil sonst die Angst vor dem Verlust des geliebten Wesens unerträglich würde. Solchen Menschen fällt es schwer, überhaupt persönliche Kontakte herzustellen oder zu ertragen. Sie werden sich einerseits immer nach einem Partner sehnen, und deshalb, so sie in einer Beziehung leben, ihn nicht aus den Augen lassen, um dieser Verlustangst und auch der Erinnerung an einsame Stunden entfliehen zu können. Andererseits werden sie, belastet durch den Vertrauensverlust in früher Kindheit, eine unbekümmerte Nähe und auch Distanz nur sehr schwer herstellen können. Sie werden also viele Dinge nur mit sich selbst abmachen. In ihrer Phantasie, die nicht immer der Realität entspricht, sehen sie dann überall Nebenbuhler. Jeder noch so harmlose Kontakt des anderen zu einem Dritten wird mit Kummer wahrgenommen. Damit wird der Versuch, den geliebten Menschen festzuhalten, ins Gegenteil verkehrt. Denn der andere droht an der ständigen Kontrolle zu ersticken. Eine krankhafte Eifersucht wird entstehen, die keine wahre Liebe zuläßt, sondern die zerstört.

Es geht dabei nicht um eine nachvollziehbare, auch gesunde Eifersucht, wenn ein Konkurrent auf der Bildfläche erscheint und die Gunst des geliebten Menschen zu erobern droht. Sondern um jene Form des Umgangs miteinander, wo der Lebenspartner mißtrauisch bewacht wird und ihm kein Freiraum bleibt. Wie viele Eifersuchtsdramen spielen sich dann ab, wenn die eigene Zuversicht und das Vertrauen in einer Partnerschaft fehlen! Eifersucht als Würgegriff, gerade in einer Zweisamkeit, in der die Hoffnung keimte, endlich einen Menschen an seiner Seite zu haben, der die tiefen Verlustängste nimmt.

Einsamkeit ist ein Teil in uns

Unser Überleben hängt selbstverständlich in unserem späteren Dasein nicht mehr von der Gegenwart eines anderen Menschen ab. Und niemals sind wir wirklich allein auf dieser Welt. Der Glaube allerdings, in einer Partnerschaft diesen immer wieder auftauchenden Gefühlen der Einsamkeit zu entkommen, ist irrig und zerstörerisch. Zwar sind wir, wenn ein anderes Wesen in unserer Nähe ist, nicht mehr allein, allerdings werden wir auch in einer innigen Partnerschaft Momente der Einsamkeit erleben. Eine Einsamkeit, der wir dann nicht entfliehen können, wenn sie Teil unseres Lebensskriptes ist.

Einsamkeit kann selbst mitten im größten Trubel erlebt werden. Nehmen wir sie wahr, können wir uns ausgerechnet jetzt, wo viele Menschen um uns herum sind, unvermittelt einsam fühlen. Eingetaucht in eine Welt, in der wir nicht dazugehören. Das kann beispielsweise geschehen, wenn es sehr laut zugeht und wir uns abgeschnitten fühlen von der allgemeinen Begeisterung. Wenn wir im Gegensatz zu überlauter Fröhlichkeit gerade jetzt in uns Sehnsucht nach Stille spüren. So fühlen wir uns nicht selten gleichsam verloren in einer Welt, die um uns herum anders tickt als wir. Das Wesen, das uns in jener Situation oder Stimmungslage besonders wichtig ist, weil es uns versteht und ebenso fühlt, ist dann meist fern. Und dann können wir trotz hektischen Trubels tiefe Einsamkeit empfinden. Wir sind mit unserer inneren Stille und unseren eigenen Phantasien konfrontiert, die aus einer anderen Welt zu sein scheinen. Unsere Stimmung, unsere Gefühle, auch unsere Wahrnehmungen sind der Situation überhaupt nicht angepaßt. Nicht immer ist es leicht, ohne Übereinstimmung mit einem anderen Wesen diese innere Stimmung auszuhalten. Wir beginnen an uns selbst zu zweifeln, denn es ist nicht sehr gesellschaftsfähig zuzugeben, daß wir uns einsam fühlen. Schnell wird diese Wahrnehmung mit Lebensuntüchtigkeit gleichgesetzt. Wir stellen unsere Gefühle leichter in Frage als einer lärmgeplagten Welt eine Absage zu erteilen. Einer technisierten Welt, die uns dazu verführt, dieser Einsamkeit zu entfliehen, sie zuzudröhnen.

Es gelingt vor allem der jüngeren Generation immer weniger, sich dieser Versuchung des Zudröhnens zu entziehen, auch einmal seiner inneren Stille zu lauschen. Wird es für Momente ruhig, fühlen sich viele einsam auf ihrer Insel der Stille, weil sie selten gelernt haben, damit umzugehen, geschweige denn, sie zu genießen. Sie flüchten lieber in den Rausch der Drogen, des Lärms, der Medienschau, stundenlanger Telefonate oder in den Schwall vieler lauter Worte.

Mancher Aktionismus dient so der Flucht vor sich selbst. Weil die Flucht nicht gelingen kann, kommen Ahnungen auf an vergangene Zeiten, als auch niemand da war, der das Kind verstand. Ängste entstehen: Wenn da niemand ist, der uns versteht, der eine Ahnung hat, was uns gut tut, kann es unerträglich werden. Dabei können wir mit oder ohne Partnerschaft jenen Gefühlen nicht entrinnen.

Selbst in Naturvölkern, in denen Alleinsein schier unmöglich ist, weil die Überlebensbedingungen das nicht vorsehen, kann Einsamkeit empfunden werden. Auch dann, wenn der Mensch nie außerhalb der Gemeinschaft gelebt hat, also nie wirklich allein war.

Vom Segen der inneren Stille

Es gibt begnadete Menschen unter uns, die das Alleinsein jeder anderen Gesellschaft vorziehen. Sie leben voller Leidenschaft in ihrer inneren Welt, zu der andere nur selten Zugang haben. Sie sind einsam aber nicht unglücklich. Sie pflegen und genießen ihre inneren Schätze. Sie besitzen Gaben, die ihr Leben reich machen. Künstler sind es oft, die in ihre eigene Welt eintauchen, ohne sich einsam zu fühlen. Auch jeder andere Mensch besitzt diese innere Wirklichkeit, die allein genossen intensiver sein kann. Ob es nun ein spannendes Buch oder Musik ist oder einfach die Lust, sich seinen eigenen Phantasien hinzugeben.

Auch Jesus Christus war einsam, obgleich er ständig umgeben war von Jüngern und anderen Menschen. Viele waren um ihn, aber keiner hat ihn wirklich verstanden, konnte seiner innersten Wahrnehmung folgen. Seine Einsamkeit enthielt wohl jenen Schatz, den er zu vermitteln versuchte. Die Stimme Gottes oder die Gegenwart des Heiligen Geistes, die er vernahm, war weit entfernt von dem weltlichen Trubel, der ihn umgab. Mancher Prophet zog sich seither in die Einsamkeit zurück, um diesen inneren Schatz zu suchen.

Es muß nicht immer eine Erleuchtung sein, die eigene Wahrnehmung macht uns reich. Es ist all das, was wir fühlen, empfinden, erleben, wenn wir in uns hineinhorchen. Unsere innere Stimme gleicht Gottes Ruf. Ihr zu folgen, ist unser

Gebot. Wir können auf einem Marktplatz voller Menschen Einsamkeit erleben, dagegen bei einem Spaziergang uns eins fühlen mit der Natur. Jetzt sind wir allein, aber nicht einsam. Da nehmen wir ihn wahr, unseren inneren Schatz, der uns mit der Welt in Einklang bringt. Um dieses Gefühl des Eins-Seins geht es den Suchenden. Der Wunsch, der Einsamkeit zu entfliehen, veranlaßt Menschen manchmal, nur deshalb eine Beziehung einzugehen oder an ihr festzuhalten, weil die Angst vor dem Alleinsein unwirklich groß ist. Das aber ist keine gute Voraussetzung für eine reife Partnerschaft. Dann wird jedes Abdriften des anderen als Katastrophe erlebt.

Ambivalenz von Nähe und Distanz

Die Sehnsucht nach Nähe und gleichzeitig die Angst vor zuviel Nähe sind jedem Menschen eigen. Es sind jene Kräfte, die zum einen nach außen wirken und unsere Sehnsucht nach Freiheit und Selbstverwirklichung bestimmen und gleichzeitig jene, die nach Innen drängen, in die Abhängigkeit von Nähe und Geborgenheit. Diese Ambivalenz ist in uns, sie bleibt niemandem erspart. Als Erwachsene können wir mit Hilfe unserer Vernunft ein vertretbares Mittelmaß in diesem Konflikt finden. Und indem wir uns auf eine Partnerschaft eingelassen haben, werden durch die gemeinsamen Werte, die zwei Menschen für ihre Bindung definieren, die ambivalenten Kräfte angesprochen und gezähmt werden können. In einer solchen reifen Bindung ist weder jede Freiheit möglich, noch endlose Nähe des geliebten Wesens. Um Enttäuschungen vorzubeugen, muß diese Erkenntnis ein selbstverständlicher Teil des gemeinsamen Paktes sein.

Extreme Verletzungen in der Vergangenheit können allerdings zu bizarren Verhaltensweisen führen, die einen vernünftigen Kompromiß in einer späteren Beziehung kaum zulassen. Krankhafte Eifersucht oder ständige Flucht vor Nähe machen eine Dauerbindung dann nur schwer möglich. Es ist gut, wenn diese Menschen in einer verzweifelten Situation Rat suchen, damit der Hintergrund beleuchtet werden kann, auf dem solcherlei Irritationen entstanden sind. Hier können die Paare mit Hilfe ihrer Herkunftsgeschichten vielleicht eine Sicht der Zusammenhänge erarbeiten, die eine Verhaltensänderung möglich macht. Sie können lernen, die heutige Situation von der früheren bitteren Erfahrung abzukoppeln.

Schritt für Schritt können sie danach versuchen, behutsam mit den Ängsten des anderen umzugehen, sie auch anzunehmen. Und vorsichtig beginnen, ihre eigenen Barrieren zu überwinden, und sich vertrauensvoller zwischen den Bedürfnissen nach Nähe und Distanz zu bewegen. Damit wird auch der Partner losgelassen. Es ist ratsam, nichts vom anderen zu erwarten, was er nicht von selbst geben kann. Gelingt dieser Drahtseilakt, hält diese Suche nach dem anderen zwischen Nähe und Distanz die Partnerschaft in einem Spannungsbogen, der sich täglich ändern kann. Wurde bisher jede Bewegung vermieden, aus Angst das brüchige Gefüge ins Wanken zu bringen, kann nun das Beziehungsgeflecht durch die gewonnene Freiheit neu belebt werden.

Unabhängigkeit entlastet die Partnerschaft

Wer das Alleinsein durch eine Beziehung beendet hat, wird trotzdem nicht der eigenen Einsamkeit entfliehen können. Da nützt auch kein Festhalten am anderen. Im Gegenteil, Selbständigkeit und möglichst viel Unabhängigkeit erst ermöglichen eine reife Partnerschaft, in der dennoch intensive Nähe und Intimität die Zweisamkeit bereichern werden.

Aber wieviel Zeit sollen oder können denn Paare miteinander verbringen, damit die Beziehung gepflegt werden kann, die Partnerschaft gelingt? Fragen wie diese werden immer wieder gestellt. Zu diesem Thema habe ich nur eine ernüchternde Antwort: Eine allgemein gültige Regel kann nicht aufgestellt werden. Aber sicher sollte nicht mehr als die Hälfte der freien Zeit in einer reifen Beziehung miteinander verbracht werden. In der anderen Zeit geht jeder seinen eigenen Interessen und Aufgaben nach. Eigene Hobbys, Freunde oder andere Aktivitäten sollen neben der Beziehung genügend Raum bekommen, um die Selbständigkeit beider zu ermöglichen und zu erhalten. Manchmal ist es weniger, als es dem Wunsch des einen oder anderen nach Einssein entspricht, aber sicher genug, um miteinander die Beziehung zu gestalten und zu genießen. Denn für eine gute Beziehung ist niemals die Menge, sondern nur die Intensität des Zusammenseins ausschlaggebend. Das Bemühen, sich auf Wesentliches zu konzentrieren, wird größer. Und das ist genug, muß auch Bedürftigen reichen. Die nährende Quelle, nach der wir uns sehnen, kann nur in uns selbst gesucht werden. Manchmal ist das zeitraubend – aber immer lohnend. Ein Weg, der erst die persönliche Unabhängigkeit ermöglicht und uns damit Selbstachtung und Freiheit schenkt.

■ Gerda war eine lebenslustige, verliebte junge Frau. Bis zu dem Augenblick, als sie durch einen Autounfall ihren Lebenspartner verlor. Lange zog sie sich zurück, ergab sich ihrer Trauer und der Verantwortung für ihr Kind. Sie wurde sehr einsam. Mit der Zeit verlernte sie, auf Menschen zuzugehen, teilzunehmen. Erst viele Jahre danach verliebte sie sich bei einer Weinlese wieder in einen Mann, mit dem sie noch einmal eine Ehe riskierte. Sie glaubte, endlich sei das Glück an ihrer Seite. Es gab schöne

Tage für Gerda, aber bald wurde ihr deutlich, daß sie ihren Partner immer häufiger mit seiner Herkunftsfamilie teilen mußte. Ihr Mann Paul kümmerte sich rührend um seine pflegebedürftige Mutter, die durch einen Schlaganfall ans Bett gefesselt war. Gerda mußte ihn mit ihr teilen.

Zunächst versuchte sie mit der unerwarteten Situation fertig zu werden. Sie verdeutlichte sich immer wieder, daß sie ja über viele Jahre völlig allein gelebt hatte und dies gut bewältigen konnte. Sie versuchte, sich anderweitig abzulenken, allein etwas zu unternehmen. Zunehmend aber spürte sie Bitterkeit und Wut: Endlich, so glaubte sie, sei ihr Alleinsein beendet, und nun wurde dieses greifbare Glück durch ganz andere Aufgaben, die Paul innerhalb der Familie übernommen hatte, gestört. Obwohl Gerda Paul liebte, obwohl sie froh war, dem Alleinsein und ihrer Beziehungsangst entronnen zu sein, obwohl es keinen äußeren Grund gab, sich über Paul zu beklagen, fühlte sie sich einsam wie nie und erlebte dies mit ungekannter Panik und einer beginnenden Depression. In dieser Situation suchte Gerda meinen Rat.

Erstaunliche Zusammenhänge wurden für sie deutlich: Als Gerda vier Jahre alt war, verließ der von ihr sehr geliebte Vater Frau und Kinder. Eine andere Frau bekam ein Kind von ihm, er gründete mit ihr eine neue Familie. Seither war der Kontakt unterbrochen. Nachdem Gerda vorher zum Vater eine enge Bindung gehabt hatte, verschloß sie sich und zog sich auch von ihrer Mutter zurück. Sie wollte damals, daß ihre Mutter mehr um ihren Vater kämpfte, sie verstand ihre Mutter nie. Als sie als junge Frau ihren späteren Mann kennenlernte, erfuhr sie nach langer Zeit wieder, was es heißt, mit einem anderen, geliebten Wesen einen innigen Austausch zu pflegen. Sie war glücklich und voller Neugier auf das vor ihnen liegende Leben. Nach der Schreckensnachricht vom Tod ihres Mannes erlebte sie neben

Trauer zu ihrem eigenen Kummer auch große Wut auf ihren Partner, daß er sie ohne Abschied mit dem werdenden Kind allein zurückließ. Sie schämte sich ihrer Gefühle, verlor ihre Lebensfreude und zog sich zurück. Wieder erlebte sie jene Einsamkeit, die sie schon durch den Auszug des Vaters erfahren hatte.

Jetzt, in der neuen Partnerschaft, schien es so, als drohe zum dritten Mal jene Enttäuschung, die ihr in ihrem Leben so oft Wunden zugefügt hatte. Gerdas große kindliche Angst, allein zu bleiben, wiederholte sich. Diese Angst war gekoppelt an Verlassenwerden und inneren Rückzug. Und ihre Einsamkeit konnte auch in der neuen Bindung nicht überwunden werden. Um sich vor dem Verlassenwerden zu schützen, hatte sie ja all die Jahre zuvor einen tieferen Kontakt zu anderen Menschen, besonders zu Männern, vermieden. Erst nachdem sie noch einmal allen Mut zusammennahm, keimte mit dieser Beziehung die Hoffnung auf, dem Alleinsein entfliehen zu können. Und wieder erlebte sie statt des Glückes ihre innere Einsamkeit. Die Erkenntnis, daß sie ihren Partner mit seiner Familie teilen muß, erfüllte sie mit Eifersucht und ungerechtfertigter Wut auf seine hilfebedürftige Mutter. Das löste bei ihr Panik aus. Ihre Hoffnung, endlich jemanden an ihrer Seite zu haben, der sein Innerstes mit ihr teilt, schien wieder zunichte. Paul widmete seine Aufmerksamkeit ja auch seiner Mutter. Wie konnte sie sich davon befreien?

Gerda erkannte im Laufe der Beratung, daß die jetzt aufgetretene Wut und die Verlassenheitsängste ihrem Vater gegolten hatten, dem sie nie mehr ihre Verletzung zeigen konnte. Ebenso erging es ihr mit ihrem ersten Mann, der sie zurückließ, ohne daß ihre Wut darüber die angemessene Reaktion auf seinen Tod sein konnte. Jetzt erst konnte Gerda endlich ihre Enttäuschung über den Vater und den Tod ihres ersten Partners zum Ausdruck bringen. Sie erlebte noch einmal tiefe Traurigkeit über verlorene Schätze aus der Vergangenheit. Auch ihre Einsamkeit begriff sie schließlich als ein persönliches Gut, das ihr in Zeiten großer Verletzung half, sich selbst zu schützen und sich selbst genug zu sein. Aus dieser Erkenntnis heraus konnte sie beginnen, Paul gegenüber Forderungen nach berechenbaren Zeiten zu stellen, die ausschließlich ihr und ihrer Zweisamkeit gewidmet wurden. Und sie konnte ihm andererseits genügend Zeit für seine Mutter gönnen.

Paul, der zuvor mit Unverständnis auf Gerdas Einengungsversuche reagiert hatte, schien erleichtert. Endlich konnte er verstehen, warum Gerda sein fürsorgliches Bemühen für seine Mutter so wenig aushalten konnte. Nach einiger Beziehungsarbeit, in der sie mehr voneinander verstehen lernten, entwickelte sich für beide eine Partnerschaft, in der Alleinsein selbstverständlicher und Einsamkeit nicht mehr zu bedrohlich erlebt wurde. Jetzt versprach jeder, seinen eigenen Bedürfnissen entsprechend unabhängig von der Partnerschaft mehr Zeit mit persönlichen Dingen zu verbringen. Nur so konnte eine Partnerschaft reifen, die jedem den für ihn notwendigen eigenen Raum ließ. Und gerade dadurch entstand erst eine feste Bindung, in der sich jeder vom anderen angenommen fühlte. ■

In Gerda zeigt sich immer noch das verlassene Kind. Um dieser bedrohlichen Erfahrung in Zukunft zu entkommen, zieht sich das kleine Wesen in sich selbst zurück. Nur sie selbst wird sich ja niemals im Stich lassen können. Sie nährte sich von ihren Phantasien, mit denen sie viele einsame Stunden verbrachte. Ein wichtiger Selbstschutz, der weitere Verwundung verhindern soll. Aber die Wunde bleibt, auch wenn sie später, beispielsweise durch die Beratungen, die Erkenntnis gewinnen kann, daß alte Wunden an Schmerz verlieren können. Der Angst vor dem Verlassenwerden und damit ihrer inneren Einsamkeit wird Gerda nie entkommen. Sie ist ein Teil von ihr. Egal wo sie sich befindet, wird dieses Gefühl sie immer dann überkommen, wenn sie an die Situation von damals, als sie im Stich gelassen wurde, erinnert wird. Das ist unabhängig vom Alleinsein. Zukünftig wird Gerda aber gelassener und befreiter damit umgehen können. Vielleicht lernt sie es sogar, ihre innere Einsamkeit und ihre Phantasiewelt als wertvollen Schatz zu genießen.

Reden kann auch zerstören

Einsamkeit ist unabhängig von dem Ort, an dem ich sie erlebe und den Menschen, die nahe oder fern sind. Einsamkeit gehört zu uns allen. Eine Partnerschaft ist demnach kein Mittel, ihr zu entfliehen. Dennoch träumen wir immer wieder in einer Zweisamkeit von dem Einssein mit dem geliebten Wesen, von einem Zustand der Übereinstimmung, der uns verbindet. Und es gibt sie, diese beglückenden Momente des Einsseins. Mag es in zärtlichen Zeiten des Verliebtseins, in der Sexualität oder einfach in Augenblicken sein, in denen wir eine Nähe zueinander wahrnehmen, die beglückt. Nur in seltenen Momenten erleben wir solch einen Einklang mit dem anderen. Köstliche Momente sind es, die uns ein Stück von jener Seligkeit vermitteln, nach der wir uns immer wieder sehnen. Und dann wollen wir das alles festhalten, geben uns nicht zufrieden mit dem flüchtigen Augenblick. Aber wir können ihn nicht bannen, besonders dann nicht, wenn wir uns zu sehr darum bemühen.

Weil solche Augenblicke zwei Menschen in tiefer Liebe verbinden, glauben viele, wenn das Miteinander sehr intensiv ist, wenn wir über alles reden, was uns drückt und eint, dann können solche Zeiten der Seligkeit festgehalten werden. Dieser Glaube wird leider auch durch Fachleute suggeriert, die nicht müde werden, darauf hinzuweisen, daß wir lernen müssen, mehr miteinander über uns zu reden. Das ist grundsätzlich richtig, auch ich habe immer wieder darauf hingewiesen. Aber man kann auch manches zerreden, kaputtmachen, in dem Bemühen, es recht zu machen. Manchmal ist eben weniger mehr. Besser ist es, immer wieder seiner inneren Stimme Aufmerksamkeit zu gönnen.

Eine emotionale Übereinstimmung wird nicht nur durch Reden erreicht, im Gegenteil, ich möchte vor zu viel Anstrengung in Beziehungen warnen. Manches kann zu viel sein und strengt an. Nicht alles muß mitgeteilt werden. Manches Bemühen um mehr Gespräche kann den anderen, der damit überfordert ist, in die Flucht schlagen. Auch darf jeder sehr wohl seine persönlichen Empfindungen haben, jeder kann seine eigenen Nischen besetzen, kann seine eigenen Geheimnisse haben. Nicht alles muß preisgegeben werden. Und doch kann es eine vertrauensvolle Zweisamkeit sein.

Die tiefen Momente des Einsseins finden oft auf einer ganz anderen Ebene statt. Das kann der Augenblick sein, in dem wir schweigend nebeneinander den Sonnenuntergang erleben. Das kann genauso gut eine besondere Nähe im Augenblick des Abschiedes eines geliebten Menschen sein, in dem wir stumm beisammen sind. Diese Ebene braucht keine Worte, manchmal eine Hand, einen Blick, eine Geste. Und in seltenen Momenten spüren wir ohne ein Wort den Hauch eines Engels, der uns beide berührt. In solchen kostbaren Momenten werden Mauern des Schweigens und des Rückzugs überwunden, für die es kein Rezept gibt. Da wurden wir unvermittelt eins.

Die Sehnsucht nach dem Eins-Sein

Ein dauerhaftes Gefühl des Einsseins gab es für Adam und Eva auch nur vor dem Sündenfall. Sie hatten keine Mühe oder gar Beziehungsarbeit zu leisten. Nur konnten sie diese Zweisamkeit nicht genießen, denn sie lebten noch im Land des Unbewußten. Für sie war Glück eine unbekannte Formel, denn sie wußten nicht, was Unglück ist. Sie lebten zu jener Zeit noch auf demselben Stern, stammten aus derselben Wurzel. Konnten lachen oder schweigen, ohne dabei auf den anderen zu achten. Seit der Vertreibung aus dem Paradies aber kommen die Menschen, die sich jetzt begegnen, aus unterschiedlichen Welten. Allein diese Unterschiedlichkeit macht auch die Anziehungskraft und damit Bindungskraft aus. Aber sie schmerzt. Denn genau diese Erkenntnis erfordert Auseinandersetzung, Verletzung, Mut zu sich selbst und letztlich Einsamkeit. Und dennoch werden wir immer wieder getrieben von der Sehnsucht nach der Symbiose, der tiefen Einheit, aus der heraus wir Mensch wurden. Nur, wir werden niemals eins sein!

Weil diese Erfahrung weh tut, unternehmen Paare nicht selten große Anstrengungen, Gemeinsamkeiten vorzutäuschen, die so gar nicht bestehen können. Sie bemühen sich sehr, Einheitlichkeit herzustellen, indem sie die eigenen Bedürfnisse zu gemeinsamen machen. Sie geben Freude an Dingen vor, die den einen mehr erfüllen als den anderen, sie versuchen, durch ähnliche Kleidung Gleichklang herzustellen, und sie verzichten auf ihren Nachtisch, wenn der andere keinen will.

Es gibt Lebensgemeinschaften, die von anderen glühend beneidet werden, weil sie alles, auch ihren beruflichen Lebensalltag miteinander teilen. Gerade in einer Kultur wie der unsrigen, in der Familien durch die Mobilität und Hektik der Zeit immer öfter auseinandergerissen werden, wird die Sehnsucht stärker nach einer Partnerschaft, in der das Zusammensein mit dem anderen automatisch gegeben ist. Da kann beispielsweise ein Familienbetrieb nach traditionellen Mustern, in dem noch alle Familienmitglieder zusammenarbeiten, den Traum einer Idylle nähren. Eine aussterbende Spezies, deshalb vielleicht um so mehr romantisch verklärt. Die Familienmitglieder arbeiten zusammen und leben zusammen. Sie haben ein gemeinsames Ziel, und sie befolgen gemeinsame Regeln des Zusammenseins. Das sieht nach der ersehnten Einheit aus. Sie herzustellen, läßt etwas von dem Glück des Eins-Seins erahnen, das so manchem vorschwebt.

Wer aber genauer hinschaut, erkennt auch dort, daß das ständige Zusammensein kein Rezept gegen die Einsamkeit der einzelnen Mitglieder sein muß. Denn oft ist gerade da keine Unabhängigkeit sondern Gleichklang gefragt. Eine Bindung also, die nicht sonderlich erstrebenswert ist. Einsamkeit beinhaltet andererseits ja nicht nur das Eins-Sein, sondern auch das Wissen um meine Einmaligkeit, um das Einzeln-Sein. Und da wird der andere erst durch die Konfrontation zum Spiegel meiner selbst. In diesem Spiegel erkennen wir unsere Unterschiede, ebenso unser Lebensskript, unsere Bestimmung. Ihr zu folgen ist unser Ziel. Wir dürfen also einsam sein, ohne uns ablenken zu müssen. Die Angst, von einem geliebten Menschen verlassen zu werden, verliert an Bedrohung. Wie gut, daß wir als Erwachsene nicht mehr von einem anderen Menschen abhängig sind. Auch ohne ihn ist die Welt rund.

Zukünftig nehmen wir uns vielleicht deshalb ohne schlechtes Gewissen mehr Zeit für uns selbst und entlasten dadurch auch den anderen. Unsere Bindung ist inzwischen so stabil, daß wir uns nicht ständig des Partners versichern müssen. Am besten konzentrieren wir uns auf unsere innere Stimme, die darauf wartet, uns zur Verfügung zu sein, uns Kraft zu geben. Dann können wir eins werden mit allem, unabhängig, ob wir allein oder augenblicklich tief verbunden mit einer anderen Seele sind. Wir spüren den Flügelschlag des Glücks.

9. Erfüllte Sexualität verträgt keinen Machtkampf

Wenn zwei miteinander glücklich sind, ist Sexualität kein Problem. Das ist häufig die Vorstellung. Umgekehrt ist eine tiefe Sinnlichkeit jedoch noch kein Garant fürs Glück. Machtkämpfe zerstören die Lust am Spiel.

In Herz-Schmerz-Filmen endet eine rührende Liebesgeschichte meist als rauschendes Fest im Bett. Und wenn wir dann noch sehen, was täglich alles an lustvollem Gestöhne über die Bildschirme flattert, können wir nur neidisch werden. Einmal so frei von irgendwelcher Angst, einmal so frei von irgendwelchen Tabus, einmal so frei von Vergangenem oder Zukünftigem sein, das wollen wir auch gern in unserer Beziehung erleben. Aber eine langjährige Partnerschaft ist alles andere als frei. Auch nicht immer lustvoll.

Wie in kaum einer anderen zwischenmenschlichen Bindung ist in einer Langzeitbeziehung unser Tun und Lassen, sind unsere Seelen miteinander verflochten. Und in keiner anderen sozialen Gemeinschaft sind wir den Bewertungen, auch leider den Abwertungen des anderen so ausgesetzt wie in einer Paarbeziehung. Davor trachten wir uns im Bett zu schützen. Denn Hingabe und Offenheit in einer intimen Situation bedingen gleichzeitig Schutzlosigkeit. Um sich vor der gefürchteten Verwundung zu bewahren, suchen wir deshalb beim Sex nicht selten in der Phantasie unverbindlichere Situationen. Sei es durch die Vorstellung eines unbekannten

Partners oder einer fremden Handlung. Das kann sehr lustvoll und hilfreich sein und muß beileibe nicht unterdrückt werden. Denn die zwischenmenschliche Brücke kann gerade in innigen Momenten des intimen Zusammenseins zur Belastung führen, weil wir nicht nur den Augenblick zusammen erleben, sondern uns mit unserer ganzen Geschichte einbringen. Und je mehr wir vom anderen zu wissen glauben, um so weniger ist Neugierde und damit spielerische Eroberung Antrieb zum Sex. Und um so mehr fürchten wir Verletzungen.

Der Moment in der Gegenwart, in dem Zukunft oder Vergangenheit keine Rolle spielen, ist rar und deshalb kostbar. Leider versäumen wir allzu oft, uns diesem Augenblick ohne Wenn und Aber hinzugeben. Denn in einer Dauerbindung schleifen wir mehr oder minder viel Beziehungsballast mit uns herum. Gelingt es uns aber, mit dem Partner zusammen das sexuelle Spiel im Augenblick zu genießen und dem Fluß der Geschehnisse ohne Vorbehalte zu folgen, ist eine tiefe Sinnlichkeit möglich.

Sexuelle Abenteuer

Lustvolles Erleben kann gerade wegen der Vertiefung in den Moment in einer flüchtigen unpersönlichen Sexbeziehung leichter sein. Ein Grund, warum der so genannte »One Night Stand« immer wieder reizt. Auch der Konsum von Pornographie oder Prostitution verspricht Anonymität und damit Unverbindlichkeit. Hier können Phantasien und Wünsche ohne Repressalien ausgelebt werden. Der Kunde zahlt für eine Dienstleistung, beide sind sich nichts mehr schuldig. Durch die unpersönliche Situation sind diese Verlockungen sehr groß. Viel mehr Menschen, als es zugeben mögen – öfter sind es die Männer –, befriedigen auf diesem Wege ihre Lust.

Warum sollte das außereheliche Abenteuer in einer bestehenden Partnerschaft nicht ebenso legitim sein? Ist nicht die Beschränkung auf ein einziges Wesen auf Dauer, mit dem das Zusammensein so irritierend sein kann, auch eine Schranke? Eine Barriere, durch die unsere lustvolle Erfahrung eingeschränkt wird?

Ich kann keine allgemeingültige Regel aufstellen, jeder muß diesen Konflikt für seine Beziehung lösen, sich entscheiden zwischen freiem, lustvollem Spiel, das durch ein sexuelles Abenteuer außerhalb der Bindung vielleicht leichter entstehen kann, und andererseits dem Wunsch, in einer festen Langzeitbindung Zuverlässigkeit und Vertrauen aufzubauen. Der eigene Sexualpartner in einer Langzeitbindung ist für diejenigen wichtig, die gerade die Sicherheit einer persönlichen Bindung brauchen, um entspannt tiefe und lustvolle Sexualität erleben zu können. Immer aber ist es riskant, eine Beziehung mit ihren besonderen Qualitäten durch verlockende Außenkontakte zu gefährden. Denn das unbekümmerte Zusammensein in der Dauerbeziehung wird unweigerlich schwieriger werden. Zu oft habe ich gesehen, wie groß Verletzungen durch das Fremdgehen sein können.

Auch in einer guten Partnerschaft kann Sexualität nicht nur mit Höhepunkten erlebt werden. Es ist ähnlich wie mit einer guten Speise – wenn ich sie zu oft esse, wird auch sie meinen Gaumen nicht mehr so erfreuen wie zu Anfang. Das heißt, daß das Kribbeln im Bauch nach langer Partnerschaft zwar immer noch möglich, aber sicher nicht mehr alltäglich ist. Andererseits kann in einer Zweisamkeit, in der im Laufe der Zeit Vertrauen wachsen konnte, oft mehr entstehen als in einer flüchtigen Begegnung. Wenn das Miteinander gut ist, können auch beim Sex Schwierigkeiten oder Wünsche angesprochen und überwunden werden, die beiden helfen können, Freude am gemeinsamen Spiel zu erlernen – seltener allerdings den Rausch.

Es kommt dabei sicher nicht darauf an, wie viele Experimente gemacht werden, sondern wie ehrlich und entspannt zwei Menschen miteinander umgehen können. Und es kommt darauf an, daß wir alle wieder lernen, unsere Konflikte mit dem Partner offen und auch ehrlich auszutragen. Dazu ist Streit ebenso unvermeidlich wie Kompromisse. Erst dann sind unser Kopf und die Seele frei von Angst. Wir können uns dem Augenblick zuwenden. Denn spielen können wir nur, wenn wir Gestern und Morgen für köstliche Momente vergessen und uns in uns und das augenblickliche Geschehen vertiefen können.

Sexualität zwischen Leidenschaft, Gewohnheit und Spiel

Eine erfüllte Sexualität in einer beständigen Partnerschaft kann mit Sicherheit nicht den Rausch hergeben, der uns von den Medien, aber auch von manchen Therapeuten versucht wird zu verkaufen. Aber sie wird getragen von dem Vertrauen, daß der andere es gut mit uns meint. Sex in einer partnerschaftlichen Dauerbindung erlaubt in seiner Vielschichtigkeit ein gemeinsames Spiel, in dem beide sich behutsam erfahren können, das beiden gleichermaßen gut tut. Jeder weiß um die Verantwortung auch für den Partner. Dadurch kann eine Sinnlichkeit erlebt werden, die einer tiefen emotionalen Bindung vorbehalten bleibt. Und die Einmaligkeit jeder festen Bindung wird durch persönliche Erfahrungen im sexuellen Akt untermauert.

Das schließt aber nicht aus, daß auch in einer guten Langzeitbindung mancher Akt lediglich der Hygiene, der Entladung körperlicher Energien, dient. Und nicht jede Begegnung muß mit lustvollen Höhepunkten enden. Auch hier möchte ich mit der Lüge aufräumen, die unsere Beziehungsarbeit so überschattet. Mit dem Leistungsanspruch, daß in einer befriedigenden Langzeitbeziehung eine beglückende Sexualität zum Maß aller Dinge wird.

Auf Dauer kann in keiner festen Bindung der Spannungsbogen so prickelnd aufrechterhalten werden, wie er einmal war. Aus Neuland ist bekanntes Terrain geworden; Langeweile, Ärger, Müdigkeit und Alltagsfrust sind als Bestandteil des gemeinsamen Miteinanders dann häufige Ursachen unbefriedigender Sexualität. Die Phantasie ist vielleicht schon lange ritualisierten Abläufen gewichen, die jede Spannung erlahmen läßt. Und wo die Lebensfreude im Alltag untergegangen ist, wird auch die Leidenschaft im Bett nicht aus seiner Versenkung geholt werden können.

Wenn ich von Spiel beim Sex spreche, meine ich das, ohne den Wert einer leidenschaftlichen Sexualität mindern zu wollen – im Gegenteil. Ich habe schon an anderer Stelle ausgeführt, daß das Spiel in unserem erwachsenen Dasein wenig Raum bekommt. Zu wenig, wenn ich an all die versäumten beglückenden Momente denke, in denen wir uns ganz im Hier und Jetzt befinden könnten. Jene seligen Augenblicke, die weder erfüllt sind mit Groll über Vergangenes, noch belastet von der Sorge um Zukünftiges.

Solange ich mich mit dem anderen auf einer erwachsenen Ebene verständige, bleiben die Vernunft und das Miteinander auf gleicher Augenhöhe, wir sind auf einer klaren Verstandesebene. Sie läßt keinen Raum für spielerischen Umgang ohne Ziel. Diese erwachsene Ebene übernimmt Verantwortung für sich und den anderen, hat aber mit Lust wenig zu tun. Denn Spiele und damit sexuelle Leidenschaft finden auf einer Kindheitsebene statt, die wir uns selbstverständlich auch als Erwachsene bewahren dürfen. Diese Kindheitsebene erfordert dann allerdings zum Spielen das freie Kind, das nicht unter dem Druck von Geboten oder Verboten steht. Ein Kind, das nicht werten will und keine Tabus kennt. Freie Kinder kennen keine Angst vor Repressalien. Es sind Geschöpfe, die ihren Eingebungen folgen können, ohne den anderen zu verletzen oder manipulieren zu wollen. Ihre Phantasie kennt keine Grenzen, und es gibt keine Angst vor Strafe oder Gewalt. Indem wir uns und dem anderen erlauben, miteinander zu spielen, signalisieren wir volles Vertrauen. Der Geliebte wird ganz angenommen, so wie sie oder er ist.

Solche lustvollen Exkursionen gelingen aber nur, wenn Störungen außen vor bleiben. Deshalb ist es unredlich, kurzfristige sexuelle Abenteuer mit einer festen Bindung zu vergleichen, in der gezwungenermaßen das gemeinsame Spiel oft nicht frei von Schatten bleibt. Um lustvolle Erfahrungen in einer Dauerbindung erleben zu können, braucht es allerdings auch im Alltag mehr Lebensfreude, die wir uns nur allzu oft vermiesen lassen. Auch der Beziehungsalltag benötigt von Zeit zu Zeit neue Impulse, sonst können wir alle Bemühungen um ein beglückendes Miteinander im Bett vergessen.

Dabei ist es so wichtig, sich seine positiven Energien nicht beschneiden zu lassen. Mit ein wenig Phantasie und Kreativität sollten wir versuchen, die Klippe trüber Stimmungen zu umschiffen. Manchmal gelingt es bereits dadurch, daß wir uns an den Beginn unserer Zweisamkeit erinnern. An eine Zeit, in der wir mit Spannung unserer Zukunft entgegensahen. In der wir bereit waren, zusammen manches Abenteuer einzugehen, um dem geliebten Wesen nahe zu sein. Vielleicht gelingt es ebenso wie im Alltag, im sexuellen Miteinander dem Spaß und der Phantasie wieder mehr freien Raum zu geben. Wir könnten vielleicht das Spiel vom »ersten Mal« wiederholen oder die Rollen von Zeit zu Zeit tauschen. Mal erobert der eine, dann der andere. Und auch das Zulassen von »Angriffsattacken« mit entsprechender »Gegenwehr« kann die erotische Note beleben. Allerdings selbstverständlich immer nur soweit der andere ebenfalls Spaß daran hat! So oder auch ganz anders können wir versuchen, Neugierde und Lebendigkeit in unserer eigenen Partnerschaft zu beleben, wenn uns die Alltagsroutine wieder mal eingeholt hat.

■ Antje und Kevin waren bereits 18 Jahre verheiratet, und ihre drei Kinder waren inzwischen selbständig. Beide waren Ärzte und arbeiteten bei einer karikativen Einrichtung. Als ihre Kinder klein waren, war Antje teilzeitlich berufstätig. Seit die Kinder keine ständige Betreuung mehr benötigten, war Antje ebenso wie Kevin in einer Rehabilitationsklinik tätig und hatte Karriere gemacht. Durch Fleiß und den Besuch von Fortbildungsveranstaltungen bekam sie schließlich eine Chefarztstelle angeboten. Kevin unterstützte sie zwar, blieb aber auf der Karriereleiter unter ihr. Auch im häuslichen Bereich hatte Antje ohne Fragen die Oberhand. Sie war es schließlich, die all die Jahre zuvor für das funktionierende Familienleben zuständig gewesen war.

Beide kamen zu mir, weil Kevin seit einem halben Jahr unter vorzeitigem Samenerguß litt. Nachdem alle medizinisch sinnvollen Untersuchungen kein Ergebnis gebracht hatten, hofften sie nun auf Hilfe für Kevins körperliches Problem. Ich befaßte mich zu ihrer Verwunderung zunächst nicht mit ihrer sexuellen Fragestellung, sondern mit der Dynamik in ihrer Partnerschaft. Es zeigte sich, daß die Langzeitbindung von Kevin zunehmend als Belastung empfunden wurde. In der Zeit, in der Antje mehr zu Hause war, gab es am wenigsten Probleme. Seit sie ihren »Karrierewahn«, wie Kevin es nannte, pflegte, war er zwar stolz auf die Erfolge seiner Frau, war aber auf der anderen Seite zu Hause durch die Kinder mehr gefordert. Auch spürte er ständigen Druck, selbst mehr Fortbildung machen zu müssen, widmete sich aber doch lieber seinem Hobby, dem Angeln. Bei Antje war es genau umgekehrt: Seit sie wieder voll in ihren Beruf einsteigen konnte, blühte sie auf und sprühte vor Energie. Sie erlebte sich auch in den gemeinsamen Schäferstündchen durchaus bereit zu mehr, akzeptierte aber Kevins fragliches Handicap und hielt sich zurück. Der vorzeitige Erguß als Verweigerung?

Die beiden kamen den Dingen schließlich auf die Spur: Nicht die Karriere von Antje allein verletzte Kevins männlichen Stolz, sondern ihre Leichtigkeit, mit der sie für sich Steine aus dem Weg räumte. Sie organisierte sich hervorragend, hatte viel mehr Freunde als er, und sie hatte meist die schnellere Antwort. Die Leichtigkeit im Umgang mit anderen machte Kevin eifersüchtig. Und auch ihre beruflichen Erfolge trugen nicht gerade zu Kevins Selbstsicherheit bei. Nur erlaubte er sich nie, dies zu zeigen. Denn Antje wischte in der Vergangenheit manche Andeutung von ihm mit einem Lachen zur Seite, das Kevin verletzte. Sein Selbstwertgefühl sank nach und nach auf den Null-Punkt. Es wurde Zeit, daß Kevin all das endlich aussprechen konnte, ohne seine Würde zu verlieren und ohne daß sein Stolz verletzt wurde. Antje dagegen schien bis zu diesem Zeitpunkt rundum zufrieden. Ihre Betroffenheit war deutlich, als sie von den Zusammenhängen erfuhr, für die sie zuvor keinen Blick gehabt hatte. Sie verstand nun, warum Kevin ihr so wenig Aufmerksamkeit schenken konnte, die sie sehr vermißte. Ihre Offenheit, mit der sie in der Beratung diese Dinge aussprechen konnten, motivierte beide, zukünftig behutsamer mit der Schmerzgrenze des anderen umzugehen. Sie konnten schließlich auch im Sex wieder Schritt für Schritt besser aufeinander eingehen und sich die Zeit nehmen, die sie sich zuvor nicht gegönnt hatten. Zunächst verordnete ich Sexverbot. In dieser Zeit sollten beide durch Streicheln und Zärtlichkeit ohne direkten Sexualkontakt lernen, sich wieder anzunähern, ohne daß gleich ein Erfolgsdruck die entstehende Nähe vermasseln konnte. Und Antje lernte dabei, sich zurückzunehmen, um Kevin auch im Bett wieder mehr Führung zu überlassen. Am Ende der ausgemachten Zeit sollte es Kevin sein, der den Versuch zum sexuellen Spiel begann, so daß er das Tempo bestimmen konnte.

Auch im Alltag des Zusammenlebens konnten beide einiges ändern: Antje widmete der Beziehung wieder mehr Aufmerksamkeit. Sie erteilte manche Absage an ihre Patienten, noch mehr Zeit für sie zur Verfügung zu stellen. Auch gab sie einen Lehrauftrag auf, der ihr zusätzlich Zeit genommen hatte. So war es wieder möglich, mehr Zeit für Kevin und auch für die Familie einzuplanen. Kevin dagegen übernahm mit viel Freude eine Supervisionsgruppe für Kollegen, so daß er von dieser Seite zusätzlich Anerkennung erhielt. Sein befürchteter Verlust der Männlichkeit durch den vorzeitigen Samenerguß wich wachsendem Selbstwertgefühl. So konnte nach einiger Zeit die vorübergehende Störung in der Beziehung und damit auch im Bett behoben werden. ■

Die Angst vor dem Versagen

Vorzeitiger Samenerguß ist in unserer Gesellschaft zunehmend auch ein Problem jüngerer Männer. Er bedeutet in der Sprache des Körpers nicht immer, aber immer häufiger eine Absage an das Selbstbewußtsein moderner Frauen.

Die Emanzipation der Frau, die ihr sowohl im beruflichen wie im privaten Bereich mehr Macht ermöglicht, macht mit Recht die Frauen selbstbewußter, aber auch fordernder. Mag es die Angst vor der starken Partnerin oder vor dem eigenen Versagen sein, die die Männer zunehmend zum Rückzug veranlaßt, je stärker der Leistungsanspruch an sich selbst ist, um so weniger frei von Druck ist der sexuelle Akt. Und um so rascher erfolgen Abläufe des Körpers, die häufig zuvor und auch bei der Masturbation ohne allzu große Hektik in normalem Tempo vonstatten gingen. Diese schnelleren Abläufe lassen natürlich auch die Partnerin mit ihrem Begehren ins Leere laufen. Sein vorzeitiger Erguß kann dann die Rache für ihre Stärke an ganz anderer Stelle sein.

Weil die Zusammenhänge so verwinkelt sind, sind sie für die Betroffenen nur selten zu durchschauen. Der Mann weiß im Moment des sexuellen Zusammenseins nicht, warum er sich so unter Druck setzt. Im Gegenteil, er wird sich noch mehr bemühen, es der Partnerin recht zu machen. Und die Frau empfindet natürlich in dieser Situation das Versagen nicht als Strafakt, wofür auch? In einer Umfrage wurde deutlich, daß heute mehr als zwei Drittel der jüngeren Männer zwar gern eine attraktive und selbständige Partnerin wollen, aber daß sie Angst haben, genau vor diesen Frauen im direkten Körperkontakt zu versagen. Im Bett hätten sie am liebsten ein »kleines Häschen«. Dann kann der »Held« seine archaische Beschützerrolle übernehmen und sie dahin führen, wo er glaubt, daß es ihr gut tut. Und die Frau könnte sich dem Helden in all ihrer Schwäche hingeben, sich verführen lassen. Diese Rollen fallen vielen leichter, wurden sie doch über Jahrhunderte so gelebt, sind möglicherweise sogar in den Genen verankert. So wie damals wird es aber niemals wieder werden.

Heute dürfen glücklicherweise Mann und Frau gleichermaßen ihre Sexualität erkunden. Ein Konflikt zeichnet sich deshalb ab, weil der Führungsanspruch des Mannes natürlich dadurch untergraben wird. Dieser innerpsychische Konflikt kann erst dann gelöst werden, wenn auch die Männer ihren Prozeß der Emanzipation beschleunigen. Denn viele Frauen haben [illegible] ne mit den »soften Typen«. Sie begegnen imme[illegible] nnern, die Angst haben, wörtlich genommen [illegible] einziehen«, statt ein Gespür dafür zu entwicke[illegible] eteilt werden kann. Und die Frauen, oft bereit [illegible] weiter in ihrem Selbstverständnis, sind forde[illegible] sch. Das verunsichert den Mann vielleicht noch [illegible] wann einmal, hoffentlich in naher Zukunft, werden sich auch diese Mann-Frau-Stereotypen auflösen. Und zwar nicht dadurch, daß jeder mit der Rollenunsicherheit des anderen wie eine Krankenschwester mit einem Kranken umgeht, sondern dadurch, daß jeder mehr zu seinem Selbst stehen kann.

Die Sprache sexueller Symptome

Manche Absage an den anderen, mancher Racheakt, manche Überforderung, aber auch manche Angst oder einfach Unsicherheit im Beziehungsalltag können zu nonverbalen Botschaften im Bett führen. Meist als sexuelle Lustlosigkeit in irgendeiner Form. Diese Störungen werden selten verstanden. Denn die Betroffenen führen keine offene Auseinandersetzung. So wird die gemeinsame Lust zerstört, aber es werden keine Probleme gelöst.

■ Bei einem mir bekannten Paar war das üblicherweise friedliche Schäferstündchen am Abend nur deshalb belastet, weil die Partnerin morgens sauer auf ihn gewesen war. Er war wieder mal weggegangen, ohne zu hinterlassen, wo sie ihn erreichen konnte. Ihren Ärger brachte sie am Abend, als ihr Mann heimkam, nicht zum Ausdruck, sondern unterdrückte ihn zu Gunsten der Tagesschau. Statt dessen blieb eine körperliche Zurückhaltung bestehen, die zärtliche Kontakte erschwerte. Später kam dann von ihm die Einladung zum Sex. Sie verweigerte das Zusammensein unter fadenscheinigen Ausflüchten. In ihrem Innersten aber war sie immer noch sauer auf ihn, weil er sie am Morgen vernachlässigt hatte. Sie war jetzt nicht bereit, ihm im Bett entgegenzukommen. Im Gegenteil: Indem sie sich verweigerte, konnte sie ihn strafen, nach dem Motto: »Jetzt will er was von mir, heute früh war ich ihm unwichtig!« Solange diese Dinge zwischen ihnen aber nicht ausgesprochen und geklärt waren, gelang die Besinnung auf den Augenblick nicht. Und nur da kann Sexualität lustvoll erlebt werden. Die Frau machte auf körperlicher Ebene dicht, weil die verbale Botschaft ausgeblieben war. Allerdings konnten beide die Absage im Bett nicht einordnen. Schade, daß in diesem Augenblick beide nicht begriffen, daß im Bett ein Kampf ausgetragen wurde, der an anderer Stelle hilfreicher gewesen wäre. ■

Dieser Frau fiel es schwer, beim Sex Ja zum Partner zu sagen. In ihr wehrte sich die totale Hingabe, weil aus ihrer Sicht der Dinge der Partner ihr sonst zu wenig Aufmerksamkeit schenkte. Ohne dieses uneingeschränkte Ja zum Augenblick blieb ein Zögern, das blockierte. Die Frau verweigerte sich. Hingabe in der Sexualität erfordert, daß der andere angenommen wird, wie er nun mal ist. Indem diese Frau sich im Bett verweigert, schließt sie den anderen von gemeinsamer Befriedigung und Lust aus. Für ihn ist das hart, er ist so sehr bereit, sich ihr zuzuwenden. Aber auch sie bleibt ohne Freude an ihrem Körper.

Gerade, wenn der Mann sonst der »Macher« ist, gerade da, wo ein Ungleichgewicht auf sozialer Ebene in der Zweisamkeit besteht, wird die Frau, so sie keine andere Möglichkeit kennt, durch ihre Verweigerung ihre Vormachtstellung im Bett nutzen. Denn es läßt sich belegen, daß Frauen häufiger diejenigen sind, die verweigern. Durch Druck von ihm, der ja unbewußt auch eine Demonstration seiner Potenz bedeutet, kann ihre Unlust noch verstärkt und die Verweigerungshaltung vergrößert werden. Denn jetzt erfährt sie wieder seine Übermacht. Dagegen setzt sie ihr Nein, läßt ihn außen vor. Ein Machtspiel, das beiden wenig nützt, wenn die Hintergründe nicht erkannt werden. Denn auch die Frau kommt immer weniger zu dem, was ihr gut tun könnte. Und je länger diese Verweigerung aufrechterhalten wird, um so schwieriger wird es für beide werden, wieder spielerisch im Bett miteinander umzugehen.

Im letzten Beispiel ging es glücklicherweise nicht um so tiefe Wunden. Das gemeinsame Spiel im Bett war ja zunächst für beide befriedigend verlaufen. Hier wurzelte die Schwierigkeit, ab einem gewissen Zeitpunkt lustvoll miteinander zu spielen, in der Kommunikation im Alltag. Das Paar brauchte viele Wochen dazu, sich wieder anzunähern und verbale Auseinandersetzungen zu üben. Es ging dabei um eine Streitkultur, die den Alltagsärger aus dem Weg räumt, ohne das Schäferstündchen zu belasten. Als sie schließlich gelernt hatten, offen über ihren Groll und ihre Ängste miteinander zu sprechen, gelang es auch wieder, miteinander im Bett zu spielen.

Sexualität in Beziehungen ist besonders störanfällig

Es gibt sicher noch viele Gründe, warum gerade Sexualität so störempfindlich ist. Bedingt durch die vielen Tabus, die wir als Heranwachsende erfahren haben, ist sie etwas sehr Persönliches und auch oft Unbekanntes in uns geblieben. Ihre Störanfälligkeit ist nicht selten ein Parameter für die Unfreiheit und den Leistungsdruck in unserer Gesellschaft, aber auch für viele Ängste aus der Vergangenheit, die meist im Unbewußten schlummern.

Ich möchte die Gelegenheit nutzen, mit einem Vorurteil aufzuräumen, das die Lustlosigkeit der Frau betrifft: In unserem Sprachgebrauch irrt immer noch und immer wieder der lateinische Begriff »Frigidität« herum. Männliche Ärzte und Therapeuten sprechen von Frigidität, wenn die Frau über Lustlosigkeit klagt. Sie haben nicht viel von Frauen verstanden. Denn das Wort Frigidität bedeutet in seiner Übersetzung Gefühlskälte. Und das ist Unsinn! Die Frau klagt in dieser Situation über alles andere als Kälte. Sie fühlt ja sehr viel: nämlich keine Lust und sie fühlt dadurch Trauer über Versäumtes, das ihre Befriedigung stört. Und immer hat diese Lustlosigkeit eine schmerzliche, leider unbearbeitete Vorgeschichte, die ihr dann das Fühlen nicht mehr erlaubt. Im schlimmsten Fall eine Vergewaltigung, an die sich zu erinnern schwer zu ertragen ist. So führt später zu ihrem Schutz jede sexuelle Annäherung zu einer Blockade des Körpers. Es gibt also keine Gefühlskälte für diese Frau, sie fühlte und fühlt sehr viel, sondern es ist der Schutz vor der unangenehmen Erinnerung, der zu einer Blockade der Wahrnehmung führt.

Jemand, der in seinem Leben sexuell mißbraucht wurde, tut sich äußerst schwer, wieder Vertrauen zu fassen, die erlebte Angst loszulassen. Aber auch jemand, der einfach Sorge hat, nicht den Anforderungen einer freien Gesellschaft zu entsprechen oder gut genug zu sein, oder jemand, der sich selbst nicht attraktiv findet, sich nicht mag, wird sich schwer entfalten können. Kommen dann noch Störungen in der Kommunikation mit dem Partner dazu oder gar ein Machtgefälle, das die eigene Selbständigkeit unterbindet oder erschwert, kann die Freude am gemeinsamen Spiel unterdrückt werden oder gar verlorengehen.

Das Bett als Kampfplatz

Nicht Streit oder Widersprüchlichkeiten sind in der Langzeitbindung Bremsklötze für das freie Spiel. Das Gegenteil ist oft der Fall: Das Unvermögen vieler, vor allem in der älteren Generation, miteinander konstruktiv zu streiten, läßt viel unausgesprochene Unzufriedenheit weiterschlummern. Und diese Unzufriedenheit wird dann unbewußt oder auch sehr bewußt im Sex präsentiert. Entweder verweigert sich die Frau, läßt ihn sozusagen ins Leere laufen und zieht sich lustlos zurück. Oder er bekommt Erektionsschwierigkeiten oder einen vorzeitigen Samenerguß. Manchmal kann auch seine ständige Forderung nach Sex einen sehr aggressiven Charakter haben, der die Frau unbewußt für Freiheiten an anderer Stelle bestrafen will. Wie auch immer, der Kampf findet häufig im Bett statt! Wie schade, denn neben der verdorbenen Stimmung entgeht ja beiden eine Menge Spaß.

Es entspricht den Bildern von Beziehung, die wir im Kopf haben, daß zwei Menschen, die herzhaft und oft miteinander streiten, wohl im Bett auch nichts miteinander am Hut haben. Aber das Gegenteil ist der Fall: Manche Paare kommen mit dem Anliegen, daß sie zu viel miteinander kämpfen, daß es selten Harmonie gebe. Auf ihr sexuelles Zusammensein von mir angesprochen, wird aber versichert, daß im Bett alles in Ordnung sei. Das ist kein Grund, daß das ständige Streiten so bleiben muß. Auch hier ist es natürlich wichtig, genau hinzuschauen, warum das so ist. Aber eines müssen die beiden wohl nicht mehr lernen: das konstruktive Streiten, das für viele ein Problem ist. Bei jenen Paaren, die oft miteinander kämpfen, kann die Sexualität frei von Vorbehalten genossen werden. Die Botschaft an den anderen wurde an anderer Stelle ausgesprochen.

Vielleicht haben Sie selbst schon erlebt, daß nach einer heftigen Auseinandersetzung mit dem Liebsten Sex besonders intensiv wurde. Alles wurde gesagt, die Luft ist sozusagen rein, jetzt können wir uns in den Moment vertiefen.

Der Rückzug verhindert Lust

Je weniger der Mensch sich deshalb von alltäglichem Unmut befreit, sei es aus Angst oder reinem Harmoniebedürfnis, desto schwerer wiegt die unterdrückte Wut im Bauch. Im Unterleib, dem Sitz des Unbewußten, sammelt sich so im Laufe der Zeit mancher Schotter, der schließlich zentnerschwer wird. Dadurch erstarrt der Körper und damit die sexuelle Wahrnehmung und Lust. Es lohnt sich also immer, diese Symptome anzuschauen. Manches kann dadurch in Gang kommen – im übrigen kann die beschriebene Erstarrung im Unterleib auch durch sportliche Betätigung gelöst werden. Das bleibt allerdings eher eine Krücke, wenn die Auseinandersetzung mit sich und dem Partner nicht erfolgt.

Die verlogene Botschaft, die viele von uns noch von ihren Eltern mitbekommen haben – »In einer guten Beziehung streitet man nicht miteinander« – macht es schwer, Auseinandersetzungen zu riskieren. Die Angst, den anderen zu verletzen, lähmt ärgerliche Impulse, wenn nicht sogar bereits Resignation eingekehrt ist. Vieles bleibt lieber ungesagt, viele Konflikte werden nicht ausgetragen, der Ärger bleibt unausgesprochen und die Aggression staut sich (s. auch Kapitel 4 über das Streiten). Der oder die Unverbesserliche wird letztlich mit Rückzug reagieren, nicht gerade dazu angetan, dem anderen Lust zu machen. Der Mann entflieht der Auseinandersetzung oft durch den schweigenden räumlichen Rückzug. Damit läßt er sie ins Leere laufen. Eine Frau sagte einmal dazu: »Es ist so, als ob Sie eine Drehtüre zuschlagen, Sie bleiben auf Ihren Gefühlen hocken!« Die Frau erprobt dagegen ihre Macht im Bett: Sie demonstriert ihre Lustlosigkeit, zieht sich an dieser Stelle zurück. Damit spielt jeder seine Macht im Rückzug aus, aber die beiden können sich nicht treffen.

Wer sich unterlegen fühlt, und sich deshalb nicht offen mit dem Du auseinandersetzen kann, wird im Sex eine Blokkadehaltung erleben können, die naturgemäß auch den anderen trifft. Oft ist das die einzige Gegenmacht, die den Partner erreicht. Wie häufig geschieht das im alltäglichen Umgang miteinander! Deshalb ist ein Sexverbot auf Zeit hilfreich. In dieser definierten Zeit geht es darum, soviel Zärtlichkeit wie beide wollen auszutauschen, alles ist erlaubt, nur kein direkter Sex. Indem körperliche Nähe zugelassen wird, kann jeder wieder fühlen lernen, was Zärtlichkeit ist, unabhängig von Sexualität. Denn Liebende erleben zu oft eine automatische Koppelung von Zärtlichkeit und Sexualität. Beides kann aber sehr unterschiedliche Qualitäten haben. Weil das so ist, müssen diese Partner wieder lernen, die unterschiedlichen Bedürfnisse wahrzunehmen: Nicht jeder Wunsch nach Sex ist automatisch an den Sexualakt gebunden. Es kann auch die Sehnsucht nach Zärtlichkeit und Nähe sein, die mißverstanden wird. Erst wenn eine Entkoppelung stattgefunden hat, darf am Ende der abgemachten Zeit derjenige, der sich zuvor bedrängt fühlte, wieder langsam sexuelle Eroberungen erlauben. Damit können sich neue Umgangsformeln entwikkeln, die es auch dem bedrängten Partner wieder ermöglichen, Schritt für Schritt zu fühlen und zu genießen, ohne bereits im Vorfeld dichtmachen zu müssen.

Lust braucht Spannung

Ich weiß andererseits aus Beziehungen, die ständig um Harmonie und liebevollen Umgang bemüht sind, daß die Sexualität schon lange kein Thema mehr ist. Gerade bei denen, die besondere Anstrengungen unternehmen, um ihre Partnerschaft gelingen zu lassen, ist bei allem Bemühen um eine gute Zweisamkeit die Lust aufeinander verlorengegangen. Denn wer hartnäckig an dem Bild einer harmonischen Partnerschaft bastelt und auch daran festhält, hat oft die größten Schwierigkeiten, sich mit dem Du auseinanderzusetzen. Sie träumen vielleicht noch den Traum von ewiger Harmonie und Einigkeit. Konfrontation in der Zweisamkeit aber wird vermieden. Neues oder geheime Wünsche sind nicht erlaubt, die Neugierde auf den anderen hält sich in Grenzen. Die Symbiose ist das Ziel. Und damit ist die Spannung auf den Nullpunkt gesunken. Auch im Bett. Unliebsame Botschaften werden zudem noch auf der Ebene der Matratze ausgetragen. Verweigerung ist dann die Sprache des Unbewußten. So ist die Sexualität befreit von berauschender Erfahrung. Pflichtübung heißt dann das gemeinsame sexuelle Spiel. Im schlimmsten Fall wird in Außenbeziehungen ausgewichen, ohne den Konflikt erkannt, geschweige denn benannt zu haben.

■ Iris und Jan waren bis zum Mauerfall in Ostdeutschland. Sie waren dort beide in einem Konstruktionsbüro beschäftigt, in dem sie sich auch kennenlernten. Nach der Heirat bekamen sie vier Kinder, die alle tagsüber im Hort betreut wurden. So konnten beide Familie und Beruf problemlos teilen. Sie waren über viele Jahre zufrieden mit ihrer Situation. Nach dem Mauerfall wurde alles anders, aber nicht alles besser: Zwar bekam Jan relativ rasch eine gutbezahlte Stelle im Westen, die Betreuung der Kinder blieb aber Iris überlassen. Hortplätze waren in Westdeutschland rar. Obgleich sie sich jetzt Dinge leisten konnten, von denen sie früher nur geträumt hatten, wuchs die allgemeine Unzufriedenheit bei Iris. Jan vertiefte sich immer mehr in seine Berufswelt, er übernahm zusehends mehr Verantwortung in diesem Bereich. Iris kümmerte sich um die häuslichen Dinge, wurde aber lustlos.

Sie kamen zu mir, weil zwischen beiden seit Monaten kein Sex mehr möglich war. Das, was viele Jahre gut funktionierte, wurde jetzt ein Problem: Jan beklagte sich, daß Iris sich ihm ständig entzog. Sie wolle nicht mehr mit ihm schlafen. Iris bedauerte dies, beteuerte auch, daß sie Jan nach wie vor gern habe, aber daß sie keine Lust habe, mit ihm zu schlafen.

Zu ihrer Überraschung schlug ich beiden ein »Sexverbot« vor. Dies für eine abgesprochene Zeit, in der beide täglich beginnen sollten, miteinander nur über sich zu sprechen. Und zwar jeder 15 Minuten. In dieser Zeit fängt einer an und versucht 15 Minuten lang dem anderen alles über sich mitzuteilen, was ihn oder sie tagsüber belastet hat, wovor er Angst hat, was ihn am anderen ärgert, auch was gut läuft. Alles Dinge aus dem persönlichen, alltäglichen Bereich, nichts Grundsätzliches, kein Tratsch über Außenstehende. Der Zuhörende soll den anderen nicht unterbrechen. Wenn er dann an der Reihe ist, muß er oder sie nicht auf das Gesagte eingehen, geschweige denn, etwas auf Wunsch ändern. Der Nächste kann von ganz anderen Dingen sprechen. Und der Partner hört nur zu. Übrigens sollen die Sätze möglichst mit »Ich« beginnen, niemals mit »Du«. Ist die Zeit abgelaufen, gehen beide zur Tagesordnung über, ohne das Gesagte weiter zu diskutieren oder stimmungsmäßig weiterzutragen. Diese Übung kann und sollte lange fortgesetzt werden. Vielleicht wird sie ja eines Tages zu einer geschätzten alltäglichen Gewohnheit.

Für Iris und Jan war es notwendig, erst einmal wieder miteinander reden zu lernen. Die Hektik des Alltages, der beide forderte, verführte dazu, intensiveren Gesprächen auszuweichen. Und das Zuhören, eine noch schwierigere Aufgabe, müssen viele wieder lernen. Auch Iris und Jan. Die unerfreulichen Dinge des Alltags, das, was ärgert oder belastet, das, was zu sorgenvollen Überlegungen Anlaß gibt, brauchte endlich seinen Raum. War doch in der knappen Freizeit das Bestreben nach Ruhe und Frieden in den Vordergrund getreten. So wurden alltägliche Dinge, die Ärger hervorriefen, unter den Teppich gekehrt. Sie sammelten sich im Laufe der Zeit zu einem größeren Häuflein an, ohne daß es eine Gelegenheit gab, diesen Groll loszuwerden. Die Übung zwang beide, ihre Empfindlichkeiten dem anderen mitzuteilen, ohne Angst haben zu müssen, die Stimmung für den Rest des Tages zu vermiesen. Schließlich entlud sich im Laufe der Übungen eine Menge Ärger. Vor allem Jan war erstaunt, was sich alles angesammelt hatte. Die ungleiche Stellung beider, Jan erfolgreich draußen, Iris an die weniger aufregenden Arbeiten zu Hause gebunden, fehlender sichtbarer Erfolg für Iris, den sie in der Vergangenheit genauso wie Jan kannte, machte sie eifersüchtig, aber auch lustlos. Es fehlte an Ermunterung, aber auch Mut, die Schieflage anzusprechen, ohne undankbar zu erscheinen.

Wo Lustlosigkeit im Alltag ist, wo soll da die Freude auf Sex herkommen? Iris agierte unbewußt in dem Sinne: Wenn er schon tagsüber besser dran ist, dann soll er wenigstens im Bett nicht auch noch alles bekommen. Aber auch Jan glaubte, sein Recht auf Sexualität sei einklagbar, stehe ihm zu. Ein Machtkampf war entbrannt, den beide so nicht erkannt hatten. Unter den Vorzeichen des Sexverbotes konnte Iris behutsam Zärtlichkeit von Jan zulassen, ohne daß dieser die Initiative übernehmen sollte. Immer nur so weit, wie sie gehen mochte. Er mußte dabei lernen, geduldiger und zurückhaltender zu sein, um das zarte Pflänzlein aufkeimender Lust nicht zu zertrampeln. Nachdem der Druck, Jan sexuell »bedienen zu müssen«, von Iris genommen wurde, konnte sie lernen, ihren eigenen Bedürfnissen mehr Raum zu geben. Sie konnte nach einiger Zeit wieder spielerisch mit Jan auf Entdeckung gehen. Was ihr dabei besonders gut getan hat, war die Erlaubnis, bei den gemeinsamen Erkundungen jederzeit aussteigen zu können, wenn es für sie genug war. »Es war fast so spannend wie zu Beginn der Partnerschaft«, beteuerten schließlich beide.

Nachdem sie ihr ungleiches Machtgefüge erkannt hatten, zeigte Jan mehr Verständnis für Iris und ihren Wunsch nach eigenem Erfolg. Sie organisierte für sich zwei freie Tage, an denen sie in einem Architekturbüro arbeiten konnte.

Trotz zunehmender Belastung entwickelten die beiden einen liebevollen, aber auch von mehr Leichtigkeit getragenen Umgangsstil. Probleme wurden regelmäßig angesprochen, die gemeinsame Zeit wurde partnerschaftlicher gestaltet, aber auch Ärger und Müdigkeit bekamen den notwendigen Raum. Vor allem lernten beide, ihre Unzufriedenheit nicht mehr am Partner allein festzumachen. Nicht immer, aber immer öfter erlebten die beiden Momente des beglückenden Miteinanders – »Aber manchmal kracht es halt bei uns, daß die Fetzen fliegen!« ■

Wenn der Kampfplatz im Bett stattfindet, stirbt die Freude am sexuellen Spiel.

Grund genug, sich zu fragen, was wohl geschah, seit das Zusammensein sich so verändert hat. Das hat allerdings nichts damit zu tun, daß in einer langjährigen Beziehung mit Sicherheit Sexualität weniger wird und nicht nur in Höhepunkten gelebt werden kann. Denn auch anstrengende äußere Bedingungen, Wut, Überbelastung, Kinder oder Krankheit können vorübergehend das gemeinsame Miteinander beeinträchtigen, so daß Sex kaum oder gar kein Thema ist.

Selbstverständlich gibt es zwischen den Partnern auch unterschiedliche Bedürfnisse: Mag der eine häufiger Sex als der andere, gehört das zur individuellen Lebenslust, die niemals gleich sein kann. Daß statistisch gesehen Männer sich häufiger als Frauen Sex wünschen, hat sicherlich mit der unterschiedlichen Erfahrungswelt in der Vergangenheit zu tun. (Im 10. Kapitel gehe ich näher darauf ein.) Wie in vielen anderen Lebensbereichen sind auch hier Kompromisse gefragt, die den unterschiedlichen Bedürfnissen gerecht werden. Wird dieses Thema allerdings zum Problem stilisiert, kann dies ein Hinweis sein für Störungen an ganz anderer Stelle in der Partnerschaft.

Sexualität im Alter

Der Verlust der Sexualität kann auch eine Folge von Krankheit, Alter oder Behinderung sein. Sexualität bleibt sicher lebenslänglich als Urbedürfnis nach Zärtlichkeit und Hautkontakt erhalten, verliert aber im Laufe der Jahre von seiner überhöhten Bedeutung unserer Leistungsgesellschaft. Je älter wir werden, um so mehr nehmen ganz andere Dinge unsere Aufmerksamkeit in Anspruch, erfreuen uns auch. Trotzdem ist die Alterssexualität nicht frei von Ängsten. Die Sorge um den Verlust der Attraktivität, Potenzverlust und Versagensängste sind Folgen des gesellschaftlichen Jugendlichkeitswahns, der dem Alter wenig Positives zugesteht. Natürlich werden alle körperlichen Prozesse im Alter langsamer, auch in der Sexualität. Natürlich werden die Haare lichter, und die Fältchen nehmen zu. Aber weder das Märchen von der Lustlosigkeit der Frauen nach dem Klimakterium noch der

Potenzverlust im Alter können bestätigt werden. Zunehmend wird der Wunsch nach Sex dem Bedürfnis nach Nähe und Hautkontakt weichen. Ein ganz normaler Prozeß, der nur deshalb soviel Unruhe erzeugt, weil die positiven Seiten der Älteren so wenig im Blickpunkt der Öffentlichkeit stehen.

War die Alterssexualität in vergangenen Jahrhunderten belächelt oder tabuisiert, genießen heute zunehmend auch ältere Menschen ihre sexuelle Lust. Sex in einer reifen Partnerschaft gelingt aber nur, wenn den Bedürfnissen beider entsprochen wird. Jeder Partner hat unterschiedliche Wünsche, die nicht immer zum gleichen Zeitpunkt zusammenklingen. Bei verschiedenem Lebenstempo, bei zweierlei Temperamenten und Herkunftsgeschichten und bei den Unterschieden der Geschlechter wäre ein dauerhafter Gleichklang der sexuellen Lust von Anfang an sicher reiner Zufall – niemals einklagbar.

Inwieweit der Verlust der Sexualität durch Krankheit oder Behinderung von zwei Menschen überwunden oder angenommen wird, hängt sehr stark von dem Verständnis für den Partner ab. Meine Erfahrung zeigt, daß betroffene Paare sehr gut damit fertig werden und meist kreativ genug sind, Zärtlichkeit auch ohne den unmittelbaren sexuellen Akt austauschen zu können. Anders bei Paaren, bei denen der eine sich ohne nachvollziehbaren Grund entzieht. Dann wird gar nicht so selten Sex vom anderen als ein »Muß« eingeklagt. Manchmal sogar mit der Drohung verbunden, sich seine Befriedigung außerhalb der Ehe zu suchen. Könnte es sein, daß hier der Abgewiesene eine Möglichkeit sieht, den anderen vorzuführen, ohne daß es wirklich um die körperliche Befriedigung geht?

Wer bei Nicht-Erfüllung seiner Wünsche in der Partnerschaft gleich aufgibt und glaubt, in einer Außenbeziehung seine Sexualität leben zu müssen, versäumt die Möglichkeit, an den Herausforderungen des Alltags zu wachsen. Sind zwei Menschen aber dazu bereit, können beide gemeinsam in eine tiefere Ebene der Beziehung eintauchen. Zärtlichkeit und Nähe sind dann dauerhafter als reiner Sex. Eine Sinnlichkeit kann erfahren werden, die auch zunehmende Belastungen überdauert. Es geht darum, die Spannung anzunehmen und sich über die Herausforderung zu freuen, die uns in geglückten Stimmungen zusammenführt. Und wenn nicht, dann nicht! Wir können auch mit uns selbst zufrieden sein!

Ein Plädoyer für mehr Ehrlichkeit über unsere Sexualität

Zum Schluß dieses Kapitels möchte ich noch einige Anmerkungen zum Umgang mit Sexualität heute machen: In den sechziger und siebziger Jahren bin ich als »Pro-Familia-Frau« mit meinem Musterkoffer übers Land gezogen, um Aufklärungsarbeit zu leisten. Als Mitarbeiterinnen dieser Beratungsstelle hatten wir es uns zur Aufgabe gemacht, die Sexualität vergangener Zeiten von alten Tabus zu befreien und junge Menschen zu einer liberalisierten Sexualität zu ermutigen. Wir sahen die Notwendigkeit, die durch Unterdrückung verstaubte und verlogene Sexualmoral aus ihrem Gefängnis von Tabus zu befreien. Das Ziel war ganz klar: weniger Angst, dafür mehr Freude und Lust am eigenen Körper und am sexuellen Spiel. Aber auch mehr Verantwortung, damit es weniger unerwünschte Schwangerschaften mit all ihren Dramen gibt. Nicht nur Oswald Kolle und die Medien, auch viele andere haben ebenso wie ich für eine liberalisierte Sexualmoral gekämpft und seither viel erreicht. Heute ist Aufklärung über Verhütung und sexuelle Zusammenhänge und Abläufe selbstverständlicher Teil des Lehrplans in den Schulen. Das ist ganz sicher gut.

Aber ist die menschliche Sexualität wirklich befreit von Tabus? Ich fürchte: Nein! Zwar geht unsere Gesellschaft heute sehr großzügig mit dem Thema um. Schon jedes kleine Kind weiß, woher die Kinder kommen. Der Nacktheit und Darstellung sexueller Akte in den Medien können wir uns kaum noch entziehen. Die Sexualität wurde im Laufe der Zeit wirklich von alten Zwängen der Unterdrückung, Geheimnistuerei und Verboten befreit. Aber inzwischen haben sich ganz neue Zwänge eingeschlichen: Leistungszwänge, Offenbarungszwänge, Erfolgszwänge. Und nach wie vor wird in der Sexualität so viel gelogen wie in keinem anderen Bereich. Gerade weil Leistungszwänge die eigene Selbstsicherheit und damit die Wahrheit erschweren.

Und die Rolle des Elternhauses als Aufklärer? Sie haben früher geschwiegen und gelogen, sie tun es heute noch! Nicht mehr die Geschichten vom Klapperstorch sind es, sondern die Märchen über das große Glück an Papas oder Mamas Seite, die blankgeputzte Familienidylle, die keine Ehrlichkeit erlaubt. Und diese Unehrlichkeit bedingt bei den Unwissenden große Unsicherheit, sie erschwert das Selbstvertrauen junger Menschen. Als »Aufklärung« bleiben demnach leider oft nur die Medien, die häufig Sexualität zweier Liebenden in ihrem intimen Zusammensein zu einer Leistungsschau stilisieren, die das eigene Selbstbewußtsein überfordert.

Was ist zu tun? Ich fordere mehr Ehrlichkeit – mit unseren Kindern, aber auch mit dem anderen geliebten Wesen. Dann können wir uns vielleicht wieder auf einer Ebene begegnen, die nicht mit überhöhten Erwartungen belastet ist. Erst dann kann unsere eigene Sexualität in einer Langzeitbindung zu einer gemeinsamen Energiequelle werden, die uns erfüllt und uns zufrieden sagen läßt: Wir sind uns genug.

10. Ein Seitensprung ist oft eine Frage an die eigene Beziehung

Ein heikles Thema! Die Außenbeziehung als Sollbruchstelle einer nicht tragfähigen Bindung? Das Totenglöcklein einer langjährigen Partnerschaft? Oder gehört der Seitensprung gar zum Beziehungsalltag? All dies kann, muß aber nicht sein. Manchmal keimt auf dem Boden von verbrannter Erde ein starker Baum.

Viele, oft langjährige Beziehungen sind am Ende, wenn einer aus dem Zweiergefüge ausbricht! Wieviel Kummer konnte ich schon erleben, weil die Verletzungen des Betrogenen meist sehr groß sind. Dabei scheint es nur zu verständlich, nach langer Zeit der Einheitsgerichte auch wieder einmal die Kirschen in Nachbars Garten kosten zu wollen. – Der Seitensprung als Kavaliersdelikt? Oder gar als Verzweiflungstat, um endlich mal wieder Lust zu erfahren? Der Seitensprung als Ego-Trip oder als süße Versuchung? Als Rache oder gar als Zeitvertreib für müde Krieger? Als Sexsucht oder doch als Test für den Bestand der eigenen Partnerschaft? – Jeder Zusammenhang ist möglich. Stoff genug für die vielen Liebesgeschichten, die die abendlichen Wohnzimmer füllen. Da reizt das Verruchte, wird die Sehnsucht nach Abenteuer geschürt.

Ob sich das alles lohnt, diese Frage bleibt zur Beantwortung jedem selbst überlassen.

Woher kommt die große Verletzung?

Wenn ich weiß, daß es in der überwiegenden Zahl von langjährigen Beziehungen irgendwann eine Außenbeziehung gab, wenn bekannt ist, daß der Seitensprung scheinbar zum Beziehungsalltag gehört, wenn ich sehe, daß das Fremdgehen in den Darstellungen der Medien aus Liebesfilmen nicht wegzudenken ist, und wenn klar ist, daß die Verlockung und Lust auf Neues allgegenwärtig ist, muß ich die Frage stellen: Woher dann immer wieder diese Aufregung, diese Dramatik?

Kaum ein anderes Ereignis kann die Grundfesten einer Langzeitpartnerschaft mehr erschüttern als der Seitensprung. Kein anderes Thema beschäftigt die Gemüter Beziehungswilliger intensiver als dieses. Und kaum eine Verletzung kann mehr schmerzen, als wenn der Partner das ihm entgegengebrachte Vertrauen mißbraucht. Der Betrogene fühlt sich ausgerechnet von dem verraten, für den er zuvor bereit war, sein Innerstes zu öffnen. Der Seitensprung bedeutet in der Wahrnehmung des Unglücklichen eine Absage an das eigene Ich. Die verletzte Seele empfindet, »Ich bin nicht mehr begehrt, also bin ich nichts wert« oder »ich bin in meiner Einmaligkeit nicht wahrgenommen, also bin ich verraten!« Das Fremdgehen führt so zu einer tiefen Kränkung, narzißtische Kränkung nennt das der Fachjargon. Sie gehört zu den größten seelischen Wunden, die ein Mensch erfahren kann.

Folglich führen Außenbeziehungen häufiger als jede andere Ursache zur Trennung. Eine Soll-Bruchstelle in modernen Partnerschaften. Natürlich muß dabei unterschieden werden zwischen einer Geliebten, einem Geliebten oder einem kurzlebigen Abenteuer ohne persönliche Bindung. Beides verletzt, aber sicher ist die Geliebte oder der Geliebte in einer Partnerschaft das weitaus größere Störfeuer, das den Beziehungsbogen überspannen kann. Manchmal reißt dann das Zweiergefüge. Aber auch schon fast gesellschaftsfähige »One Night Stands« können viel Irritationen verursachen. Je nachdem, ob das ein Ereignis ist, das einmalig bleibt, zum Beispiel nach einer weinseligen Zeche anläßlich einer Fortbildung. Oder ob dies zum sich wiederholenden Verhaltensmuster in einer festen Partnerschaft gehört.

Nun ließe sich trefflich darüber philosophieren, ob der Seitensprung oder ein intensiver emotionaler Austausch außerhalb der Beziehung den größeren Schmerz verursacht. Für mich wird immer wieder deutlich, daß bei den meisten Paaren der Vertrauensbruch auf sexueller Ebene eine größere Wunde setzt als die Hinwendung zu einem anderen Wesen auf geistiger Ebene. Offensichtlich sind Männer wie Frauen in ihrer Sexualität besonders irritierbar, weil sie ja so viel Mut gebraucht haben, sich dem anderen zu öffnen. Ihre Körper und Seelen verbinden sich im sexuellen Akt zu einer Einheit, die durch den Betrug zerstört wird. Denn ihre gemeinsame Lust war ein wichtiger Bestand des intimen Bündnisses, das sie einmal miteinander geschlossen haben. Das ist Verrat an der elementaren Sprache des Körpers, die anderes signalisiert hatte! Einer Körpersprache, auf die wir uns normalerweise verlassen können, die nicht lügt. Dennoch ist ein Seitensprung nicht immer ein Grund, sich zu trennen. Er kann aber der Hintergrund sein, auf dem die Paare vielleicht nach langer Zeit beginnen, wieder miteinander zu reden und sich auseinanderzusetzen.

Der individuelle Stellenwert des Seitensprungs

Anläßlich von Vorträgen oder Seminaren zum Thema »Beziehungen« werde ich immer wieder gebeten, darüber Ausführungen zu machen, wie »erlaubt« oder eben »nicht erlaubt« der Seitensprung in einer modernen Partnerschaft ist. Die Interessenlage ist dabei naturgemäß sehr unterschiedlich – je nachdem, auf welcher Seite der Beziehungsschaukel der Fragende gerade sitzt: Gehört er zu den »Gehörnten«, zu denen also, die das ganze Leid einer persönlichen Kränkung durch eine Außenbeziehung erlebt haben, entspringt die Frage einer Anklage an den Partner. Befindet sich der Fragende gerade im Höhenflug einer neuen Liebe, bleibt die Hoffnung auf den Segen.

Weder dem Ausreißer noch dem Verletzten vermag ich eine befriedigende Erwiderung zu geben. Geschweige denn eine Erlaubnis zu erteilen. Bei allem Verständnis für das, was heute schon mehr oder minder gesellschaftsfähig erscheint, nämlich der Seitensprung neben einer festen Bindung, gehe ich immer noch von tiefen Verletzungen aus. Natürlich steht es weder mir noch irgend jemandem zu, über eine andere als die eigene Beziehung zu befinden, obgleich ich freimütig bekenne, daß mein Anliegen die Festigung der bestehenden Partnerschaft ist. Deshalb möchte ich persönlich, daß Freud und Leid innerhalb der Partnerschaft gelebt werden, um das ganze Potential einer Langzeitbindung auszuschöpfen. Aber entscheidend ist, was eine Außenbeziehung für die Betroffenen selbst bedeutet. Und das kann sehr unterschiedlich sein.

Es gibt Leute, die haben sich von Anfang an darauf verständigt, daß Dreiecks- oder gar Mehrecksgeschichten zum Beziehungsalltag gehören. Soweit niemand von den Beteiligten darunter leidet, ist alles in Ordnung. Allerdings habe ich immer wieder erlebt, daß bei solchen Arrangements meist einer auf der Strecke bleibt. Oft wird nämlich einer Konstellation zugestimmt, die dem Verstand nach großzügig oder modern ist, im Herzen aber brennt. Sie sagen manchmal, daß der gemeinsame Sex in der Beziehung dann erst lustvoll wird. Sicher sind Lust und Schmerz sehr dicht beieinander. Ob aber die Leidenschaft in der eigenen Bindung nicht auch ohne solche Provokation wieder hergestellt werden kann, würde eine eingehende Betrachtung auf jeden Fall lohnen. Denn der Preis ist hoch! Ich glaube daher, daß es selten glückt, über lange Jahre Außenbeziehungen zu leben und gleichzeitig eine befriedigende Partnerschaft nach innen zu haben. Es sei denn, die feste Bindung ist schon lange ohne Bedeutung. Natürlich kann gemeinsame Sexualität auch von beiden innerhalb der bestehenden Zweisamkeit bewußt ausgeklammert sein, ob dann allerdings die Wunde weniger schmerzlich ist, wage ich zu bezweifeln.

Die Geschichte hat unsere Sexualität geprägt

In der Vergangenheit gab es Zeiten, wo die Geliebte zum Selbstverständnis des Mannes gehörte. Die Ehe sicherte den Fortbestand der Sippe und der familiären Bindung. Sie diente in diesen Zeiten mehr der Sicherung der notwendigen sozialen Gemeinschaft. Von Liebe als Grundlage solcher Bindungen war da nur im Ausnahmefall die Rede. Die suchte der Mann in den Armen der Geliebten.

Und bei anderen Kulturen, den orientalischen Paschas mit ihren mehr oder minder geduldeten Harems beispielsweise, sind mehrere Frauen auch heute noch ein Zeichen von Macht und Wohlstand.

Lange Zeit ging der Glaube um, daß der Mann von Natur aus polygam sei, die Frau dagegen wesentlich geringere sexuelle Lust habe. Man suggerierte, das sei der Grund, warum der Mann viele Frauen brauche. Sogar die Behauptung mancher Wissenschaftler, die große Zahl der Spermien fordere viele Nachkommen, deshalb sei Vielweiberei eine biologische Notwendigkeit, wurde zur Begründung sexueller Abenteuer herangezogen. Solche abenteuerlichen Geschichten geistern noch immer durch manche Köpfe, sie waren und sind aber eine Fabel, die ein patriarchalisches Weltbild geschaffen hat. Über Jahrhunderte galt der Seitensprung des Mannes als Kavaliersdelikt, das ihn früher sogar »adelte«, ihn als »tollen Hecht« auszeichnete. Die Männer hatten der Partnerin gegenüber nicht unbedingt ein schlechtes Gewissen. Sie nahmen sich ihr Recht, so wie es in manch anderen Kulturen noch heute gelebt wird. Immer aber dienten diese gesellschaftlichen Zugeständnisse der Lust des Mannes. Die Frau wurde und wird dagegen in jenen gleichen Verhältnissen geächtet, sobald sie sich mit einem anderen Mann einläßt.

Untersuchungen an wissenschaftlich begleiteten Paaren haben eindeutig gezeigt, daß das ungleiche Sexualverhalten einer vergangenen Moral entstammt, in der die Gleichwertigkeit von Mann und Frau noch nicht toleriert wurde. Die Unterschiede zwischen dem Tun des Mannes und der Frau liegen noch heute in der gesellschaftlichen Akzeptanz, aber auch in unterschiedlicher Motivation. Männer nehmen das Recht auf freie Entfaltung in der Sexualität für sich selbstverständlicher in Anspruch als die Frauen. Ich habe Aussagen von Männern gehört, die empört waren über das Unverständnis der Partnerin, ihm diese kleine Freude nicht zu gönnen. Je mehr die Emanzipation der Frauen aber dieses Denken verdrängt, um so freier und lustvoller erleben zunehmend auch sie ihre Sexualität. So ändert sich auch das Bild: Männer wie Frauen erleben die Lust auf Neues trotz fester Bindung. Und je selbstbewußter die Frauen werden, um so häufiger sind sie es, die jetzt den ersten Schritt nach außen wagen.

Die Lust auf erotische Abenteuer eint also Männer und Frauen. Nur die Erlebniswelt ist oft eine andere.

Während Männer sehr viel schneller und auch konkreter ihre Lust im Sexualakt suchen und erleben, ist für Frauen die körperliche Nähe, die Atmosphäre und das Vorspiel im erotischen Miteinander von ausschlaggebender Bedeutung.

Wenn ich etwas verallgemeinern darf, rührt diese Ungleichheit im Erleben von unterschiedlichen erotischen Bezügen in der Kindheit her: Sie stammt aus jener Zeit, in der das kleine Mädchen ihre Sehnsucht nach körperlicher Nähe zum gegengeschlechtlichen Elternteil, dem Vater, zu verschieben lernte, bis der Vater heimkam. In der Zwischenzeit war sie um eine Stimmung bemüht, die den Heimkommenden beglückte, so daß er sie neben der Mutter wahrnehmen konnte und freudig in die Arme schloß. Dieses Mädchen hatte früh gelernt, seine erotischen Wünsche nach körperlicher Nähe zu verschieben, bis der Augenblick stimmte. Und dieser Augenblick braucht seine Atmosphäre, um das Erleben zu genießen. Der kleine Junge dagegen hatte in der klassischen Familie seine geliebte gegengeschlechtliche Bezugsperson, die Mutter, ständig da. Fühlte er das Bedürfnis nach Kontakt, brauchte er nur ohne Umschweife seine Arme auszustrecken, um das geliebte Wesen zu umfangen. Seine Lust wurde so ohne Umschweife direkt befriedigt.

Diese Verschiedenheit in der Erfahrungsgeschichte von Männern und Frauen erklärt auch die stereotype Aussage von Frauen zum Sex in ihrer Partnerschaft: »Männer wollen immer nur das Eine!« Während die Männer genauso oft den Umstand beklagen, daß ihre Partnerin so viel Aufwand erwarte, bis es endlich mal zum Sex kommt. »Da muß erst die Kerze brennen, das Essen feierlich gegessen werden, Blumen mitgebracht werden, da muß erst alles stimmen, bis es endlich soweit ist!« Häufig, zu häufig führt das in Langzeitpartnerschaften zu Unmut, ohne daß beide verstehen können, warum das so ist. Sie machen jeweils dem anderen zum Vorwurf, nicht genug von ihm zu wissen, noch weniger bereit zu sein, darauf einzugehen. Dabei kann ein aufklärendes Gespräch über den unterschiedlichen Zugang zu den gemeinsamen erotischen Spielen der Anfang eines neuen Lernens voneinander sein, der zu befriedigender Nähe für beide führen kann.

Statt dessen weichen viele in eine Außenbeziehung aus, in der sie hoffen, das zu finden, was zu Hause so schlecht klappt. Warum ist das so, wenn doch soviel Leid damit verbunden ist? Ich bin im vorherigen Kapitel darauf eingegangen. Das, was in der Sexualität erträumt wird, kann eine Langzeitbindung möglicherweise nur schwer oder nie bieten. Der Glaube, daß in einer guten Beziehung auch die Sexualität immer berauschend ist, stimmt schlichtweg nicht. Dieser Irrtum entstammt dem Wunsch, unsere Partnerschaft zu idealisieren und die Partner zu binden. Wenn aber die erhoffte Erfüllung fehlt, ist die Verlockung allemal groß, sich einer Leidenschaft außerhalb der Zweierbindung hinzugeben, statt nur davon zu träumen.

Das Fremde reizt

Anders als in der festen Bindung kann eine Außenbeziehung durch Qualitäten locken, die besonders reizen, wie die Flüchtigkeit des Augenblicks, die Unverbindlichkeit dem Partner gegenüber, die Eitelkeit und Neugier, das Geheimnisvolle und das Verbotene, die Anonymität und die Lust, vom anderen begehrt zu werden. Oft reizt auch die Heimlichkeit der Tat. Vielleicht verspürt der Liebhaber Wünsche nach sexuellen Praktiken, die nicht gesellschaftsfähig sind, also im trauten Heim nicht gezeigt werden können. Aufregend auch das Gefühl, bei ihm oder ihr landen zu können. Da fühlt sich der Eroberer wie ein König. Umworben und bedient, bewundert und begehrt. All dies erhöht den sexuellen Reiz. Und da lockt die Eitelkeit, von einem anderen Wesen begehrt zu werden. Gleichsam die Antwort auf die Frage: Bin ich überhaupt noch attraktiv? Eine positive Rückmeldung möchte jeder gern erhalten, unabhängig vom Alter. Sehr oft sind unausgesprochene Fragen an den Partner damit verbunden, wie er oder sie auf das Ausreißertum reagiert. Macht es ihm etwas aus? Wie groß ist der Kummer? Nimmt er oder sie mich endlich mal wieder wahr? Wie wichtig bin ich überhaupt noch für ihn?

Das war zu Beginn der Partnerschaft anders. Zunächst ging jeder liebevoll und aufmerksam mit dem anderen um. Inzwischen ist aber der Reiz des Neuen vorbei. Die Aufmerksamkeit dem anderen gegenüber ist einer Geschäftigkeit gewichen. Mit dem Bewundern des Partners ist es auch nicht mehr so weit her, man ist sich inzwischen auf die Schliche gekommen. Wann gab es zum letzten Mal Blumen oder gar eine Liebeserklärung? Wie oft schenken sich die zwei noch ein Lob, ein Zeichen der Bewunderung? Wie viel Spontaneität ist im täglichen Ablauf noch möglich?

Die Lebensfreude wurde im Laufe der Zeit von den vielen Pflichten aufgefressen. Die Überraschungen werden weniger, die Spannung ist einem Alltagstrott gewichen, der zu selten erotische Stimmung aufkommen läßt. Vielleicht ist ja auch jeder so mit seinen Aufgaben belastet, daß Müdigkeit die einstmals geübte Anmache auf kurze Rituale reduziert hat. Damit sind die Schäferstündchen im Bett zu wöchentlichen Pflichtübungen verkommen. Wo soll da die Lust herkommen? Wieder wird im Ehealltag nicht alles möglich sein, was einstmals zu Beginn der Liebe erträumt wurde. Ganz zu schweigen von dem »Kränkungsrucksack«, der immer schwerer wurde. Da scheint es sehr verlockend, endlich alles hinter sich zu lassen, vermißte Eigenschaften des Partners woanders zu suchen. Da tut was Neues gut.

Sexuelle Phantasien

Wir alle haben mehr oder minder auch sexuelle Phantasien, die in einer verbindlichen Beziehung oft nur schwer oder gar nicht ihren Platz finden.

Die Illusion, daß sexuelle Phantasien außerhalb der Bindung ausgelebt werden können, muß allerdings enttäuscht werden: Zwar können eine Prostituierte oder ein Liebhaber manches bieten, was in einer Ehe nicht möglich ist, aber auch dieser Rausch wird vergehen. Die Sehnsucht wird niemals gestillt werden.

Es bleibt dann die Frage, wie wir mit unseren Wünschen und den Verbindlichkeiten in einer Beziehung umgehen. Fragen, die wir nur gemeinsam mit dem Partner klären können: Was bedeutet in unserer Beziehung die Sexualität? Wie kann mit unseren unerfüllten Wünschen umgegangen werden? Wie ehrlich wollen wir miteinander sein?

Ich halte nichts davon, dem Partner die letzte Ecke unserer sexuellen Phantasien zu offenbaren. Schon deshalb nicht, weil auch das Heimliche ein Stimulans sein kann. Die Phantasien und Gedanken sind frei. Gerade dann, wenn sie unser Schäferstündchen mit dem geliebten Partner versüßen. Ich spreche diesen Punkt deshalb an, weil die Phantasien immer wieder als Begründung dafür herhalten müssen, warum ein sexuelles Abenteuer eingegangen wurde.

Sexuelle Phantasien beflügeln manchen Beischlaf – auch in einer festen Bindung. Leider weiß ich von Paaren, bei denen der Partner dann eifersüchtig reagierte, wenn er selbst nicht immer die gedankliche Person war, dem die sexuellen Phantasien und Wünsche galten. Soweit aber können wohl keine Besitzansprüche an den anderen gehen. Wichtig scheint mir zu sein, daß Formen des Zusammenseins gefunden werden können, die beiden gleichermaßen gut tun, unabhängig davon, was sich dabei in der Phantasie der Betroffenen abspielt. Auch Kinder leben mit ihren Phantasien, ohne daß Erwachsene diese hinterfragen. Und genau das spielt sich beim sexuellen Spiel ab, bei dem jeder seine eigene innere Welt erleben darf.

Ebenso kann die Selbstbefriedigung in einer Langzeitbindung zu Irritationen führen. Oft gestehen die Partner sich nicht gegenseitig ein, daß bei der Selbstbefriedigung sexuelle Phantasien eine entscheidende Rolle spielen. Manche sind entsetzt, wenn der andere von seinen Aktivitäten im stillen Kämmerlein erfährt, andere fühlen sich betrogen. Wieder andere onanieren im besten Fall gemeinsam, um sich gegenseitig anzuregen. Sicher ist, daß alle Formen des sexuellen Spiels eine Bereicherung sein können, die uns niemand vorschreiben kann – trotz oder gerade wegen eines intensiv genossenen gemeinsamen Spiels.

Im Falle von süßen Verlockungen außerhalb der Partnerschaft geht es schließlich um die entscheidende Frage, was die eigene Beziehung verträgt. Es geht dabei nicht um Moralvorstellungen, wohl aber um Verletzungen und Kränkungen des anderen, die nicht zu übergehen sind. Eine Ausrede wie »Es hat sich halt so ergeben« oder »Ich konnte nicht anders, die Verführung war zu groß«, sind Ausreden kleiner Kinder, die hoffen, daß es der liebe Gott nicht sieht. Bei allem Verständnis für die Sehnsucht nach Bestätigung und dem Kribbeln im Bauch möchte ich klarstellen, daß uns niemand die Verantwortung für unser Tun abnehmen kann. Wir können stattdessen anfangen, miteinander über diese schwierige Phase zu reden und nach Auffrischung in der Partnerschaft zu trachten. Es kann auch passieren, daß keine befriedigende Lösung gefunden werden kann. Dann ist es an der Zeit, eine klare Entscheidung für den Ausstieg aus der bestehenden Bindung zu treffen.

Männer und Frauen reagieren unterschiedlich

Der Seitensprung in einer festen Bindung bedeutet heute wie früher eine tiefe Verletzung des Partners. Das verursacht manche Krise, die zur Trennung führen kann, glücklicherweise aber auch zu neuen, befreienden Strukturen in einer »reparaturbedürftigen« Zweisamkeit. Ich erlebe die Paare, die zu mir kommen, weil sie in einer ernsthaften Krise sind, meist sehr aufgewühlt. Oft auch mit der Bereitschaft, sich zu trennen. Wut und Abscheu, Eifersucht und Verzweiflung sind nur einige Gefühle, die von den Betrogenen durchlebt werden. Und immer wieder die Frage: »Warum tust Du mir das an, was hat die andere, das ich nicht habe?« Männer, so sie die Ertappten waren, sind oft erschüttert über die Reaktionen der Partnerin, obgleich sie es hätten wissen müssen. Sie pendeln zwischen hilflosen Erklärungsversuchen und großer Angst, die Partnerin zu verlieren.

Abgesehen von den chronischen Ausreißern, die die außereheliche Beziehung als ständige Bestätigung ihrer Attraktivität konsumieren, gibt es die schuldbewußten »Seitenspringler«, die – wie es bei Muttern war – erst von der Marmelade genascht haben, um dann hinterher um so zerknirschter und liebevoller zurückzukehren. So, als könnten sie für ihr Tun nicht selbst verantwortlich sein. Und es gibt auch Verzweifelte, weil sie zwischen aufrichtiger Liebe zu beiden Partnern einen echten Konflikt durchleben.

Frauen reagieren darauf meist verzweifelt. Sie fragen sich zuallererst, was sie falsch gemacht haben. Sie spüren die Konkurrenz der anderen als einen bitteren Stachel, eine Niederlage, die sie aus Kindheitstagen kennen: Wieder sind sie nicht die Nummer Eins! Wieder waren sie nicht gut genug! Sie sinnen auf Rache an der Geliebten. Auf sie lassen sich leichter alle schlechten Wünsche konzentrieren. Auch hilft es dem mangelnden Selbstwertgefühl, die andere Frau abzuwerten. Das schafft Entlastung in all dem Schmerz. Sie werden letztlich öfter solche »Ausrutscher« hinnehmen als Männer dazu bereit sind. Natürlich sind diese Frauen verletzt, aber sie sind mehr daran gewöhnt, in die Leidensrolle zu gehen, statt sich zu wehren. Und auch ihre gesellschaftliche Rolle macht es ihnen oft fast unmöglich, die Beziehung sofort zu beenden. Das sehe ich allerdings als ein Relikt aus jener Zeit, in der die Frauen sich in totaler Abhängigkeit vom Mann befanden. Viel kann gelingen, wenn sie bereit sind, nach einer gewissen Trauerphase die Beziehungsarbeit mit ihrem Partner wieder aufzunehmen. Nur so kann sich etwas wieder zum Guten wenden.

Und Frauen in einer Außenbeziehung? Natürlich gibt es das genauso. Je jünger die Frauen sind, desto leichter gehen sie solche Abenteuer ein. Es mag etwas mit der größeren sexuellen Freiheit zu tun haben oder mit dem gewachsenen Selbstverständnis, daß sie nicht mehr die Rolle der Unterlegenen leben wollen. Die Gründe der Frauen unterscheiden sich aber in mancher Hinsicht von denen der Männer: Ihnen geht es viel öfter um die Unzufriedenheit in der eigenen Partnerschaft. Sie stören sich möglicherweise an der anderen Welt des Partners, vielfach der Arbeitswelt, in die er zu versinken scheint. Sie fühlen sich übersehen, zu selbstverständlich da.

Meist steht dahinter die unausgesprochene Frage an den Partner, ob er sich überhaupt noch für sie interessiert. Warum kommt so wenig von ihm, ist er wirklich so zufrieden mit dem, wie es zwischen ihnen läuft? Sie stellen oft unbewußt die Frage, wie tief sie seine Gefühle mit diesem Seitensprung berühren können. Ist er verletzt, gerade wenn er so wenige Gefühle zeigt? Was empfindet er, wenn er mich in den Armen eines anderen wähnt? Was muß sie eigentlich noch alles tun, um seine Betroffenheit zu spüren?

Letztlich entsteht auch aus der eigenen Unsicherheit die Frage, wie attraktiv sie überhaupt noch sei. Gerade in einer Gesellschaft, in der der Jugendkult an der Tagesordnung ist, fällt es der Frau schwer, mit sich und ihrem Äußeren zufrieden zu sein. Deshalb kann jede Ermunterung von einem Dritten die dürstende Seele stützen. Der kleine Flirt bestätigt für kurze Momente das Selbst, das begehrt werden will. Die Umsetzung in die Tat allerdings reißt Schranken ein, die die Partnerschaft gefährden.

Eifersucht ist wichtig, Ermutigung auch

Häufiger als ich lange glauben wollte ist der Seitensprung also nicht nur die Flucht aus der Ehe, sondern auch eine Botschaft an den Lebenspartner: Warum bist Du nie eifersüchtig? Das Schlimmste, was in einer langjährigen Beziehung passieren kann, ist der vorgetäuschte Mangel an Eifersucht. Das Wort Eifer-Sucht kommt ja von der positiven Tätigkeit: mit Eifer suchen. Und das sollten wir alle viel öfter einem uns wichtigen Menschen schenken! Ich habe schon ausgeführt, daß Eifersucht, wenn sie neurotisch, also krankhaft ist, eine Bindung zerstören kann. Umgekehrt kann allerdings auch das Fehlen von eifersüchtigen Reaktionen als mangelndes Interesse, fehlende Aufmerksamkeit dem Partner gegenüber schmerzvoll erlebt werden. Dies wird als mangelnde Liebe des anderen empfunden, und das verletzt die verwundbare Seele sehr.

Dabei kennt wohl jeder Mensch Gefühle der Eifersucht. Oft aber wird etwas anderes gezeigt. Nämlich zur Schau getragene Gleichgültigkeit, sobald ein Rivale im Spiel ist. Mehr Männer als Frauen zeigen solch ein Verhalten, das aus der Zeit männlicher Ritterspiele stammen mag. Helden sind aber in einer reifen Bindung weniger gefragt als echte Gefühle. Und genau die will der Held nicht zeigen. Meist ist es dann so, daß der Mann den Eindruck erwecken möchte, er sei ohne Eifersucht großzügiger. Er möchte nicht in den Verdacht geraten, mögliche Besitzansprüche anzumelden. Es ist ja für ihn auch sehr schwierig, die Gratwanderung zwischen Großzügigkeit und Wahrnehmung der eigenen Interessen zu verwirklichen. Und die Frau ist sauer, weil sie glaubt, ihm sei es egal, er liebe sie nicht. Ich kenne Frauen, die mir versicherten, daß sie immer nur flirten, wenn ihr Liebster in der Nähe ist: »Er muß doch reagieren, endlich zeigen, wieviel ich ihm wert bin ...«

Natürlich steckt dahinter die Genugtuung, sich begehrt zu fühlen. Und ganz tief drinnen bleibt eine Sehnsucht, der Liebste möge doch um die Begehrte kämpfen, wie einst zu Ritterzeiten. Männer reagieren auf die Außenbeziehung oder den Flirt der Partnerin mit großem Unverständnis und Zorn. Sie fühlen sich »gehörnt«, waren sie doch so bemüht, ihre Stimmungen zu unterdrücken und die Beziehung von Störungen frei zu halten. Um wieviel Ecken herum müssen wir manchmal agieren statt auszusprechen, was uns plagt! Nachfragen wäre einfacher, aber das fordert den Stolz heraus.

Der Wunsch, begehrt zu werden, vereint Männer und Frauen. Wenn das Selbstbewußtsein schwindet, kann die Anmache ein Brunnen der Bestätigung für das leidende Selbst werden. Und je weniger das Altern in unserer Gesellschaft positiv besetzt wird, je berauschender Sexualität dargestellt wird, je mehr der Jugendkult unserer Gesellschaft uns in unserem Selbstwertgefühl verletzen kann, um so größer ist die Sehnsucht nach Ermutigung durch ein anderes Wesen. Zudem wird uns die schnelle Anmache in den Medien so verlockend vorgeführt. Oft aber ist es nur der Mangel an Erfolgserlebnissen in einer leistungsorientierten Welt, in der der liebevoll gedeckte Tisch weniger zählt als das heimgebrachte Geld.

Lust auf Nachbars Kirschen

Geschlechterspezifisch ist die Lust, die Kirschen in Nachbars Garten zu naschen, nicht. Wenn es Unterschiede gibt zwischen männlichem und weiblichem Sexualverhalten, hängt es damit zusammen, daß unsere Gesellschaft den Seitensprung in der Vergangenheit unterschiedlich bewertete – wie in Goethes Faust festgeschrieben, wo Gretchen entehrt zugrunde geht, während der Schwängerer sich seines Daseins erfreut.

Eine Außenbeziehung muß aber nicht immer das Ende der Beziehung sein. Oft kann ich erleben, daß so ein Ereignis ein wichtiger Einschnitt in einer Langzeitbindung ist und zu einer Auseinandersetzung führt, die möglicherweise schon längst fällig war. Denn nach solch tiefen Verletzungen wird der Schongang abgestellt. Die beiden Kontrahenten stehen sich dann, soweit sie streiten, ungeschminkt und ohne Samthandschuhe gegenüber. Endlich, möchte ich dazu anmerken! Jetzt wird Tacheles geredet. Jetzt kommen Empfindlichkeiten auf den Tisch, die schon lange ausgetragen werden wollten. Wenn es gut läuft, können dann Verabredungen getroffen werden, die der Partnerschaft wieder neue Impulse vermitteln.

Ebenso wichtige Voraussetzungen für einen tragfähigen Neuanfang sind aber Verzeihen und Wiedergutmachung.

■ Susanne und Alex stammen aus alten Handwerkerfamilien, in denen der Zusammenhalt in der Familie selbstverständlich war. Kennengelernt haben sie sich bei der gemeinsamen Lehre als Bildhauer. Beide hatten zu unterschiedlichen Zeiten in dieser Ehe Außenbeziehungen. Jetzt, nach elf Jahren, drohte die Ehe zu scheitern.

Nach der Ausbildung hatten sie geheiratet und den Steinmetzbetrieb von Alex' Vater übernommen. Anfangs verzichteten sie auf Kinder. Als sie schließlich mit der Familiengründung beginnen wollten, stellte sich heraus, daß sie wohl kinderlos bleiben würden. Alex war scheinbar unfruchtbar. Diese Tatsache veränderte Alex sehr. Er zog sich in der Beziehung zurück, arbeitete wie wild und verweigerte zunehmend den Geschlechtsverkehr mit Susanne. Susanne hatte sich mit der Tatsache leichter zurechtgefunden. Sie pflegte viele Kontakte, widmete sich ihren künstlerischen Neigungen und versuchte, durch ein gemütliches Heim beider Stimmung zu beleben.

Anläßlich einer Ausstellung, bei der Susannes Arbeiten gezeigt wurden, erlebte sie nach langer Zeit wieder, daß sich andere Menschen um sie kümmerten und sie bewunderten. Sie lernte einen Kollegen kennen, der ihr sehr viel Aufmerksamkeit schenkte. Schnell landeten beide im Bett. Sie beschreibt das wie einen Blitz aus heiterem Himmel: »Um mich herum veränderte sich plötzlich die Welt. Ich fühlte mich frei wie noch nie.« In dieser Situation erlebte sie Sexualität völlig neu. Sie beichtete Alex ihr Abenteuer, als er sie darauf ansprach. Und sie sah seinen Kummer, der die Grundfesten dieser Partnerschaft endgültig zu erschüttern drohte. Daraufhin beendete Susanne diese Beziehung.

Langsam kehrte wieder der Alltagstrott zwischen den beiden ein, der nun zusätzlich belastet war. Alex bewachte Susanne einerseits eifersüchtig mehr denn je, andererseits trug er wenig zu einer besseren Stimmung zu Hause bei. Er floh häufig in die Arbeit. – Fünf Jahre später stellte sich heraus, daß Alex seit einiger Zeit sexuelle Kontakte zu einer älteren Frau pflegte. Er blühte sichtlich auf und fand zu beider Verwunderung auch wieder zu seiner alten Zärtlichkeit Susanne gegenüber zurück. Da nun Susanne wenig Lust empfand, noch mit ihm zusammen zu sein, beschlossen sie sich zu trennen. Aber sie wollten wenigstens verstehen, was zwischen ihnen schiefgelaufen war.

Als sie zu mir kamen, wirkten beide sehr ausgelaugt. Sie weinten bei dem Gedanken der Trennung, gingen dann aber wieder wie zwei Wilde aufeinander los. Sie konnten sich nicht verzeihen. Ein Zeichen der Liebe, das beide noch verband, war der sichtbare Kummer, der durch den Gedanken der Trennung ausgelöst wurde. Auch die tiefe Wut und Verletzlichkeit, die beide zeitweise wie Furien agieren ließen, zeugten von Gefühlen der Ohnmacht und Verzweiflung, die bei Liebenden nach dem Ausscheren aus der Zweisamkeit sehr oft entstehen.

Zunächst ging es darum, wieder eine gemeinsame Kommunikation in Gang zu bringen. Die war sehr mühsam. Denn die Gespräche über die Vergangenheit erschöpften sich regelmäßig in Vorwürfen und dem Gefühl, vom anderen nicht verstanden zu sein. Ich erinnerte sie daran, daß beide aus einem engen Familienverbund kamen, in dem die Familie als Schutz des einzelnen eine ganz wichtige Funktion hatte. Jetzt wenigstens reagierte Alex. Er gab zu, daß sein Traum von einer Familie durch seine Unfruchtbarkeit zerstört worden war. Er erzählte, daß er sich von Susanne vollkommen unverstanden gefühlt habe, als Susanne auf den Kinderwunsch so wenig eingegangen sei. Im Gegenteil, er hatte das Gefühl, Susanne bedeute die Erfüllung dieses Wunsches nicht viel. Sie zeigte eine Lebenslust, die er nicht verstand. In der gemeinsamen Sexualität erlebte er gleichzeitig seine Unterlegenheit: Der vorzeitige Samenerguß setzte den Liebesspielen, die sie zuvor ausführlich praktiziert hatten, ein Ende. Die Angst, von Susanne im Stich gelassen zu werden, aber auch die Enttäuschung, daß sie offensichtlich seinen Kummer nicht mittragen wollte, bestimmten seine Gefühle. Resignation und Wut veranlaßten ihn, sich verschämt und deprimiert zurückzuziehen.

Dies war die Zeit, in der auch Susanne verletzt wurde: Sie fühlte sich allein gelassen bei ihrer Suche nach tragfähigen Aufgaben und Perspektiven in der Zweisamkeit. Sie schloß sich einer Gruppe von Künstlern an, die an einem gemeinsamen Projekt arbeiteten. Und sie wollte Alex dabei haben. Aber Alex verkroch sich in die Arbeit. Sie mußte befürchten, daß diese zum einzigen Lebensinhalt wird und dadurch die Beziehung verkommt. Dieser Gedanke war für sie unerträglich. Die Begegnung mit den Kollegen, die Ermutigung und die Aufmerksamkeit schließlich machten ihr bewußt, was sie die ganze Zeit vermißt hatte. Sie verliebte sich und ging eine andere Beziehung ein.

Der weitere Verlauf der Geschichte ist nachvollziehbar: Nachdem Susanne die Karten auf den Tisch gelegt hatte, gab es natürlich wütende Reaktionen. Und Alex Selbstsicherheit lag vollkommen am Boden. Er zog sich noch mehr in seine Arbeit zurück, der scheinbar einzige Halt in dieser offensichtlich so enttäuschenden Welt. Es entstanden Rachegedanken, die schließlich zu einer Außenbeziehung von Alex führten. Er fand Unterstützung und Trost bei einer wesentlich älteren Frau. Ihre mütterliche Fürsorge tat ihm gut. Eine Art der Zuwendung, die er auch von Susanne so dringend gebraucht hätte. Nun reagierte er bei dieser Frau auch in der Sexualität wieder »wie ein gestandener Mann«. Gestärkt dadurch, bekam er Mut, sich nach längerer Zeit Susanne zuzuwenden. Er nahm zärtliche Gefühle wie zu Beginn der Ehe wahr. Schade, daß gerade zu diesem Zeitpunkt Susanne begonnen hatte, sich ganz von ihm abzuwenden.

Diese Geschichte hätte spätestens jetzt schiefgehen können, wenn nicht beide nach einem Strohhalm gesucht hätten, der Beziehung wieder in ein besseres Fahrwasser zu helfen. Sie entschieden sich für eine Paarberatung. Sie lernten bei mir zum ersten Mal nach langer Zeit wieder, dem anderen zuzuhören, aber auch Botschaften zu senden, was sie vom anderen gerne gehabt hätten. Und bei genauem Hinsehen war es für beide ziemlich dasselbe: Aufmerksamkeit, Zuwendung, Verstehen und Mitgefühl, aber auch mehr Respekt vor der Geschichte des anderen.

Sie versuchten durch veränderte Arbeitsbedingungen ihren Berufsalltag zu entzerren, so daß mehr Freiraum für jeden von ihnen möglich war. Das verlorengegangene Vertrauen allerdings mußte auf beiden Seiten erst wieder mühsam aufgebaut werden. Regeln einzuhalten war dabei eine wichtige Stütze, um sich aufeinander verlassen und sich wieder annähern zu können. Die gegenseitige Aufmerksamkeit und Zuwendung konnte am Ende der Nährboden für eine gemeinsame Zukunft werden. Natürlich brauchten sie ihre Zeit, um auch wieder entspannt miteinander schlafen zu können. Aber nachdem sie sich gegenseitig zugesichert hatten, in Zukunft aufmerksamer und behutsamer miteinander umzugehen, nachdem auch die Nähe und die Distanz zueinander neu geregelt werden konnten, wuchs erneut die Neugierde.

Inzwischen hat sich das Leben für sie völlig verändert, ihren gemeinsamen Betrieb haben sie aufgegeben, sie arbeiten an verschiedenen Stellen, die alte Liebe zueinander ist längst einer reifen Partnerschaft gewichen. – Zu dieser Paargeschichte habe ich noch einen Nachtrag: Vor einigen Wochen bekam ich nach vielen Jahren, die seither verstrichen sind, Besuch von Alex und Susanne. Sie kamen mit zwei allerliebsten eigenen Töchtern! Trotz düsterer Prognosen für ihren Kinderwunsch konnten Alex und Susanne in dem Augenblick Kinder bekommen, als sie diesen Wunsch endlich loslassen konnten. ■

Durch die Außenbeziehungen wurde die gemeinsame feste Bindung von Alex und Susanne erschüttert. Damit bestand die Chance, ihre Partnerschaft neu zu hinterfragen. Endlich konnten die beiden – nach langer Zeit des Schweigens – Bilanz ziehen. Was konnte geschehen, damit ein Neuanfang möglich wurde?

Durch den jeweiligen Seitensprung waren beide an einer Stelle getroffen, die sie tief verunsicherte. Sie konnten sich dennoch verzeihen. Die Tatsache, daß beide eine Außenbeziehung hatten, machte dabei das gegenseitige Verständnis leichter. Nicht, daß alle Wunden damit geheilt wurden, aber sie konnten viel vom anderen verstehen lernen. Sie begannen, ihre Beziehung zu durchleuchten und die Botschaft für den Partner zu erkennen. Die Botschaft, gemeinsam über ihren unerfüllten Kinderwunsch zu trauern und auch die Mitteilung, daß jeder in seinem Bedürfnis nach Aufmerksamkeit mehr wahrgenommen werden will. Schließlich verstanden sie, daß es trotz der Verletzungen möglich war, sich wieder um ihre Beziehung zu kümmern und sich einander zuzuwenden. Besonders schwer wurde es, über ihre sexuellen Wünsche zu sprechen. Waren doch da die Schwierigkeiten entstanden. Nur durch beider Bereitschaft, unter veränderten Vorzeichen noch einmal einen Versuch zu machen, konnten sie einen Neuanfang wagen.

Nach der Ernüchterung beginnt die Arbeit

Oft folgt nach dem ersten Schock ein Reinemachen, das einem Frühjahrsputz gleicht. Staubig, aber notwendig, um wieder Licht in das entstandene Dunkel zu lassen. Und je nach Tiefe des Zweiergefüges und der Lebensphase können angesprochene Mißstände soweit verändert werden, daß die Beziehung andere, auch spannende Impulse erhält. Nachdem Ernüchterung eingetreten ist, bleibt zu überlegen, was anders werden kann, um die Beziehung auf ein neues Fundament zu stellen. Die gemeinsame Sexualität mußte dabei eine Weile ruhen. Gerade da werden sich die Entspannung und das Spielerische am schwersten einstellen. Und Verkrampfungen im Bett schaden mehr als sie nützen. Die angekratzte Selbstsicherheit geht weiter verloren, der Zweifel an sich selbst könnte um so größer werden. Wenn das der Partner nicht begreift, wird es mühsam werden, wieder zusammenzukommen. Eine vertrauensvolle Sexualität bleibt also meist dem letzten Akt des Neuanfangs vorbehalten.

Vertrauen und vielleicht Liebe können aber nur wieder wachsen, wenn beide zunächst über Wiedergutmachung nachdenken. Denn bevor eine Bereitschaft entstehen kann, müssen »die entstandenen Wunden geleckt werden«. Dabei helfen Verabredungen, auf die sich jeder von ihnen verlassen kann. Bei Susanne und Alex waren beide gefordert, ihr Opfer zu bringen: Alex versprach, von seinem Kinderwunsch zu lassen, und Susanne erklärte sich bereit, aus der gemeinsamen Werkstatt auszuziehen, um Abstand zu bekommen. Nicht, daß Vergangenes ungeschehen gemacht werden kann. Aber es hilft der Glaubwürdigkeit, wenn die Betrogenen deutliche Anstrengungen der Reue spüren, um die Beziehung wieder in ein anderes Fahrwasser zu bringen. So kann ein Versprechen, das dem Sühnegedanken entspricht, helfen, damit der andere verzeihen kann. (Im Kaptitel 5 habe ich dazu über Rituale einige Ausführungen gemacht.) Verzeihen ist notwendig, um gemeinsam nach vorne zu blicken.

Ein Seitensprung kann so gesehen eine große Chance sein, eine Partnerschaft neu zu beleben. Damit wird alle Aufmerksamkeit auf die bestehende Beziehung gelenkt. Aus dem Trümmerhaufen kann ein neues Haus gebaut werden.

11. Den persönlichen Schätzen zu folgen ist unser Lebensauftrag

Ein so harmonisches Paar, sie passen so gut zueinander, die beiden müssen glücklich sein! Das ist die Sicht der Außenstehenden. Der Preis für diese Anpassung kann aber die Selbstaufgabe sein – ein Opfer, das nicht lohnt.

Schon öfter habe ich unsere Medienwelt kritisch hinterfragt. Ihr Einfluß ist unumstritten. Weder den Bildern noch den darin enthaltenen Botschaften können wir uns entziehen. Und es gibt keinen Bereich, der ausgeklammert wäre. Wir bekommen vermittelt, wie gegessen, getrunken, gearbeitet, gelacht und geliebt wird. Und wir bekommen Botschaften, die die Menschen zu Anstrengungen verführen, es den gezeigten Mustern gleich zu tun. Oft sind es oberflächliche Informationen und flüchtige Bilder. Aber werbewirksam und damit eindringlich: Jugendlich, flott und attraktiv ist in. Sauber, schnell und spannungsgeladen ist das Gebot der Stunde. Sich diesem Diktat zu entziehen ist schwierig.

Gerade junge Paare, die noch voller Eifer und guten Willens sind, ihre Beziehung gelingen zu lassen, übernehmen folglich ungefragt und auch unbewußt eine ganze Menge dieser Botschaften. Aber auch die Älteren rackern sich ab, beispielsweise in dem Bemühen, jung zu bleiben. Sie frönen manchmal einem Jugendlichkeitswahn, statt dazu zu stehen, wie das Leben sie geprägt hat. Und da gibt es noch die anderen Bilder, denen wir unbewußt gehorchen: die Vorbilder aus unseren Herkunftsfamilien, die uns geprägt haben. Die Werte, die uns unsere Eltern vermittelt haben, und auch der Umgang miteinander. Auch denen folgen wir, solange wir nicht bewußt damit umgehen. All das zusammen vermischt sich zu Erwartungen, denen wir uns ausgeliefert sehen. Nicht immer entsprechen diese dem, was unserem Innersten gut tut.

Gesellschaftliche Zwänge

Wir sind eingebunden in einen Verhaltenskodex, dem wir uns nur schwer entziehen können. Dieser Kodex entsteht auf Grund traditioneller, aber auch der Mode unterworfener »Normen«, sozialen Zwängen und unseren Vorstellungen, wie es sein sollte. Und nicht immer haben wir die Kontrolle über das Wechselspiel, weil vieles auch von den Bedürfnissen des anderen und der jeweiligen äußeren Situation abhängt.

Viele neuen Erkenntnisse, angefangen bei gesunder Ernährung bis zum Sex im Alter, von der Emanzipation der Frau bis zur Liberalisierung in der Sexualität, ließen uns überkommene Strukturen zu Recht in einem kritischen Licht sehen. Die Fragen dagegen, wie neue Lebensbezüge aussehen können, sind noch nicht befriedigend beantwortet. Männer und Frauen sind in ihrem Rollenverhalten verunsichert. Das macht es sehr schwer, den eigenen Weg zu gehen. Weder ist letztlich klar, was eine moderne Beziehung ausmacht, noch wie männliche oder weibliche Lebensformen gelebt werden können. Bei allem Respekt vor dem Eifer, mit dem manche in bester Absicht versuchen, gesellschaftlichen Vorgaben zu entsprechen, opfern sie dabei nicht selten ihre eigenen Bedürfnisse und Wünsche, ja manchmal sogar ihr Selbst. Sie leben deshalb nicht ihrer Bestimmung entsprechend und können nicht zufrieden sein.

Die Versuchung ist groß, es lieber anderen recht zu machen als der eigenen inneren Stimme zu folgen. Die Hoffnung, nicht nur Beifall von außen zu bekommen, sondern auch von der Familie dafür geliebt zu werden, schwingt sicher mit. Um dem zu entsprechen, werden eigene Bedürfnisse oft hintangestellt. So bemühen sich viele Mütter, ihre Ehe und die Kinder auf Hochglanz zu polieren, statt ihrem Wunsch nach mehr Gelassenheit nachzugeben. – Auch ich kann ein Lied davon singen, was es heißt, den Anforderungen aller gerecht werden zu wollen! – Die Mütter versuchen redlich, ein Bild von der immer adretten und tüchtigen Ehefrau zu liefern, die ihre Kinder und auch sonst alles im Griff hat. Die jungen Frauen machen Bodybuilding für eine bessere Figur, sie hungern sich schlank, probieren stets neue Rezepte aus, mit denen sie ihre Gäste überraschen, kutschieren ihre Kinder in Musik und Ballett, und sie bewähren sich selbstverständlich auch noch im Beruf, der sie gewaltig fordert. Müde und erschöpft kehren sie ihr Selbst unter den Teppich, um einem Bild zu entsprechen, das bis zur Selbstaufgabe führen kann. »Mein größtes Glück ist, wenn die Kinder aus dem Haus sind und ich mal eine ruhige Stunde habe, in der ich lesen kann!« sagte eine Mutter. Und dieses Glück wird allzu oft der Ikone Leistung geopfert. Auch der Partner ist bemüht, entsprechend den Erwartungen anderer alles recht zu machen. Er schuftet in seiner Arbeit, setzt sich bis zur Erschöpfung ein, achtet auf seine Figur, treibt Sport und will bei all dem noch aufmerksamer Partner und Familienvater sein.

Das Gegenteil führt genauso zu Überforderungen: Wenn alles ganz »easy« und »cool«, sprich leicht und locker über die Bühne gehen soll – ein Modediktat besonders bei jungen Leuten. Dabei mahnt die innere Stimme vielleicht gerade zu mehr Bedachtsamkeit. Viele Leute jagen in Zweisamkeiten nach jenem Erfolg und Glück, wie das doch offensichtlich der Mehrheit der Menschen in den Trugbildern der Medien und oft auch in der Nachbarschaft zu gelingen scheint. Die Anpassung an Vorstellungen anderer löst vielleicht Bewunderung aus, geht aber oft über die Kräfte der Betroffenen. Die eigenen Bedürfnisse und die der Zweisamkeit kommen dadurch zu kurz. Jetzt wird die Belastung dem anderen und sich selbst als Beziehungsunfähigkeit vorgeworfen, statt Abschied zu nehmen von der Vorstellung, wie es sein sollte, und mehr seinem Innersten zu vertrauen. Eine gefährliche Lage für den Fortbestand der Bindung. Ungerecht und bedauerlich, denn auf der gemeinsamen Suche nach den verlorengegangenen inneren Schätzen könnte diese Zweisamkeit zu einer selbstbestimmten Partnerschaft heranreifen.

Vielleicht kommen die Unermüdlichen mit ihrem Bemühen den Vorstellungen der Allgemeinheit entgegen. Sie verlieren aber dabei ihre »inneren Schätze«. Und das betrifft viele unter uns. Wie sehen »innere Schätze« aus, wo können sie gesucht werden? Als innere Schätze begreife ich all das, was die Persönlichkeit eines Menschen ausmacht – wie er geboren ist und wie er geprägt wurde. Seine Anlagen, die nur zu ihm gehören, und die Fähigkeiten damit umzugehen.

Es ist unser Lebensauftrag, auch unser göttlicher Auftrag, diese Schätze im Laufe unseres Lebens zu bergen, zu entwickeln und damit zu wuchern. Im besten Sinne sie auch in eine Partnerschaft einzubringen, um aneinander zu wachsen. Gelingt uns das, kehrt Ruhe, Genugtuung und damit Lebensfreude ein. Messen wir uns dagegen an anderen, wird uns bald die Unzufriedenheit auffressen. Oder wir können uns sogar ganz verlieren. Dann wären wir fremdbestimmt, wir würden vielleicht noch eine Weile gut funktionieren, aber der eigene Wunsch würde nicht mehr zählen. Die Folge wäre Resignation, Unzufriedenheit und Zweifel an sich selbst, schlimmstenfalls Depression mit Todessehnsucht statt Lebenslust. Daran scheitern viele Beziehungen.

Depression – Krankheit unserer Zeit

Viel mehr Mitmenschen, als wir gemeinhin glauben, leiden an verdeckten Depressionen. Auch in mehr Beziehungen, als vordergründig zu erkennen ist, zernagt die depressive Verstimmung eines Partners, schlimmstenfalls beider, die Freude am Zusammensein. Weil aber Trauer und Wut nicht von unserer lauten Umgebung mitgetragen und akzeptiert werden, wird beides oft unterdrückt. Die Folge kann eine Depression sein, die nichts anderes ist als nicht gelebte Traurigkeit und Wut. Die davon Betroffenen bemühen sich, diese Stimmungsschwankungen ihrer Seele nicht zu äußern. Die trübe Stimmung wird verleugnet und unterdrückt. Sie paßt nicht zu dem Bild der strahlenden Familie, in der das Glück täglich zu Gast ist.

Weil aber Seele und Körper untrennbar miteinander verbunden sind, reagiert statt dessen der Körper nach einiger Zeit mit sichtbaren Symptomen. Denn körperliche Krankheiten werden von der Gesellschaft leichter anerkannt. Magenschmerzen, Kreuzschmerzen, Migräne, Herzbeschwerden, Hautreaktionen, eigentlich jede Erkrankung, deren organische Ursache nicht zu finden ist, kann als ein entsprechender Appell des Körpers gedeutet werden. Leider wurden diese Anzeichen lange Zeit als eingebildet oder Hysterie abgetan, ohne die Bedeutsamkeit dieser Symptome zu erkennen.

Auch der Griff zur Flasche kann ein Fluchtversuch aus solch einer seelischen Zwangsjacke sein. Der einsame Kampf gegen depressive Verstimmung kann genauso der Hintergrund für Arbeitswut, Sexsucht oder Aggression an ganz anderer Stelle werden, zum Beispiel beim Autofahren, wo Angriffslust oder Drängeln zum Alltag gehören. Immer steht dabei die Angst im Vordergrund, den Vorgaben und Anforderungen dieser Gemeinschaft nicht zu genügen und sein Versagen anderen Menschen offenbaren zu müssen.

Die Botschaft des Körpers über seelische Befindlichkeiten gab es zu allen Zeiten. Auffallend ist jedoch die Zunahme psychosomatischer, also seelisch-körperlicher Erkrankungen. Wer sich intensiver mit den Kranken befaßt, erkennt unschwer den Zusammenhang zwischen jenen gesellschaftlichen und familiären Zwängen, die zur Aufgabe des Selbst zu führen drohen oder bereits geführt haben. Die Hilfesuchenden in den ärztlichen Sprechzimmern werden leider häufig nicht ganz ernst genommen. Eben, weil die Symptome oft verschwommen sind und die ärztliche Kunst am Ende. Dabei können Krankheiten wichtige Vermittler sein.

Auf jeden Fall ist es nicht sinnvoll, gleich in den Arzneischrank zu greifen, sondern immer wieder zu hinterfragen, was die Botschaft des Körpers bedeuten könnte. Solange der Körper seine Botschaften des inneren Ungleichgewichtes sendet, ist die Abwehr gegen das Vereinnahmen von außen noch nicht verschwunden. Solange können auch aufklärende und begleitende Gespräche helfen. Die kritische Phase kann überwunden werden, wenn es gelingt, die eigenen Schätze wieder zu entdecken. Erst wenn diese körperlichen Reaktionen nicht als Sprache der Seele erkannt werden, kann es zur Resignation kommen, die oft den Zusammenbruch des körperlichen aber auch des psychischen Systems nach sich zieht. Auch irrationale Handlungen, die wenig Verständnis finden, können die Folge sein, wie in dem Fall der 80-jährigen, die ihren Mann erschlägt (s. Kapitel 5).

Unserer inneren Stimme folgen

Viele persönliche Bedürfnisse werden oft unerkannt einer Idylle geopfert, die vielleicht in den Augen der Nachbarn Achtung beschert, der eigenen Zufriedenheit aber nicht immer nützt. Und besonders bedauerlich ist es, wenn dafür eigene Ziele oder Fähigkeiten aufgegeben werden, die diesen Anschein einer gelungenen Partnerschaft stören könnten. Selbstverständlich zeugt es von großer Hingabe, wenn persönliche Bedürfnisse zurückgestellt werden. Sie meinen es doch bei all dem gut. Geht es aber bis an die Grenzen der Selbstaufgabe, wird niemand davon Vorteile haben.

Wer aber ist bereit, Abstriche zu machen? Was kann über Bord geworfen werden? Wer beginnt mit der Schatzsuche? Zumal die Schätze in der Partnerschaft manchmal erst noch gefunden werden müssen. Sie leuchten nicht immer sichtbar wie ein Stern, wenn die neuen Rollen des Mannes und der Frau in eine Zweisamkeit übernommen werden wollen. Schätze, die heißen können: Zeit zur Verwirklichung der eigenen Fähigkeiten, und damit Lebensfreude, statt Opfergaben für die anderen. Gleichzeitig bleibt es wichtig, Respekt vor den Schätzen des Partners zu bewahren, mit dem zusammen wir ein tragfähiges Beziehungsgeflecht bilden wollen.

Wie können wir erkennen, wann wir unserer inneren Stimme nicht mehr folgen? Ich behaupte, solange wir Freude am gemeinsamen Miteinander haben, ist alles in Ordnung. Erst dann, wenn wir bei unseren Aufgaben, die wir bewältigen wollen, Streß empfinden, sind wir gefährdet. Denn Streß bedeutet, gegen seinen Willen Dinge zu tun. Streß ist dabei nicht die Menge der Arbeit oder der Aufgaben, sondern die Menge des inneren Widerstandes, mit dem Verpflichtungen abgearbeitet werden.

Macht die Arbeit Freude, ist es kein Streß – der Streß beginnt, wenn eigene Wünsche und Bedürfnisse zurückgestellt werden müssen, um den inneren und äußeren Anforderungen zu entsprechen. Natürlich ist es manchmal gar nicht möglich, Alternativen zu finden. Das, was so einfach klingt, sich für seine inneren Schätze zu entscheiden, ist ein steiniger, manchmal auch der schwerste Weg. Aber dieser Weg lohnt, wenn die Zufriedenheit zum Maß der Dinge werden soll, damit die Partnerschaft gelingt. – Hierzu das Beispiel aus einem Lebensabschnitt eines Paares, der beinahe tragisch geendet hätte.

■ Fatima war eine junge, bezaubernde und lebenslustige Frau. Von vielen verehrt, lag ihr die Welt zu Füßen. Sie wurde Schauspielerin und war in kurzer Zeit wohlbekannt. Lange hatte sie neben vielen Liebschaften keine feste Bindung. Sie wollte, wie auch andere junge Frauen, nicht »als Maske« geliebt werden, sondern in ihrem innersten Kern. Bei Henrik war es von Anfang an anders. Er bemühte sich nicht sonderlich um Fatima, sondern er war selbst Tänzer und wurde bewundert. Also, auch er geliebt. Sie wurden zwei Jahre später ein Paar. Ihr gemeinsames Glück schien nichts zu stören. Nach der Hochzeit arbeiteten beide an ihrer beruflichen Laufbahn weiter. Dadurch waren sie oft voneinander getrennt. Sie verbrachten die meiste Zeit auf unterschiedlichen Plattformen, aber ihre Freude war groß, wenn sie sich trafen. Je nach Auftragslage versuchten sie, ihre Begegnungen so zu arrangieren, daß sie soviel wie möglich zusammen sein konnten. Das bedeutete natürlich, daß zeitweise große Entfernungen zurückgelegt werden mußten. Einen Beziehungsalltag gab es nicht.

Die Bindung war durch die dauernde Veränderung stark und spannungsreich. Manchmal allerdings war das Band der

Beziehung zum Zerbersten gespannt. Auslandsaufenthalte von Fatima und ein Theaterengagement von Henrik ließen sich zunehmend schwerer mit der Partnerschaft vereinen. Da Fatima stärker nachgefragt wurde, Henrik aber zwischenzeitlich beruflich zu kämpfen hatte, einigten sie sich darauf, daß Henrik künftig Fatima managen sollte. Sie waren nun mehr zusammen. Allerdings zu dem Preis, daß Henrik, der sich ständig Fatimas beruflichem Ortswechsel unterordnen mußte, seine eigenen Kontakte vernachlässigte. Um der Karriere von Fatima nicht zu schaden, auch, weil sie in dieser Zeit zusammen ein Vermögen verdienten, stellte Henrik immer öfter seine persönlichen Bedürfnisse zurück. Er trainierte kaum noch, traf selten Leute aus seinem beruflichen Umfeld und untersagte sich schließlich Theaterbesuche, die ihn an seine Vergangenheit erinnerten. »Ich konnte das Glück der Kollegen nicht ertragen, die alle ihren Traum verwirklichten«, sagte Henrik später. Henrik wurde immer unglücklicher, schließlich versuchte er, seinem Leben ein Ende zu setzen. Glücklicherweise mißlang der Versuch.

Eine schier ausweglose Situation führte zu dieser Kurzschlußhandlung. Und sicher war damit auch unbewußt ein Appell an Fatima verbunden, seine Verzweiflung zu erkennen und sich um ihn zu kümmern. Fatima war so erfüllt von ihren eigenen Dingen, daß sie die drohende Katastrophe zu spät bemerkte oder bemerken wollte. Henriks Selbstaufgabe ermöglichte ihr zwar eine gute Zeit. Für die gemeinsame Beziehung aber blieb immer weniger übrig. Der Preis war zu hoch. Nach dem Schock über Henriks Verzweiflungstat wollten sich beide trennen, um dem anderen nicht mehr im Weg zu stehen. Sie waren auch müde geworden in dem Wirrwarr der unterschiedlichen Spannungen, die in dieser Zweisamkeit ständig für Aufregung sorgten. Dennoch, und das ist bemerkenswert, hingen beide immer noch liebevoll aneinander. Und deshalb suchten sie Hilfe.

Was war zu tun? – Zunächst war allein die Tatsache, daß sie ihre Konflikte mit einem Dritten besprechen konnten, eine große Entlastung. Henrik hatte sich zudem zu einer eigenen Therapie entschlossen, die ihm sichtlich half. Das Wichtigste war, Henriks vergrabene Schätze wieder zutage zu fördern. Er mußte seine Lust am Dasein wiederfinden. Er begann wieder zu trainieren und übernahm bald eine Gruppe junger Tanzeleven. Dadurch gewann er Stück für Stück seine verlorengegangene Kondition und Ausstrahlungskraft, aber auch seine persönliche Freiheit zurück. Fatima hatte sich in eine andere Stadt zurückgezogen. Ohne die Unterstützung von Henrik wurde sie aber zunehmend hilfloser. Schließlich zerstritt sie sich mit ihrem Manager und beschloß daraufhin, ein Angebot beim Fernsehen in eben jener Stadt anzunehmen, in der Henrik arbeitete. So lebten sie getrennt, waren aber oft zusammen.

Die Beziehungsschaukel hatte sich wieder in Bewegung gesetzt. Beide beackerten jetzt neue Felder, jeder war mit seinen neuen Herausforderungen beschäftigt. Mal zog der eine Pol stärker, mal der andere. Aber beiden wurde deutlich, daß keiner für den anderen seine persönlichen Schätze aufgeben darf. Auch dann nicht, wenn die Liebe oder der Wunsch nach Eintracht noch so groß sind. Die Gefahr, sich dabei selbst zu verlieren, hatten sie ja kennengelernt.

In dieser Zweisamkeit erlebten zwei starke Persönlichkeiten einen Machtkampf, der beinahe schlimm geendet hätte. Sicher ist Fatima wohl die stärkere in dieser Beziehung. Aber auch Henrik war vor dieser Bindung voll in seinem Element. Er kämpfte zunächst nicht um Fatima, sondern kümmerte sich um sich selbst. Erst, nachdem die Gemeinsamkeiten schwierig wurden, gab er seine Position auf. Das, was als fairer Kompromiß gedacht war, entwickelte sich nur in eine Richtung, zum Vorteil von Fatimas Karriere. Die Tatsache, daß Henrik schließlich eigene Bereiche aufgegeben und verloren hatte, brachte ihm erst das volle Ausmaß seiner Selbstverleugnung zum Bewußtsein. Der Selbstmordversuch von Henrik ist in diesem Zusammenhang als Resignation und als Appell zu verstehen. Und Fatima wollte sich diesem Appell nicht verschließen. Jedoch verlor sie ihre Stärke und damit ihre Schätze in dem Moment, wo sie auf sich allein gestellt war. Vielleicht brachte sie dieses Wissen dazu, daß jetzt sie den ersten Schritt für einen Neuanfang der Beziehung machte. Sie zog in die Stadt, in der Henrik arbeitete.

Die neue Positionierung beider in dieser Beziehung bedurfte großer Sensibilität.

Denn der Spannungsbogen war schwer auszutarieren. Aber beide brachten dazu nun Erfahrung mit. Vor allem aber auch den Wunsch, den anderen nicht mehr zu verlieren. Als Künstler aber auch besonders als Partner werden sie an diesen Herausforderungen wachsen können. Sicher sind die beiden Menschen noch nicht am Ziel ihrer Wünsche. Es kann sich noch vieles bewegen in dieser Paargeschichte. Und alles unterzubringen in einer einzigen Partnerschaft und einem einzigen Leben, wird sowieso nicht möglich sein. Kinder zum Beispiel oder auch einfach ein geruhsames Dasein. Das Wissen um die eigenen Schätze und die des Partners, die es zu bewahren gilt, wird sie aber behutsamer miteinander umgehen lassen. Letztlich gibt die Erfahrung, daß die Verbindung so viele Schwierigkeiten überdauert hat, ihrer gemeinsamen Zukunft ein gutes Fundament. ■

In dieser Partnerschaft war es wichtig, den Spannungsbogen so auszuloten, daß einerseits Gemeinsamkeiten möglich und erfüllend werden und andererseits jeder seinen eigenen Gaben entsprechend zufrieden damit leben kann. Beide können sich dann bestenfalls unterstützen, nähren und Respekt gewinnen.

Natürlich kann und muß es auch möglich sein, für eine begrenzte Zeit mehr für den anderen da zu sein. Braucht der Partner Hilfe oder steckt er in einer Krise, ist es selbstverständlich, daß sich der andere, wenn erforderlich zurücknimmt. Dann ist es sinnvoll, die eigenen Schätze zurückzustellen, aber keinesfalls aus den Augen zu verlieren.

In der Beziehungsgeschichte von Henrik und Fatima drohten Henriks Schätze allerdings unwiederbringlich verloren zu gehen. Grund genug für eine Depression, wenn Trauer und Wut darüber nicht gelebt werden durften. Denn der finanzielle Gewinn schien verlockend. Gehen innere Schätze verloren, weil jemand sich lieber anpaßt, statt seiner inneren Stimme zu folgen, geht das Selbstbewußtsein Stück für Stück zugrunde. Was bleibt, gleicht einer Schablone, eigene Lebenslust fehlt. Die Depression, die daraus entstehen kann, ist eines der bekanntesten Symptome unserer Leistungsgesellschaft.

Immer wieder Bilanz ziehen

Alle möglichen Fallstricke bereits im Vorfeld einer Partnerschaft zu kennen, könnte verhindern, daß diese in einer Partnerschaft verhängnisvoll wirken. Andererseits könnte dadurch die Angst, sich einer Bindung hinzugeben, noch größer werden, als sie leider sowieso schon häufig ist. Derjenige, dessen Selbst von Kindheit an gestärkt wurde, tut sich leichter mit seiner Entscheidung für eine Zweisamkeit. Er weiß sicherer, was seine Zufriedenheit ausmacht. Für die Verunsicherten kann die Beziehungsarbeit dagegen eine gute Basis sein, ihr Selbst zu finden und zu stärken. Im Laufe des gemeinsamen Lebensflusses ist eine Bilanz aber immer wieder notwendig. Wir sind ja ständigem Wechsel ausgesetzt. Geburten und das Heranwachsen der Kinder, berufliche Schwankungen, Schwierigkeiten bei Eltern, Verwandten und Freunden, die uns fordern, aber auch das Älterwerden mit allen Sorgen und Krankheiten sowie räumliche und wirtschaftliche Veränderungen zwingen uns, gemeinsam immer wieder inne zu halten, um uns mit der derzeitigen Situation auseinanderzusetzen.

Jedes Mal bei solch einer Bilanz werden uns die inneren Schätze den Weg weisen, den zu gehen lohnt. Auch wenn nicht immer alles möglich sein wird, was jedem einzelnen und der Partnerschaft gut tut, so wird im ständigen Ringen um tragbare Kompromisse die Beziehungsschaukel in Bewegung bleiben. Was wir brauchen, ist Mut zu unseren Werten und unserem Zusammenleben mit den Menschen, für die wir uns entschieden haben. Dann brauchen wir nicht für jeden Lebensabschnitt eine neue Partnerschaft, wie sie die Illusion bei den »Lebensabschnittpartnerschaften« vorgaukelt. Im Gegenteil, wir haben das besondere Glück, gerade mit jenem Menschen die nächsten Schritte in die Zukunft zu gehen, mit dem wir bereits ein Fundament an Gemeinsamkeiten besitzen. Unsere inneren Schätze werden uns den weiteren Weg weisen.

■ Ich denke da an Freunde von uns, die sich zugunsten ihrer inneren Schätze entschieden haben, die eigene Sicherheit aufzugeben und Deutschland den Rücken zu kehren. Karin, Grafikerin, Knut ein angesehener Arzt, beide in guter Position, haben sich entschieden, nach Norwegen auszuwandern, um sich und den drei Kindern eine gesündere Zukunft und ein ruhigeres Leben aufzubauen. Sie haben ihre Existenz, ihren kulturellen Hintergrund, die Sprache, ihre Eltern und ihren Freundeskreis für eine bessere Luft, ein geruhsameres Dasein und ihre Freude an viel unberührter Natur mit sportlichen Möglichkeiten eingetauscht. Natürlich haben sie dafür auch viel Mühe und Verlust auf sich genommen, die sie aber mit Vorfreude und Begeisterung für ein Land, das sie willkommen hieß, bewältigt haben. Ihre Eltern, Freunde und Kollegen, keiner wollte diesen Schritt verstehen. Sie aber wußten, daß diese Entscheidung für sie notwendig war. Jetzt leben sie in sehr bescheidenen Verhältnissen, freuen sich aber bedingungslos über jeden Tag, den sie zusammen erleben dürfen. ■

Vier kritische Phasen der Beziehung

Ich beobachte vier kritische Phasen in einem Beziehungsleben, in denen es um die Frage der Selbstverwirklichung im Gegenzug zu den Erwartungen anderer geht. Das sind die Phasen, in denen am häufigsten Partnerschaften scheitern. In diesen Lebensabschnitten kommt es zu neuen Herausforderungen, tauchen Probleme zwischen Anpassung und Selbstverwirklichung mit unterschiedlichen Themen auf. Kann keine Balance hergestellt werden, überspannt das den Beziehungsbogen. Entweder versuchen die Paare, allem gerecht zu werden, dann verlieren sie ihre inneren Schätze. Trennung statt Schatzsuche ist dann leider oft die Alternative. Oder sie streben nach Selbstverwirklichung, die als Totalanspruch in einer Partnerschaft nicht zu realisieren ist. Entfremdung und Aufgabe der Beziehungsarbeit ist dann die Folge.

Die Gratwanderung zwischen diesen Wegen bedarf einer Selbstsicherheit, die uns nicht immer in die Wiege gelegt wurde. Einen Gradmesser, der helfen kann, auch kritische Entscheidungen tragfähig zu treffen, hat aber jeder von uns. Es ist die Lebensfreude und Lebenslust, für die es sich lohnt, manches Opfer zu bringen. Ganz klar, wenn wir uns auf etwas freuen können, wachsen ungeahnte Kräfte, die uns vorwärts treiben.

Die Kunst des Liebens in einer Zweisamkeit besteht darin, ein Gleichgewicht zwischen dem Bedürfnis nach Zusammensein und Erfüllung eigener Lebensziele zu finden. Da sind Kompromisse gefragt. Die größte Kunst liegt wohl darin, spielerisch mit den unterschiedlichen Wünschen beider umzugehen, vieles auszuprobieren, auch mal was zu riskieren. Vielleicht gelingt es sogar, daß mal der eine, dann wieder der andere das Programm bestimmt. Ich sehe solche Paare in einer Schaukel, in der mal der eine, mal der andere nach oben strebt. Eine Lebensschaukel, die nicht fixiert ist, sondern immer wieder aufs Neue versucht, den Schwung im Gleichgewicht zu halten. Letztlich sind es die gemeinsamen Ziele, die uns den notwendigen Antrieb geben können, den oft steinigen Weg zu gehen.

Erste Beziehungsphase: Zeit der Findung

Erstaunlich oft scheitern Ehen nach kurzer Zeit. So, als ob die beiden vorher nicht genau hingeschaut hätten. Eine Rolle spielt sicher der Traum vom großen Glück, der schnell an den Realitäten endet. Enttäuscht gehen die beiden wieder ihre eigenen Wege auf der Suche nach befriedigenderen Bindungen. Manchmal ist es gut, jetzt und nicht erst nach vielen Jahren auszusteigen. Manchmal allerdings könnte auch aus dieser Bindung eine gute Partnerschaft werden, in der die eigenen Schätze reifen dürfen. Wenn beide nicht zu schnell aufgeben. Und wenn sie bereit sind, sich der Wirklichkeit zu stellen.

Bei jungen Paaren ist die Begeisterung für das Zusammensein noch am Größten. Jeder kann ohne Rücksicht auf Familienpflichten sein Leben gestalten. Aber auch da wird bereits ein Rollenverhalten zementiert, das je nach Vorbild mehr traditionell oder modern ist. Jetzt muß geklärt werden, wie beide zusammenkommen können. Fragen tauchen auf: Wer zieht zu wem? Wer macht was im gemeinsamen Haushalt? Wieviel Zeit verbringen wir nun zusammen, wieviel bleibt für die eigenen Interessen? Und was geben wir auf? Natürlich braucht eine gute Partnerschaft Kompromisse. Das ist unabdingbar, um den kleinsten gemeinsamen Nenner zu finden, der eine Beziehung ausmachen kann. Aber wo fangen die Kompromisse an, wo gibt es freiwillige Einigung oder wo ist die Opferbereitschaft so groß, daß sich jemand dabei verliert?

Um dem gemeinsamen Glück nicht im Wege zu stehen, gibt mancher von Anfang an wichtige Anteile seines Selbst auf. Das alte Rollenverständnis schleicht sich ein, das dann schnell zementiert wird: Das klassische Beispiel ist die Familienarbeit, für die sich die Frau auch heute noch mehr zuständig fühlt als der Mann. Gibt sie ihren Beruf für diese Aufgabe auf, vergibt sie eigene Schätze, die sie möglicherweise nie mehr einholt. Verzichtet sie aber wegen ihrer beruflichen Erfüllung auf Kinder, ist das Opfer groß. Und die Rahmenbedingungen sind auch heute nicht immer so, daß die Familienarbeit selbstverständlich geteilt wird. Für die Männer entstehen in dieser Phase Konflikte zwischen dem, was andere von ihnen erwarten und dem, was ihren eigenen Bedürfnissen entspricht. Und je weniger der Beruf Berufung ist, um so größer ist der Interessenkonflikt, seine Schätze zu wahren. Die liegen vielleicht in einem Hobby, bei einem Kegelabend oder in einer Bastelleidenschaft an Oldtimern, die aus Zeitgründen nicht gepflegt werden dürfen.

Die auftretenden Auseinandersetzungen können bereits jetzt zu Enttäuschungen führen, die die Partnerschaft in Frage stellen. Wichtige Fragen konnten im Vorfeld des Zusammengehens nicht geklärt werden. Waren die Erwartungen an diese Zweisamkeit zu hoch oder sind die Kräfte zu ungleich verteilt, nährt die Unzufriedenheit und die Ernüchterung sehr bald den Entschluß, wieder aus der Beziehung auszusteigen. Schade für die beiden, die mit ihren inneren Schätzen ein sehr spannendes Beziehungspuzzle hätten starten können. Die Hoffnung bleibt, daß jeder von ihnen in einer neuen Bindung klüger sein wird als zuvor. Dann hat sich auch dieser Umweg gelohnt.

Zweite Beziehungsphase: Familienzeit

Kommen Kinder dazu, wird die Partnerschaft neu definiert – aus einer Zweier- ist eine Dreierbindung oder mehr geworden. Eine sehr anstrengende Zeit, weil die Kinder alle Aufmerksamkeit auf sich vereinen und die Eltern oft überfordert sind. Besonders die junge Mutter muß sich großen Herausforderungen stellen. Ihre persönlichen Bedürfnisse müssen ausschließlich den kindlichen Ansprüchen untergeordnet werden. Ihr Wunsch nach Zärtlichkeit und Hautkontakt wird durch die Nähe des Säuglings befriedigt. Deshalb läßt das Interesse an Sex nach. Das führt zu Enttäuschungen für den Partner. Denn auch er erlebt turbulente Zeiten, die fern aller Idylle sind. Auch er wird ja um seinen nächtlichen Schlaf gebracht, ist an anderer Stelle gefordert. Und er ist eifersüchtig, wünscht sich etwas von der Zärtlichkeit, die der neue Erdenbürger mit der Mutter austauscht.

In dieser jungen Familie entstehen dann Probleme, die zuvor unbekannt waren. Die persönlichen Schätze, die die Beziehung einst befruchteten, müssen zeitweise dem Nachwuchs und dem Familienleben geopfert werden. Und zur Beziehungsarbeit fehlt die Kraft. Aus dieser Situation gibt es kaum ein Entrinnen. Und alles wird dadurch noch schwieriger, daß die Eltern eigentlich überglücklich über den neuen Erdenbürger sein sollten. Das zumindest ist die Vorstellung der Allgemeinheit. Manche geben jetzt auf, obgleich diese schwierige Beziehungskiste auch wieder in besseres Fahrwasser kommen wird. Jetzt sich zu trennen, hinterläßt offene Flanken, die kaum heilen können. Frau und Kind im Stich gelassen, selbst vermeintlich versagt zu haben, bedeutet für lange Zeit Verlust des Selbstwertgefühls des Mannes. Und auch die Frau wird sich Vorwürfe machen, den Anforderungen nicht gerecht geworden zu sein und ihren Kindern den Vater »vergrault« zu haben.

In einer Zeit, in der der Leistungsdruck im beruflichen und persönlichen Bereich den Familien alles abverlangt, wird die Partnerschaft oft unzulässig überfordert. Es gibt eben Lebensphasen, in denen andere Themen als Beziehungsarbeit im Vordergrund stehen müssen. Das ist sicher der Fall, wenn ein neues Wesen die Familie bereichert, wenn ein Kind geboren wird. Das ist auch so, wenn durch die Aufbaujahre junge Familien den totalen Einsatz bringen müssen. Der Alltag diktiert dann die Regeln des Zusammenseins.

Die Kunst ist, dennoch seine Nischen als Paar zu entdekken und seine Beziehung nicht aus den Augen zu verlieren. Mehr muß nicht unbedingt drin sein! Das Wichtigste ist, sich jetzt zufrieden zu geben mit der knappen Zeit und den neuen Themen. Vielleicht auch mit der Tatsache, daß das Beziehungsband ziemlich schlaff durchhängt. Wohl wissend, daß es auch wieder Zeiten geben wird, in denen größere Gelassenheit einkehren kann. Ich rate in dieser Situation jungen Paaren, die jetzt notwendigen Abstriche an eigene Wünsche als persönliche bewußte Entscheidung für das gemeinsame Ziel »Familie« zu akzeptieren. Sie dürfen aber nicht verloren gehen, diese inneren Schätze. Sie können verwahrt werden, bis wieder ruhigere Zeiten kommen, ohne daß dadurch die Partnerschaft in Frage gestellt werden muß. Und mit der bewußten, freien Entscheidung für diese Lebensphase, wie sie im Moment nur so gestaltet werden kann, kann der eigene innere Widerstand gegen ungeliebte Momente überwunden werden. Vielleicht können sogar neue Schätze ausgegraben werden, die zuvor nicht entdeckt wurden.

Beispielsweise gibt es Väter, die bereit sind, ihren Beruf zeitweilig an den Nagel zu hängen, um als Familienvater einen Teil der Lasten zu übernehmen. Oder es gibt jene Paare, die Beruf und Familie partnerschaftlich teilen. Oder Frauen, die sich schwer taten mit ihrer Entscheidung für die Familie, weil sie Abstand nehmen mußten von beruflichen Zielen. Frauen, die aber nach dieser bewußten Entscheidung ganz neue Aufgaben für sich entdecken konnten, die sie erfüllten. Im Nachhinein betrachtet waren die Partner oft dankbar für die Alternativen, die sie gewählt haben, und für die neuen Erfahrungen, die sie machen konnten. Die traditionelle Rollenverteilung, in der die Frau »am Herd« bleibt und der Mann »draußen« der Existenzsicherung nachgeht, spukt noch in unseren Köpfen. Da fällt es um so schwerer, bei all den Hindernissen gesellschaftlicher und traditioneller Art, Familien- und Berufsarbeit gerecht zu teilen. Solange aber Frauen nicht bereit sind, die Familienarbeit abzugeben und Männer nicht bereit, beruflich zurückzustecken, wird das Problem nicht befriedigend gelöst werden können. Immerhin gibt es Lebensentwürfe, in denen bei gutem Willen aller Beteiligten bei allen Schwierigkeiten, die nicht wegzudiskutieren sind, eine echte Arbeitsteilung in der Familie gelingt.

Ich kenne Paare, die auch die Frage der Kindererziehung und damit der häuslichen Rolle abwechselnd leben. So kann jeder von ihnen mehr seinen beruflichen Interessen nachgehen, ein andermal seinen familiären. Vielleicht liegt darin das Modell der Zukunft? Welche Möglichkeiten können aber Paare finden, wenn der Alltag mit Kindern ihre Partnerschaft mehr belastet, als sie verkraften können? Viel ist schon verbessert, wenn wenigstens für einen Abend in der Woche oder alle paar Wochen ein Wochenende »kinderfrei« organisiert werden kann. Ich weiß, daß manche Eltern in Sorge um die Kleinen diesen Gedanken weit von sich weisen. Erfahrungsgemäß wird es bei gut vorbereiteter Abwesenheit der Eltern kein Schaden für die Kinder sein, auch wenn sie noch so klein sind. Aber eine große Hilfe für die erschöpften Partner.

Vor einiger Zeit war ich in München und wurde in eines der vielen kleinen Restaurants zum Essen ausgeführt. Um uns herum saßen meist Familien mit Kindern. Es war Einschulungstag, und die Familien hatten wohl die gleiche Idee wie wir: den Tag würdig zu begehen. So schnell werde ich die Gesichter einiger Eltern dort nicht vergessen. Sie wirkten angestrengt, hektisch, manchmal eingefroren wie bei einer Wachspuppe. Die Mütter und Väter sahen sehr gepflegt, aber müde aus: Sie sorgten für das Wohl der Kleinen, und sie bemühten sich friedlich dort beieinander zu sein, obgleich die hektischen Bewegungen, die glanzlosen Blicke, abgerissene Sätze und das ständige Handy am Ohr das Gegenteil vermuten ließen. Glücklich wirkten sie jedenfalls nicht, wie es ja der Anlaß vermuten ließe.

Ich konnte den Gedanken nicht unterdrücken, daß in jungen Familien die Rollen der Eltern inzwischen perfektioniert werden, gleichzeitig die Anforderungen im beruflichen und gesellschaftlichen Alltag größer sind denn je. Der Konflikt zwischen Tradition und Moderne führt zu noch größeren Anstrengungen, alles meistern zu wollen. Dadurch wird die Familienphase, in der die Kinder soviel Aufmerksamkeit fordern, in denen der Beruf aufgebaut wird und der Erfolg noch fern ist, und auch die Beziehung gepflegt werden will, ganz oft mit soviel Mühsal erlebt, daß die Freude am Zusammensein zu ermatten droht. Jede weitere Bewegung in der Zweisamkeit überfordert dann die Partner. Und die Bewegungen werden kommen.

Sicher kann es keine allgemein gültige Antwort geben. Aber hoffnungsvoll sind die Lebensentwürfe der jüngeren Generation allemal. Zufriedenstellend wird es aber erst, wenn die äußeren Rahmenbedingungen so gestaltet sind, daß den Familien mehr Wahlfreiheit gelassen wird, ihren eigenen Weg zu gehen. Dazu sind zumindest flächendeckende Ganztagesschulen und ausreichend Angebote der Kinderbetreuung eine unabdingbare Voraussetzung.

Das oben beschriebene Bild der Familien im Restaurant verdeutlicht bereits, daß in jungen Familien ab diesem Zeitpunkt mit noch mehr Druck, aber auch mit Konkurrenz zu rechnen ist. Der Schulbeginn erzwingt in der Familie, zumindest beim ersten Kind, eine Neuorganisation der Tagesstrukturen im Familienleben. Aus der Rolle der Behüter wachsen Eltern zudem mehr und mehr in die Rolle der Begleiter. Sie werden jetzt an zusätzlicher Stelle als Hausaufgabenüberwacher, Ballettbegleiter und Diskussionspartner gefragt sein.

Dieser Einschnitt ist wieder mal eine Gefahr für das Familienglück: Der Vater zieht sich auffallend oft in dieser Zeit aus der Familienarbeit zurück. Für die Frau bleiben Mehrbelastungen, die sie nicht selten zur Aufgabe ihrer beruflichen Ziele veranlaßt, gar nicht so selten zur Aufgabe der Partnerschaft. Hoffnungsvolle Beziehungen gehen zu Grunde. Und dies nur, weil die Betroffenen glauben zu versagen, statt sich für ihr eigenes Tempo und ihre Wünsche zu entscheiden, entsprechend ihren persönlichen Möglichkeiten. Natürlich muß dann manche Aktivität für die Familie unterlassen werden. Ein wenig Glanz wird dabei verlorengehen. Damit verzichten sie vielleicht auf Beifall, gewinnen aber an Kraft.

Es ist eine altbekannte Tatsache, daß es bei der Erziehung der Kinder nicht darauf ankommt, möglichst viel Zeit mit ihnen zu verbringen, sondern die Zeit, die zur Verfügung steht, gut zu nutzen. Und Mütter, die frustriert zu Hause bleiben, sind weniger hilfreich als Mütter, die nach der Arbeit zufrieden nach Hause kommen. Es stimmt mich nachdenklich, daß trotz – oder vielleicht gerade wegen? – der vielen Angebote für das Wohlergehen junger Familien die Belastungen immer größer zu werden scheinen. Und die Scheidungswelle rollt! In der Tat scheitern um das »verflixte siebte Jahr« ein Drittel aller Ehen. Schade, denn diese Zeit ist so unendlich wichtig für die Kinder und den Fortbestand einer Langzeitbindung.

Was ist zu tun? Vielleicht bringt die stundenweise Kinderfrau Entlastung, vielleicht geht es auch darum, sich auf eine Zeit einzulassen, in der die Schatzsuche nicht möglich ist, dies aber zeitlich zu befristen. Besser wäre, in dieser Krise gemeinsam nach den verlorengegangenen Schätzen zu graben, um aus den eigenen Erkenntnissen heraus der Selbstverwirklichung beider einen vorderen Stellenwert beizumessen. Das erfordert Geduld, Kreativität und Mut, manchmal Verzicht auf eigene Vorstellungen, wie es sein sollte. Möglicherweise auch Verlust gesellschaftlicher Akzeptanz. Aber von der Anerkennung anderer können wir sowieso nicht leben.

Dritte Beziehungsphase: Zeit der Entpflichtung

Die dritte Beziehungsphase, in der die Frage Selbstverwirklichung oder Selbstaufgabe wieder zum Thema wird, ist die Zeit der Entpflichtung. Es ist die Periode, in der die Kinder aus dem Haus gehen, das Berufsende näher kommt und Mann und Frau durch das Klimakterium in persönliche Krisen geraten können. Die Angst, alt zu werden, die Angst vor Attraktivitätsverlust ergreift beide. Die Frau glaubt am Ende ihrer Fruchtbarkeitsphase, nun sexuell unattraktiv zu werden. Auch der Mann ist besorgt um seine nachlassende Potenz, die ihn zu einer langsameren Gangart zwingt. Und eigentlich werden die beiden nicht mehr gebraucht. So zumindest wird es von jenen wahrgenommen, die sich nicht rechtzeitig auf diesen schönen Lebensabschnitt – weil frei von Pflichten – vorbereitet haben.

Die zwei in der Lebensmitte haben noch einen langen Weg gemeinsam zu gehen. Bei der heutigen Lebenserwartung hat das Paar zumindest noch ein Drittel seines Lebens vor sich. Da stellt sich die Frage, was kommt nach Familie und Beruf, und was fangen wir mit dem Rest des Daseins an, der noch viele gute Jahre dauern kann? Und der Gedanke taucht auf: »War das alles?«

In dieser Situation wenden sich oft beide nach außen. Ihre Motivationen unterscheiden sich allerdings: Männer wenden sich in dieser Zeit nicht selten einer jüngeren Frau zu. Die Illusion besteht, damit noch ein Stück Jugendlichkeit zurückzuholen. (Ich habe am Beispiel von Manfred und Sabine im 3. Kapitel darüber berichtet.) Viele Frauen brechen dagegen in dieser Phase noch einmal zu neuen Ufern auf. Sie versuchen, sich selbst zu verwirklichen. Sie wollen die Mutterrolle ablegen, um sich endlich neu zu finden. Sie suchen ihre inneren Schätze, die sie so lange vernachlässigt haben. Der in den Ruhestand versetzte Partner sucht zu Hause nach Verständnis und Unterhaltung. Er möchte am liebsten, daß die Frau wieder mehr für ihn sorgt, wie früher für ihn da ist. Aber ihr Engagement außer Haus tut ihr gut. Es ist auch wichtig für sie, um die eigene Unabhängigkeit zu behalten. Oft orientiert sich der Mann auch im Ruhestand weiter in seinem beruflichen Bereich, während die Ehefrau zusätzliche häusliche Arbeit übernehmen soll, weil der Mann ja jetzt tagsüber zu

Hause ist. Die Klage dieser Frauen ist unüberhörbar: »Jetzt ist noch mehr zu tun als zuvor.«

Auch der Mann muß rechtzeitig, möglichst lange vor dem Ruhestand, eigene Felder besetzen, sich Aufgaben suchen, die ihn zufriedenstellen. Geschieht es erst jetzt am Ende einer beruflichen Laufbahn, wird er sich schwer tun, seine Zeit sinnvoll zu füllen. Der Frau wird es häufig leichter fallen, diesen Lebensabschnitt zu gestalten. War sie doch im Laufe ihres Lebens gewohnt, zu improvisieren und sich auf die unterschiedlichsten Aufgabenfelder zwischen Familie und Beruf einzustellen. Aber die Erwartungen an den Partner lähmen möglicherweise eigene Aktivitäten.

Beide können jetzt mehr Zeit zusammen verbringen, als sie je hatten. Das kann aber auch zu neuen Krisen führen. Der Partner, immer im Blickfeld, wird zur Zielscheibe des täglichen Ärgers, ohne daß er sich entziehen kann. Spielt dann noch eine Außenbeziehung eine Rolle, oder kann die Frau ihre neuen Aktivitäten nicht verwirklichen, weil der Mann sie bremst, ist das oft das Ende der Langzeitbindung. Auf das Konto dieser Lebenskrisen gehen immerhin ein Drittel aller Trennungen einer langjährigen Bindung.

Deshalb ist es wichtig, sich bereits in jungen Jahren über diese Lebensphase Gedanken zu machen und zu lernen, sich mit Dingen außerhalb des Berufes zu beschäftigen. Und es müssen rechtzeitig gemeinsame Ziele gesteckt werden, auf die sich beide freuen können. So kann es den beiden Menschen an einer wichtigen Weggabel gelingen, sich auf eine Zeit einzustellen, in der sie zusammen auf Schatzsuche gehen können, um viele bisher ungelebte Wünsche zu verwirklichen.

Das langsamer werdende Lebenstempo erzwingt dabei mehr Ruhephasen, die Gelassenheit schenken können, statt hektischer Betriebsamkeit. Manche müssen erst lernen, damit umzugehen. Auch da bleibt Vorsicht geboten, sich nicht zuzuschütten mit Dingen, die das Lebenstempo so nicht gut verträgt. Weil jetzt augenscheinlich mehr Zeit zur Verfügung steht, kommen Anfragen von außen, mit denen wir uns überfordern können und denen zu entsagen nicht immer leicht ist. Sei es die Betreuung der Enkelkinder oder neue Vereinsaktivitäten.

Jetzt wird es besonders wichtig, sich gegenseitig die Freiheit zuzugestehen, die jeder braucht, um erfüllt zu leben. Das ist dann nicht immer ein gemeinsames Tun, aber es wird das Zusammensein entspannen und die Lebensfreude beider erhöhen. Auch ist die Angst vor dem Verlust des Partners nicht so groß, wenn jeder seine persönlichen Lebensziele verwirklichen kann. Den anderen lassen zu können ist auch jetzt wieder die schwerste Übung! Wenn es gelingt, kann die Zeit der Entpflichtung die schönste Lebensphase in einer Langzeitpartnerschaft werden.

Vierte Beziehungsphase: Abschiedszeit

In der letzten verbleibenden Lebensphase werden sich die Paare auf Abschied und Tod einstellen müssen. Krankheit und Hilfsbedürftigkeit diktieren oft das Denken und Handeln. Aber in dieser Zeit kann durch die zunehmende Schwäche eine Nähe zueinander entstehen, die beglückt. Die zwei Menschen sind mehr denn je aufeinander angewiesen. Um nicht zu sehr aufeinander zu kleben, können bereits früher gebahnte Wege der Selbstverwirklichung helfen, Abstand zu erringen. Denn jetzt ist es wichtiger denn je, trotz nachlassender Kräfte die innere Unabhängigkeit zu bewahren.

Wenn nicht zu viel Erstarrung eingetreten ist, wenn die körperliche und geistige Verfassung es erlaubt, können auch zu diesem Zeitpunkt noch neue Pfade begangen werden, die dem Selbst entsprechen. Zum Beispiel ist die schwierige Begleitung und Pflege des schwächeren Partners, letztlich dessen Tod, eine neue Herausforderung: Für den Pflegenden kann naturgemäß diese Zeit besonders schwer sein. Ihm werden neue Fertigkeiten abverlangt und Belastungen auf ihn zukommen, mit denen fertig zu werden nicht leicht ist. In dieser Zeit können die Gefühle schwanken zwischen Wut auf den anderen, daß er so viel fordert, Schuldgefühlen und liebevoller Zuwendung. Damit zurechtzukommen, braucht zusätzlich Kraft. Aber der Pflegende wird auch durch die gemeisterten Schwierigkeiten seine eigenen Kräfte neu erfahren können. Und die Nähe zu dem anderen wird vielleicht für manche schwere Stunde entschädigen können. Auch für den Leidenden wird die Hilfsbedürftigkeit zu einem Problem. Dabei bekümmert ihn weniger seine Hinfälligkeit als die Belastung, die er dem Partner zumutet. Depression und Selbstmordgedanken können der Versuch sein, der schwierigen Situation zu entfliehen. Dennoch können beide an diesen Herausforderungen wachsen. Sie bewältigt zu haben, bereichert die Erinnerung an gemeinsame Stunden und erleichtert den Abschied.

Es ist allemal gut, im Vorfeld dieser Lebensphase bereits miteinander abgesprochen zu haben, wie wir mit dieser Phase umgehen wollen.

Ist eine Hilfe von außen möglich, ist der Schritt in eine betreute Einrichtung Entlastung? Was sind unsere Wünsche am Ende dieses Daseins? Was will noch gesagt sein? Wie können wir beide unsere Würde erhalten und so sterben? Wichtig bleibt für den Zurückgelassenen nach dem Tod des Partners, sein verausgabtes Selbst wieder erstarken lassen.

Ruhe und Zeit für vernachlässigte Bedürfnisse können dazu beitragen. Sicher ist, daß diese Abschiedsphase, so sie beiden zusammen vergönnt wird, noch einmal eine sehr intensive Zeit werden kann. Die Freude an gemeinsam Geschaffenem, an den Enkeln, aber auch an gemeinsamen Erinnerungen ebenso wie an Hobbys, die ihr Leben begleiteten, wie Musik oder Bücher, macht auch diesen Lebensabschnitt reich. Und der Verlaß auf die Hilfe und Zuwendung des anderen werden zum Geschenk.

12. Freundschaft ist die höchste Form einer reifen Partnerschaft

Nein, nicht die Liebe gilt es ein Leben lang zu strapazieren. Die Freundschaft allein lebt von dem Respekt und der Freude am anderen, die beide notwendig sind, um alle Krisen zu meistern.

Verliebte träumen den Traum ewiger Liebe. Dürstende nach Wärme und Zuwendung träumen den Traum endlosen Umsorgtseins. Einsame träumen von ewiger Zweisamkeit. Schwache träumen von starken Armen, die halten. Gelangweilte träumen den Traum von ständiger Herausforderung. Schüchterne träumen von unbekümmerter Offenheit. Und Unsichere haben den Traum von Geborgenheit. Für all dies und noch viele weitere Wünsche und Träume reicht die Liebe allein in einer langjährigen Partnerschaft nicht.

Natürlich ist die Liebe ein wichtiges Pfand einer festen Bindung. Zu oft aber wurde sie strapaziert, um einer Idylle zu entsprechen, die es so nicht gibt. Immer wieder wird uns in unserer westlichen Gesellschaft von der ehelichen Liebe erzählt, die an Dauerhaftigkeit und Treue gebunden ist. Die Kirche hat seit Jahrhunderten versucht, der ausufernden Sexualität und dem Sittenverfall die Heiligkeit der Liebe in einer Ehe entgegenzusetzen. Eine Liebe, durch die sowohl die Körper als auch die Seelen auf immer verbunden sind. Der Schutz der Familie stand sicher dabei im Vordergrund. Wie wir wissen, hat es nicht allzu viel genutzt. Seitensprünge und Trennungen sind und waren an der Tagesordnung. Im Gegenteil, weil die Menschen diese reine Liebe auf Dauer nicht erleben konnten, haben sie begonnen, an sich selbst zu zweifeln. Sie haben gelogen, sich gequält und bestraft, statt sich mit dem zu bescheiden, was möglich war und ist.

Das Ritual der Hochzeit vertieft die Bindung

Das hohe Ideal der Liebe überfordert jede Langzeitbindung, sie kann nicht auf Dauer standhalten. Etwas von diesen überhöhten Vorstellungen fließt auch heute noch in die Trauungsformel ein, wenn in der Kirche der Bund fürs Leben geschlossen wird – »bis daß der Tod Euch scheidet.« Wobei jenes religiöse Ritual ein sehr wertvoller Baustein für die innere Festigkeit der eigenen Beziehung sein kann. Wie jedes Hochzeitsritual ein ganz wichtiges Symbol ist, eine Bindung ernsthaft zu besiegeln. Jedoch überfordert das Beschwörende der Formel unsere Vorstellung und meist auch die Wirklichkeit, bis ans Ende unserer Tage diesem hohen Pfand der Liebe verpflichtet zu sein, mag der Bund der Ehe bei modernen Paaren gelegentlich noch so belächelt werden. Dieser Akt des Vollzuges verfestigt und unterstreicht die Entscheidung, zusammenbleiben zu wollen und somit aus der Baustelle Beziehung ein gemeinsames Haus zu bauen. Und mancher von denjenigen, die zuvor solche Äußerlichkeiten verachtet hatten, wird nach dem symbolischen Akt der Eheschließung deutlicher wahrnehmen, daß mit der Absicht, zusammenzubleiben, gleichsam die Hintertüren geschlossen wurden.

Ich erlebe das in meiner Sprechstunde häufiger: Lange haben sie als Paar zusammengelebt. Jetzt, wo nach vielen Jahren der Entschluß reifte, zu heiraten, geraten sie in Panik. Plötzlich wird vieles anders, obgleich die äußeren Bedingungen dieselben bleiben: Jetzt wird der eigene Freiraum verteidigt oder die eigene Beziehungsfähigkeit für ein ganzes Leben zu zweit in Frage gestellt.

Sicher ein wichtiger Zeitpunkt, die gemeinsamen Ziele zu formulieren, sicher kein Grund, dem Bund der Zweisamkeit jetzt eine Absage zu erteilen. Allerdings wird vielen erst jetzt wirklich bewußt, daß eventuelle Hintertüren künftig keine Flucht mehr ermöglichen.

Zu Beginn einer Beziehung, die zwei Liebende zusammenführte, ist das Liebesideal selbstverständliches Ziel. In Zeiten des Verliebtseins scheint vieles möglich, und die Sehnsucht nach Einssein von Körper und Seele ist groß. Nur ist diese große Liebe nicht, wie erhofft, von Dauer. Spätestens wenn die Phase des Verliebtseins vorüber ist, kommt es zur Ernüchterung. Wie Schuppen fällt es den einst so Verliebten von den Augen – erst das ist der Beginn der wahren Partnerschaft. Ich habe ja bereits bei Adam und Eva darauf hingewiesen, daß niemand je in diesem Zaubergarten des Verliebtseins bleiben kann.

Liebe in einer Partnerschaft ist wie ein flüchtiger Vogel

In Herz-Schmerz-Filmen können wir viel über die große Liebe und deren Tücken erfahren, seltener aber etwas über die Einsicht, daß diese allein nicht die Grundlage einer dauerhaften Bindung sein kann. Daß die Liebe nicht immer bleibt und für ein Leben miteinander reicht, davon zeugen allzu viele Trennungsgeschichten. Vielleicht gäbe es nicht so viele Dramen, wenn wir zu mehr Ehrlichkeit bereit wären. Einer Ehrlichkeit, die eingesteht, daß ganz andere Dinge in einer langdauernden Partnerschaft ausschlaggebend sein können als eine stetige Liebe. Und wenn wir bereit wären, dem anderen zu vergeben, daß er uns nicht das Paradies bescheren kann.

Die reife Liebe zu dem Lebenspartner ist von ganz anderer Qualität als das Verliebtsein. Sie wächst auf dem Boden des Verständnisses und der Gemeinsamkeiten. Und sie hat nichts mehr mit dem Verliebtsein zu tun. Wenn Vertrauen und Respekt vor der Einmaligkeit des anderen in dieser Zeit nicht mehr genügen, um eine partnerschaftliche Bindung aufzubauen, läßt der entstehende Leistungsdruck das zarte Pflänzlein Liebe, das möglicherweise wachsen möchte, im Keim ersticken. Ratlosigkeit und Unzufriedenheit sind dann der Beginn eines nagenden Zweifels an der eigenen Beziehungsfähigkeit und der des Partners. Das ist meist der Anfang vom Ende.

Ich meine, es wäre leichter, eine rationale Bindung einzugehen, in der die praktischen Dinge des gemeinsamen Daseins zusammen geschultert werden können. Eine Bindung, in der die Ziele klar benannt sind, statt eine von zu hohen Erwartungen geschürte Zweisamkeit. Sie wird sonst unter all der Last von Zukunftshoffnungen über kurz oder lang zusammenbrechen. Manches spricht für eine vernünftige Partnerschaft, wie auch in anderen Kulturen üblich, in denen die Ehe ganz klar anderen Zwecken dient als der gemeinsamen Liebe. Dennoch oder vielleicht gerade deshalb bleibt in jenen Verbindungen durchaus Raum für das Wachsen von Liebe. Wenn Verständnis und Vertrauen in ihr erfahren werden, wenn der Respekt vor der Würde des anderen bestehen bleibt, können auch da die Herzen zusammenklingen. Gerade weil der Erwartungsdruck fehlt.

Insofern hat die Trauungsformel der Buddhisten einen tiefen Sinn, die heißt: »Möge Liebe wachsen!« Hier bleibt Raum und Zeit, damit Gefühle geweckt werden können, die unabhängig vom Sinn der Zweisamkeit sind. Ich möchte hier nicht die Ehen anderer Kulturen auf die unsrige übertragen. Aber wir können vielleicht beim Blick über unseren

Tellerrand hinaus wieder leichter das genießen, was in unserer Beziehung möglich ist. Und es damit genug sein lassen. Denn die Liebe ist eher wie ein flüchtiger Vogel, der mal vorüber fliegt, ohne daß er gebraucht wird. Der Freude auslöst, weil er so zutraulich scheint, sich zu zeigen, der aber keinem Auftrag folgt. Der, wird er gepflegt, wachsen kann, niemals aber zuverlässig da ist. Ein eher flüchtiges Ereignis also, das die Bindung stärkt, aber nicht allein das Unterpfand einer Partnerschaft auf Dauer sein kann.

Nicht die Liebe trägt so zuverlässig. Denn diese ist vielen Einflüssen unterworfen. Sie wird überfrachtet mit Illusionen, die niemals wahr werden. Sie verliert an Kraft, wenn die Enttäuschung wächst. Sie wird durch den Alltag geschliffen. Wer verliebt ist, verzehrt sich nach dem anderen, kann ihn schwer lassen. Und ihr Glanz, der fasziniert, macht blind und verhindert immer wieder den notwendigen Abstand. Und wird sie enttäuscht, diese Liebe, bleibt Haß als Kehrseite der Medaille. Was ist sie also, die Liebe?

Bedingungslose Liebe?

Erster Brief an die Korinther von Paulus, Kapitel 13

»[...] Die Liebe ist langmütig, die Liebe ist gütig. Sie ereifert sich nicht, sie prahlt nicht, sie bläht sich nicht auf.
Sie handelt nicht ungehörig, sucht nicht ihren Vorteil, läßt sich nicht zum Zorn reizen, trägt das Böse nicht nach.
Sie freut sich nicht über das Unrecht, sondern freut sich an der Wahrheit.
Sie erträgt alles, glaubt alles, hofft alles, hält allem stand [...]
Die Liebe hört niemals auf [...].
Für jetzt bleiben Glaube, Hoffnung, Liebe, diese drei;
Doch am größten unter ihnen ist die Liebe.«

In diesem wunderbaren Brief an die Korinther schwärmt Paulus geradezu von einer Liebe, die er sogar höher stellt als den Glauben und die Hoffnung. Welch tiefe Erfahrung mußte das gewesen sein, wenn er diese bedingungslose Liebe preist! Wie sehr träumen auch wir in Zeiten des Verliebtseins von dieser großen Liebe. Einer Partnerliebe, die uns genau so in den Medien immer wieder vorgegaukelt wird. Ja, die nur allzu oft als Maßstab für eine gute Partnerschaft gilt. Eine bedingungslose Liebe also, die wir sehr gut kennen, wenn wir an die Liebe zu unseren Kindern denken. Eine Liebe, die den anderen in unserer Obhut weiß, anvertraut und ausgeliefert zugleich. Die Liebe zu einem Wesen, dessen Existenz und Zukunft noch von unserer Fürsorge abhängt. Die Liebe einer Mutter, die alles hinnimmt, alles duldet, nichts erwartet. Eine Liebe, die uns »gärtnerisch« tätig werden läßt. Uns veranlaßt, manchmal etwas Wildwuchs zu beschneiden, sonst aber sich über den heranwachsenden Menschen freut, wie er nun mal wird.

Liebe heißt da also: Sich freuen können, wenn der andere wächst. Ist diese Freude am Partner in der Beziehung vorhanden, ist auch die Partnerschaft reich. Und das ist in einer festen Bindung viel! Sie muß aber von beiden so verstanden werden, sonst wird sie zum Unterpfand einer ungleichen Partnerschaft, in der einer den anderen aufopfernd liebt, ohne die entsprechende Antwort zu erhalten. Wie selten aber ist sie so vorhanden, diese reine, selbstlose Liebe? Wie sehr wird immer wieder unser Beziehungsalltag überschattet von den notwendigerweise unterschiedlichen Lebenskonzepten zweier selbständiger Wesen. Und natürlich auch von unterschiedlichen Vorstellungen, wie der andere ist.

Die Frage bleibt, ob sie auch dann noch erfahrbar ist, diese große Liebe, wenn der Partner nicht mehr, wie unsere Kinder, gnadenlos zu uns gehört, auch nicht gehören kann?

Denn er ist ja ein erwachsener Mensch, der normalerweise nicht von unserer Pflege abhängt! Erzeugt nicht gerade die bedingungslose Liebe, wie sie Paulus beschreibt, als Bild einer modernen Partnerschaft Haß und Selbstverachtung, weil sie nur allzu oft einseitig war und mißbraucht wurde und dann enttäuscht? Oder einfach, weil sie so nicht zu haben ist? Und wie ist es dann mit meiner Selbstbehauptung und dem Abstand bestellt, der so notwendig ist, damit beide in einer Partnerschaft wachsen können? Wie gehe ich mit dem Ärger auf den anderen um, wenn Paulus schreibt, die Liebe duldet alles? Und sie hört niemals auf – gegenteiliges habe ich ja in vorangegangenen Kapiteln ausgeführt. Ist das die Liebe, die ich meine, wenn ich an all meine eigenen Träume denke, die sich mit dieser Beziehung verbinden?

Eifern wir da nicht einem Bild nach, das uns unweigerlich auch immer wieder überfordern muß? Denn unsere Liebe ist ja geknüpft an Erwartungen an den anderen. Sie kann nur begrenzt bedingungslos sein. Es sei denn, wir machen uns ganz schön was vor. Ich jedenfalls kann nicht von mir behaupten, daß ich mich nicht »zum Zorn hätte reizen lassen«, das »Böse nicht nachgetragen hätte« oder daß die Liebe immer allem »Stand gehalten« hätte, wie Paulus es beschreibt. Ich entsinne mich sehr wohl an Zeiten, in denen ich meinen Liebsten eher nach Timbuktu gewünscht hätte, als mit ihm Hand in Hand durchs Leben zu gehen. Wer von uns hat nicht schon in zornigen Momenten an ein völlig neues Leben gedacht, ohne den anderen dorthin mitzunehmen? Es gab schwierige Zeiten, ja, aber die Freundschaft zueinander hat Liebe überdauert. So konnte sie wieder wachsen, die Liebe!

Während ich diese Zeilen schreibe, erinnere ich mich voll Hochachtung an ein Paar, das mir während meiner Zeit als

Ärztin im Krankenhaus begegnet ist. Noch heute sehe ich sie beide vor mir. Sie sind für mich zum Sinnbild bedingungsloser Liebe geworden. Aber auch zum Zeichen einer Freundschaft, die Liebe überdauert. In den vielen Nachtdiensten hatte ich Zeit, ihre Geschichte zu hören:

■ Maria, 61 Jahre alt, war seit 10 Jahren durch einen Hirnschlag gelähmt. Lediglich die Augen reagierten. Durch diese nahm sie Kontakt auf, zeigte eine erstaunliche Aufnahmefähigkeit. Ludwig, 65 Jahre alt, seine Frau ausschließlich liebevoll pflegend, war Tag und Nacht da. Er wich nie von ihrer Seite. Er wußte sofort, wenn sie etwas brauchte und sprach unentwegt mit ihr. Seine Zärtlichkeit zu ihr war beeindruckend und berührte mich stark.

Verheiratet waren sie damals über 40 Jahre. Kurz nach der Hochzeit wurde Ludwig von der Wehrmacht eingezogen. Sie bekamen sehr schnell zwei Kinder, jeweils entstanden im Fronturlaub. Nachdem er in Kriegsgefangenschaft gewesen war und als Spätheimkehrer erst lange nach Kriegsende nach Haus kam, brachte Maria ihre beiden Kinder allein durch die Kriegswirren und die Hungerjahre. Ludwig mußte sich durch Erfrierungen, die er sich in Rußland zugezogen hatte, ein Bein amputieren lassen. Zu dieser Zeit hatte Maria sich und ihre Familie mit einer kleinen Landwirtschaft ernährt, die sie von ihren Eltern übernehmen konnte. Die Hoffnung, nach der Heimkehr von Ludwig bei der schweren Feldarbeit Entlastung zu erhalten, wurde durch die Amputation zunichte. Dennoch, so beteuern beide, war diese Zeit des Zusammenfindens für sie sehr wichtig. Sie waren glücklich, wieder vereint zu sein. Und sie lernten neu, miteinander und ihren Schwierigkeiten umzugehen. Vor allem Maria war wohl sehr darauf bedacht, Ludwig nicht zum Außenseiter auf dem Hof werden zu lassen.

Das bescheidene Einkommen ermöglichte ihnen nicht viel Luxus, aber sie sorgten für eine gute Ausbildung ihrer Kinder. Ludwig und Maria verschoben dafür manchen persönlichen Wunsch auf bessere Zeiten. »Wir hatten dann ein paar wenige wirklich gute Jahre miteinander«, sagt Ludwig, bis Maria den Schlaganfall erlitt, der sie als Pflegefall ans Bett fesselte. Sie konnte sich seitdem nicht mehr allein bewegen, essen oder sprechen. Seit jenem Schicksalsschlag hatte Ludwig sie kaum eine Stunde allein gelassen. Er versorgte sie rund um die Uhr und pflegte sie außerordentlich liebevoll. Und er beteuerte, ohne Maria nicht leben zu wollen. Seine größte Sorge sei, vor ihr so hinfällig zu werden, daß er nicht mehr an ihrer Seite sein könne, denn er litt inzwischen an Diabetes. Und er beteuerte weiter, daß er den »Dialog« mit Maria, wie er es nannte, brauchte. Die Verständigung über den Augenkontakt war so intensiv, daß Ludwig keine Entscheidung ohne ihre Zustimmung traf. Er unterhielt sich mit ihr bis zum Schlafengehen und gleich wieder nach dem Aufstehen. Er konnte über jedes kleine Mißbehagen von Maria Auskunft geben, und er tat alles, ihr das Dasein so angenehm zu machen, wie es eben ging.

Nur schwer gelang es uns, als es Maria immer schlechter ging, ihn zu bewegen, sie loszulassen. »Ich hatte in meinem Leben nur diese Liebe, alles andere zählt dagegen nichts«. Das waren seine Worte nach Marias friedlichem Ende. ■

Ein wundervolles Zeugnis einer großen Liebe. Offensichtlich braucht es schwerer Zeiten, die zwei Menschen durchzustehen haben, um der Zweisamkeit diesen hohen Stellenwert einzuräumen. Selten finden wir diese reine und selbstlose Liebe noch unter Paarwilligen. Schon deshalb nicht, weil viele Paare gar nicht mehr die Chance haben, gemeinsam einen so langen Weg miteinander zu gehen. Und auch, weil der Überlebenskampf, der diese beiden Menschen zusammenschweißte, heute oft fehlt. Wir sind inzwischen konsumverwöhnt und nicht darin geübt, Hindernisse zu überwinden. Lieber werden Dinge in den Vordergrund gerückt, die das Wesentliche einer Beziehung an den Rand oder aus dem Bewußtsein drängen. Es wird nach einfachen Rezepten gesucht. Im schlimmsten Fall veranlaßt unsere Wegwerfmentalität die Paarwilligen, auf die Suche zu gehen nach dem Nächsten.

Der Traum von der großen Liebe sucht seine Erfüllung. Und diese Liebe wird vergehen, soweit wir nicht bereit sind, unser Selbst in diese Bindung einzubringen. Deshalb meine ich, es ist der falsche Ansatz, die große Liebe zur Bedingung einer modernen Partnerschaft zu machen. Weder wird sie den Bestand einer festen Bindung garantieren, noch muß sie der Grund für eine Ehe sein, die sich ganz anderen Herausforderungen stellen wird. Vielleicht paßt an diese Stelle eine alte Bauernweisheit zur Ehe, die etwa so lautet: »Mit Liebe ist das Leben wie in einem Karussell, ohne Liebe lebt es sich leichter.« Da ist sicher das Abenteuer auf einem Karussell eine schöne und aufregende Erfahrung, aber das gemeinsame Miteinander findet meist woanders statt.

Dennoch wird gerade die Liebe immer wieder als Wächter unserer Beziehungen heraufbeschworen. Ist es wirklich das, was wir in der Partnerschaft brauchen? Eine bedingungslose Liebe, die »alles erträgt, alles glaubt, alles hofft«, wie Paulus schreibt? Habe ich umsonst versucht aufzuzeigen, daß gerade dieser Anspruch leicht zu Enttäuschung und Selbstaufgabe führen kann? Der hohe Anspruch ist es, der zerstören kann, nicht diese Liebe, so sie gelingt.

Liebe braucht eine Antwort

Die Liebe ist, wie kein anderes Bindeglied in einer Partnerschaft, vom Du abhängig, somit störanfällig. Wird sie erwidert, ist sie das schönste, das wir erfahren können. Sie zu verlieren, versetzt uns daher in ständige Angst. Um sie nicht zu verlieren, bewachen wir den anderen, statt ihn dankbar zu nehmen, wie er nun mal ist. Wird diese Liebe allerdings enttäuscht, ist der Schmerz unermeßlich. Und die Selbstzweifel sind groß.

Die Zauberformel »Ich liebe Dich« fällt vielen schwer. Offensichtlich paßt dieser Satz nicht in unsere nüchterne Welt, obgleich sich jeder danach sehnt. Vielleicht wurde sie zu oft mißbraucht, diese Formel. Vielleicht verbindet sich mit diesem Satz zu viel Angst, darauf festgenagelt zu werden oder getäuscht zu werden. Aber es gibt ja soviel andere Zeichen der tiefen Verbundenheit, die wir, wenn wir wollen, in unserer Langzeitbindung wahrnehmen können: Daß der andere an meiner Seite ist, daß er oder sie sich entschieden hat, mit mir Kinder zu wollen, daß wir zusammen leben, ohne dies ständig in Frage zu stellen, ist Antwort genug. Und wenn er mir auch nach über 40 Jahren noch zuhören mag, braucht es nicht die verbalen Beteuerungen der Liebe.

Manchmal frage ich Paare, die über den Verlust der Liebe klagen: »Wie lange leben Sie schon zusammen? Ist das nicht bereits ein Zeichen der Liebe, daß der Partner es so lange ausgehalten hat?« Mancher braucht ständig diese Aussage »Ich liebe Dich« wie einen Bannspruch, vielleicht als eigene Bestätigung, um sicher zu sein, selbst liebenswert zu sein. Wer an sich selbst ständig zweifelt, braucht den anderen, damit dieser ihm das bestätigt, was er selbst nicht glauben kann – die Tatsache, daß er liebenswert ist. Dieser Satz, so er uns geschenkt wird, erreicht unser Innerstes. Er bestätigt uns, daß wir selbst gemeint sind, nicht irgendwer. Er wirkt wie ein Zauber, der die Gegenwart mit einem Glanz überzieht. Und für köstliche Momente wird unser Innerstes berührt.

Nur wer einst geliebt wurde, kann lieben

Es heißt aber: »Liebe den anderen wie Dich selbst«. Ich muß also lernen, erst mich selbst mehr zu lieben, um den anderen lieben zu können. Wie ist es um unsere Selbstliebe bestellt? Die Selbstliebe ist so stark wie die Liebe, die wir in Kindertagen erfahren konnten. Eine bedingungslose Liebe sollte es damals gewesen sein, die uns sein läßt, wie wir geworden sind. Eine Liebe der Eltern, die uns liebevoll unterstützt und gestärkt hat, die uns immer und immer wieder die Botschaft mitgegeben hat: »Ich liebe Dich, weil es wunderbar ist, daß es Dich gibt.« Wer von uns aber wurde so bedingungslos geliebt? Da liegt wohl ein schwerer Brocken auf unserem Weg der Liebe, den zu beackern sich lohnt.

Eltern stehen heute mehr denn je unter dem ungeheuren Druck, perfekt zu sein. Sie versuchen deshalb ihre Kinder in eine Richtung zu biegen, die ihren eigenen und den Vorstellungen der Gesellschaft entsprechen. So erfahren die Kinder bei jeder Korrektur ihres »Wildwuchses«, bei jeder Aufforderung, anders zu sein, als sie sind, indirekt die Botschaft: »Du bist nicht in Ordnung, wie du bist«. Viele von uns haben die Botschaft bekommen: »Du mußt sein wie jemand, der viel besser ist als du!« Wie können wir uns dann liebenswert fühlen? Wenn Frauen mir erzählen, daß sie als Kinder die große Schwester zum Vorbild hatten, die alles besser konnte, wird das Vertrauen in die eigene Tüchtigkeit geschwächt. Und wenn Männer berichten, daß sie als Buben den »Superman« zum Vorbild hatten, werden sie ihre eigenen Fähigkeiten vielleicht gering schätzen. Solche Rückmeldungen machen es bis in das erwachsene Dasein hinein schwer, sich selbst anzunehmen und zu lieben. Statt dessen wuchert die Selbstkritik ins Kraut. Da sind wir inzwischen Weltmeister geworden in der Kritik an uns selbst.

Diejenigen aber, die das Glück erleben konnten, daß sie so, wie sie sind, geliebt wurden, können sich selbst lieben, sie wissen, daß sie in ihrer Einmaligkeit wunderbar sind. Sie zweifeln nicht an den Komplimenten der anderen, und sie sind als Erwachsene besonders liebenswert. Nur dann und nur deshalb können sie auch andere bedingungslos lieben.

Leider ist die Selbstliebe nicht sehr gesellschaftsfähig, obgleich sie die unabdingbare Voraussetzung für die Partnerliebe ist. Die Selbstliebe, von der hier die Rede ist, wird zu schnell mit Egoismus gleichgesetzt, der einer Ellenbogenmentalität entspricht. Dabei müssen wir oft lernen, zu unserem gesunden Egoismus zu stehen. Dieser entspringt nicht nur unserem Selbsterhaltungstrieb, sondern auch unserer Lebensaufgabe, für uns selbst Verantwortung zu übernehmen. Und das hat beileibe nichts mit jener Nehmermentalität auf Kosten anderer zu tun, die heute so viele verschreckt.

Sie wächst ausschließlich auf dem Boden der Pflege des eigenen Ichs. Denn nur, wer sich selbst liebt, kann den anderen ohne Bedingungen lieben. Eine Liebe, die den anderen so lassen kann, ihn nicht für eigene Zwecke mißbraucht. Eine Liebe also, die das Dasein bereichert, ohne daß wir den anderen brauchen. Eine Liebe, durch die wir uns über den anderen freuen können wie er ist.

Es gelingt uns nur bedingt, solch eine Liebe in einer Langzeitbindung über viele Stolpersteine und Etappen unseres Zusammenseins selbstlos aufrechtzuerhalten. Sie braucht Pflege und ist zerbrechlich. Und ausgerechnet diese Liebe wird immer wieder als Unterpfand einer Partnerschaft oder Ehe gefordert. Selbst viele namhafte Therapeuten beschreiben die Liebe als höchstes Gut in einer guten Beziehung. Ich denke, das setzt Maßstäbe, die schwer erfüllbar sind, auch nicht gnadenlos erfüllt werden müssen.

Auf das Risiko hin, mich unbeliebt zu machen: Für mich ist die Liebe in einer dauerhaften Partnerschaft ein wichtiges Bindeglied zum anderen, das das gemeinsame Miteinander bereichert. Sie ist aber nicht die Bedingung für eine dauerhafte Zweisamkeit. Es braucht mehr als Liebe. Die Liebe zum Lebenspartner hat nichts mit dem anfänglichen Verliebtsein zu tun. Sie kann wachsen und die Seele wärmen. Sie kann sein wie mein Rosenbeet, das mich beglückt, ohne daß ich es dringend für meinen Alltag brauche. Ich genieße die Liebe, wenn ich sie fühle, aber ich laufe nicht davon, wenn sie sich verflüchtigt hat.

Freundschaft als höchstes Gut

Mein wichtigstes Beziehungsmuster ist die Freundschaft: Freundschaft ist ohne Eigennutz. Freundschaft hat den anderen schon immer akzeptiert, wie er nun mal ist. Freundschaft läßt den anderen nicht im Stich, fühlt sich ihm ohne Gegenleistung verbunden. Sie bleibt über große Zeiträume und Distanzen bestehen. Sie respektiert den anderen, aber sie verzehrt sich nicht nach ihm. Sie mißbraucht den anderen nicht, sie klagt nicht an, sie fordert nicht. Freundschaft ist bedingungslos, sie hat kein Ziel!

Freundschaft beruht auf Vertrauen und kennt den anderen in seinem tiefsten Wesen, deshalb verstehen sich die zwei. Zwei Seelen werden durch Freundschaft verbunden. Sie ist darum nicht mehr von Äußerlichkeiten zu beeindrucken. Sie ist unabhängig von Alter und Geschlecht. Sie wird nicht von

Erwartungen an den anderen gespeist. Sie ist nicht abhängig von ständiger Nähe oder Gegenwart des anderen. Sie muß nicht genährt werden. Sie erlaubt Vertrauen, ohne daß Beweise erbracht werden müssen.

Freundschaft ermöglicht Distanz, ohne den anderen je zu verraten. Und wird sie enttäuscht, diese Freundschaft, entsteht selten Haß, sicher aber Traurigkeit über den Verlust eines Freundes. Das sind die Fundamente einer reifen Partnerschaft. Diese Fundamente werden um so fester, je länger eine vertrauensvolle Verbindung bestand. Zwei Menschen können nur gemeinsam einen Weg über eine lange Entfernung gehen, wenn jeder mit seinem Tempo, jeder ohne Erwartungen an den anderen, jeder seinen Weg geht. Und eine gewisse Distanz muß zwischen beiden bleiben, damit jeder wachsen kann, keiner im Schatten des anderen verkümmert. So können viele symbiotische Erwartungen nicht erfüllt werden. So bleiben viele einstmals gehegte Wünsche nach Gemeinsamkeit auf der Strecke. Aber nur so können zwei Menschen über eine lange Strecke in Verbindung sein, ohne sich gegenseitig zu behindern. Die Achtung und die Akzeptanz des anderen sind die Triebfedern ihrer Zweisamkeit.

Der Philosoph aus dem Libanon, Khalil Gibran, verrät in seinem Buch »Der Poet« folgende Weisheit:

Von der Ehe

Ihr wurdet zusammen geboren und ihr werdet auf immer zusammen sein.
Ihr werdet zusammen sein, wenn die weißen Flügel des Todes eure Tage scheiden.
Ja, ihr werdet selbst im stummen Gedenken Gottes zusammen sein.

Aber laßt Raum zwischen euch.
Und laßt die Winde des Himmels zwischen euch tanzen.
Liebt einander, aber macht die Liebe nicht zur Fessel:
Laßt sie eher ein wogendes Meer zwischen den Ufern eurer Seelen sein.
Füllt euch einander den Becher, aber trinkt nicht aus einem Becher.
Gebt euch einander von eurem Brot, aber eßt nicht vom selben Laib.
Singt und tanzt zusammen und seid fröhlich,
aber laßt jeden von euch allein sein, so wie die Saiten einer Laute
allein sind und doch von derselben Musik erzittern.
Gebt eure Herzen, aber nicht in des anderen Obhut.
Denn nur die Hand des Lebens kann eure Herzen umfassen.
Und steht zusammen, doch nicht zu nah:
Denn die Säulen des Tempels stehen für sich,
und die Eiche und die Zypresse wachsen nicht im Schatten der anderen.

Khalil Gibran spricht von jener Freundschaft, die dem anderen Raum genug gibt, daß jeder wachsen kann: »Füllt euch einander den Becher, aber trinkt nicht aus einem Becher. Gebt eure Herzen, aber nicht in des anderen Obhut«. Denn »die Eiche und die Zypresse wachsen nicht im Schatten der anderen«. Hier wird nicht die Einheit beschworen, nicht das Eins-Sein oder die Obhut angesprochen, der wir uns nur zu gerne hingegeben hätten. Hier wird nicht der fehlende Anteil, den ich selbst gerne hätte, zum Ziel der Wünsche gemacht, sondern in diesem Epos wird von dem Abstand und der Freude aneinander gesprochen, die den anderen da läßt, wo er ist. Die den anderen schätzt, aber nicht braucht! – Das ist die Freundschaft, die lange trägt.

Wozu dann all das, werden Sie mich fragen: Lohnt sich denn der ganze Aufwand? Kann ich nicht Freundschaften genug auch ohne Ehe oder Partnerschaft haben? Wozu die Beziehungsarbeit, wozu die Auseinandersetzungen? Wenn die Liebe verlorengegangen ist, wozu dann noch weiter kämpfen? Abgesehen davon, daß viele Dinge des täglichen Daseins mehr Spaß zusammen machen, gibt es das Wissen, daß Liebe daraus wachsen kann. Nämlich dann, wenn ich bereit bin, zum anderen ganz ja zu sagen. Soweit auch der andere will!

Sicherlich erfordert dieses Wachsen lassen das Vertrauen in die Zukunft und das Verzeihen für Vergangenes. Es bedingt, daß sich zwei Menschen täglich neu in ihrer Würde begegnen. Daraus kann Liebe wachsen, aber nicht gefordert werden. Entsteht sie aber, sind wir vom Glück begünstigt. Und ist es nicht auch ohne diesen Zaubertrunk von unschätzbarem Wert, einen Menschen an unserer Seite zu wissen, der es gut mit uns meint? Auch jemand, mit dem wir, so Gott will, alt werden können? Jemand, den wir schätzen, weil wir uns auseinandersetzen oder vertrauen können, manchmal auch ärgern – je nach Tagesform –, aber sicher jemand, durch dessen Anderssein wir uns wie in einem Spiegel erfahren können. Um uns dann mit einem zuverlässigen Vertrauten auf die schönen und auch schwierigen Dinge vorzubereiten, die unser Leben reich machen können. Daran werden wir, so wir dafür offen sind, miteinander wachsen.

Wir tauchen damit in eine tiefere Ebene des Bewußtseins und der Partnerschaft ein, die nicht mehr viele Erklärungen braucht. Sie entsteht durch das Vertrauen und das Wissen, daß der andere an meiner Seite mein Freund ist.

Manchmal allerdings ist es einfach nur schön, sich über seine Kinder zu freuen oder zusammen zu frühstücken. Und das ist beglückend genug!

Schlußbemerkung

Während der Arbeit an diesem Buch habe ich selbst noch einmal viele Stationen unserer langjährigen Partnerschaft durchlebt. Manches hat mich schlaflos gemacht, weil die Frage auftauchte: Würdest Du heute anders handeln? Diese Frage wird nie zu beantworten sein, weil ich ja vieles damals nicht so klar gesehen habe wie in der Rückschau.

Jedes Mal allerdings, wenn während meiner Schreiberei mein Partner zu mir hereinschaute, wurde mir eines überdeutlich: Ich bin reicher geworden durch all die Erfahrungen, die ich machen durfte. Waren es bittere oder gute. Eines ist klar: Die nicht gemachten Erfahrungen wären das größte Versäumnis.

Insofern möchte ich auch diejenigen ermutigen sich zu entscheiden, die zögern, weil sie nicht sicher sind, welchen Weg sie wählen sollen. Besser ist allemal sich zu entscheiden, als nicht getroffenen Entscheidungen nachzutrauern.

Ich hoffe sehr, daß ich auch denen Mut zu ihrer Partnerschaft machen konnte, die in einer Krise ihrer Beziehung sind. Mein größter Wunsch ist, daß am Ende einer Durststrecke nicht Resignation oder gar Trennung steht, sondern Entlastung und Lebensfreude.

Sollte dies gelungen sein, bin ich von Herzen dankbar.

Rainer und Claudia Sachse:

Wie ruiniere ich meine Beziehung – aber endgültig

190 Seiten, Deckenbroschur, mit ca. 10 Illustrationen

ISBN 3-608-94405-2

Falls Sie in einer festen Beziehung leben, dann sollten Sie dringend darüber nachdenken, wie Sie diesen undynamischen Zustand abstellen können. Und sollte Ihre Beziehung bereits kriseln, dann benötigen Sie dringend Strategien, wie Sie aus der Krise ein handfestes Desaster machen können. Sie brauchen dieses Buch also auf alle Fälle, denn es sagt Ihnen, wie Sie mit einfachen Mitteln Ihre Beziehung innerhalb kürzester Zeit ruinieren können.

Zur Not läßt sich das Buch auch anders lesen: als Anregung dazu, bestimmte, häufig vorkommende und gravierende Fehler zu vermeiden, um somit eine Beziehungskrise zu verhindern oder sogar zu beenden.

Patty Howell / Ralph Jones:

Der kleine Beziehungstherapeut

Zu zweit lieben lernen

Aus dem Amerikanischen von Christa Broermann

253 Seiten, Deckenbroschur, Lesebändchen

ISBN 3-608-91312-2

Jede Partnerschaft, jede Ehe, jede Liebe beginnt als Honeymoon, endet aber nicht dort. Das Leben geht weiter und stellt Anforderungen an die Partner.

Wenn Paare sehr vertraut miteinander werden, ist das A und O gegenseitige Achtung und einfühlendes Verständnis sowie die Pflege eines entspannten offenen Verhältnisses zueinander. Probleme und Konflikte zwischen Partnern gehören zu jeder Partnerschaft. Sie auf die lange Bank schieben, ist zwar möglich, hilft aber nicht. Die Aufschieberei ist eine Gefahr für jede Beziehung ... Dieses und viele andere Beispiele zu den Problemen, die sich in jeder Beziehung ergeben, öffnen die Augen für die Klippen, die bewältigt werden müssen.

Klett-Cotta